湖南农业大学

商学院学术文库

湖南农业大学商学院学术文库

跨国并购与国家经济安全

基于后向关联分析的实证研究

Research of Cross-Border Merge &
Acquisition and National Economy Security

刘舜佳/著

社会科学文献出版社
SOCIAL SCIENCES ACADEMIC PRESS (CHINA)

本书由湖南农业大学国际
贸易重点学科资助出版

摘　　要

　　近年来，跨国公司进入、外资并购国有企业、国家经济安全受到挑战，这些问题不仅受到业界和学界的广泛关注，也引起了中央高层领导高度重视。一方面，我国坚持积极引进外资，包括允许跨国并购，给我国利用外资、促进企业改组改制、提升企业竞争力带来难得的机遇；另一方面，跨国公司并购我国骨干企业也给国家经济安全带来了不容忽视的隐患。

　　跨国公司近年在我国掀起了一场新的并购浪潮：并购领域不断扩大，从一般工商领域迅速延伸到技术密集型的金融保险、能源交通以及重大装备制造业领域；廉价收购我国骨干企业的优质资产、独有品牌、核心技术和制造能力，使我国企业经过多年积累的一批自主知识产权流失；同时又严控技术转移，封锁核心技术。这种新的并购趋势在一定程度上削弱了我国技术研发平台，阻碍了我国技术水平的提高，威胁了国家经济安全。

　　国际竞争力的核心就是国与国之间科技水平的竞争。技术水平的提高有多种渠道，获取外溢技术是发展中国家引进外资的一个重要目的，也是提高本国科技水平的便捷渠道。

在新时期，既要坚持积极引进外资的政策，包括允许跨国并购；又要坚持独立自主、自力更生的方针，因而，系统并深入地研究跨国并购对技术外溢的影响以及如何利用技术外溢提高本国行业利润和社会福利、维护国家经济安全，具有很强的理论意义和政策意义。

首先，本书对跨国并购与国家经济安全这两个层面的研究进行回顾和总结，并进行简要评述，为从东道国国家层面选取跨国并购的影响因素以及国家经济安全衡量指标提供理论依据。

其次，本书探寻了跨国公司在广大发展中国家产生技术外溢的主渠道，沿"截面数据→面板数据→外溢渠道"这一研究主线，通过对不同时期、不同数据样本、不同计量方案、不同外溢渠道下经验实证的对比，明确了上下游、内外资企业间的后向关联渠道（Backward Linkages）是跨国公司在发展中国家产生技术外溢、提高中间投入品生产行业技术水平的可靠渠道。

通过建立上下游双边垄断模型，在中间投入品为非贸易品以及并购可带来收益递增的条件下，运用三阶段逆向推导法和 Shapley 值法，定性分析了本国上游行业中间品生产技术水平的提高，在促使本土上下游企业组建联盟以抵御跨国并购中所起的作用，为进一步分析本国上游中间品生产企业如何通过后向关联渠道挖掘技术外溢奠定了基础。

在明确中间品生产技术水平的提高，对保障本国龙头企业免遭跨国并购的重要意义之后，本书将上下游双边垄断模型扩展成包含 4 家企业在内的上下游双边寡头垄断模型，借鉴联盟博弈理论中具有"平衡贡献性质"的中间投入品价格谈判机制，从而使行业利润在企业间的分配具有 Shapley 值性质的前提下，定性分析了下游跨国公司对上游龙头企业的纵向并购机理，以及在有跨国并购改变市场结构以及两种中间品生产技术可供选择的情况下，在各市场结构中，通过后向关联渠道所获取的新技术对本国行业利润和社会福利的影响，并以此为国家经济安全衡量指标。由此得出结论：只有当本国上下游企业联盟与跨国公司在市场竞争方面取得均衡态势时，通过后向关联渠道所获取的新技术才会给本国行业利润和社会福利带来最大化收益，此时后向技术外溢效应最大，国家经济安全也可以得到最大限度的保障。

在得到定性分析结论后，本书以 2002 年的中国投入—产出系数和 1999～2006 年 38 个工业部类的面板数据为样本，构造了反映后向技术外溢的后向关联渠道，实证结果表明：当内外资企业市场竞争处于均衡时，后向外溢效应为最大，且统计上显著。分样本检验结果还表明：上下游、内外资企业间技术差距越大、下游行业外资企业集聚程度越强、上游行业内外资企业竞争越激烈、上游行业内资企业规模越大，均有利于后向外溢效应的发生。

最后，本书依据定性分析结果和定量分析结论，提出了在新时期开放局面下，在建立互利共赢的引资机制下，如何利用来自跨国公司的后向技术外溢，以提高本国技术水平、维护国家经济安全的政策建议。具体包括：组建上下游企业联盟、优化国有经济结构、完善宏观政策导向体系等。

本书的理论价值是将跨国并购、技术外溢与国家经济安全置于统一的分析框架中，通过建立上下游双边寡头垄断模型，借鉴具有"平衡贡献性质"的中间投入品价格谈判机制，得到了跨国公司纵向并购机理、提高中间品生产技术以保障本国龙头企业免遭跨国并购，以及如何最大化地实现后向外溢效应的结论，这为建立并完善和谐统一、互利共赢的开放体系提供了理论支撑。本书的实际应用价值则是从定性结论以及定量角度，系统深入地研究了后向外溢效应及其各种影响因素，为我国招商引资政策的调整、国有企业深化改革、市场换技术的再实施提供了有益的借鉴。既可以指导我国企业更好地安排生产和投资的组合选择，又有助于改进我国宏观经济政策的制定和实施，提高宏观经济政策的效力。

Abstract

Topics such as entry of Multinational Corporations (MNCs), merging and acquiring State Owned Enterprises (SOEs) by Foreign Direct Investment (FDI), which are challenges to our national economy security, have not only interested guild and academe, but also attracted attentions of central government's senior leaders. On one hand, our nation must persist in introducing FDI, including M & A which can give us great opportunities to reorganize SOEs and upgrade their competition ability by making full use of it. On the other hand, we must not ignore the hidden troubles that cross – border M & A may bring to our national economy security.

Recently, MNCs have launched a new wave of M & A. With an even larger covering, MNCs have acquired enterprises from the fields of common industry and commerce to the fields of some particular industries such as finance, insurance, energy sources, and some vital manufacturing industries, which have a common feature of technology denseness. They purchase the high

5

quality assets, proprietary brand, core technology and manufacturing ability of key SOEs at an easy rate. These actions make a set of independent intellectual property rights disappear, which have been accumulated for many years by the SOEs. Yet, MNCs have been hardly controlling the technology transfer and closing off core technology. These new trends have weakened our nation's R & D platform, blocked our nation's technology from improving, and further threatened our national economy security.

Presently, the essence of international competition abilityexists in the technology competition. There are many channels to improve technology, among which the technology spillover from MNCs is important. And many developing countries become interested in introducing FDI to obtaining technology spillover.

At the condition of newopening periods, we must insist in not only introducing FDI actively, including cross – border Merge and Acquisition, but also the policy of independence and self – helping. Hence, it makes sense to systematically and thoroughly research the influence of cross – border M & A to technology spillover and the method to improve our nation's industry profits and social welfare in order to protect our national economy security.

First of all, this paper provides a literature review on the cross – border M & A and national economy security. It lays a foundation of theory and direction for further analyzing the factors which can influence the cross – border M & A and choosing the index of national economy security.

Secondly, the paper looks into the main channels of technology spillover which MNCs have taken to developing countries. Along the clue of " sectional data → panel data → spillover channel", the empirical researches at different periods, with different data samples and different econometric plans are compared. It comes to the result that the backward relationship between up – river domestic enterprises and down – river MNCs is a reliable spillover channel.

Thirdly, under the hypotheses of un – tradable intermediate inputs and increasing income brought by acquisition, the paper uses three – stage backward induction and Shapley Value to qualitatively analyze the effects of improving intermediate inputs producing technology on preventing MNCs from vicious merging our up – river domestic leading enterprise by alliance of up – river and down – river enterprises. A model of bilaterally monopolistic industries is constructed. It lays a foundation for further analysis on how to get the maximal technology spillovers from down – river MNCs through backward linkages, on the condition of changing of market structure by acquisition.

Fourthly, by analyzing the bilaterally monopolistic industries, the paper reveals the importance of improving intermediate inputs producing techonolgy when protecting leading enterprise from merged. The model of bilaterally monopolistic industries then is extended to the model of bilaterally oligopolistic industries, and the balancedness of game with coalitions to the negotiation of intermediate inputs price between up – and down – river industries, which can make profits distribution among enterprises have character of Shapley Value, is introduced to qualitatively analyze the mechanism of MNCs' vertical acquisition and the effects from down – river MNCs on host country's social welfare and industrial profits which are regarded as the indices of national economy security, under the condition of cross – border acquisition and choice of two intermediate inputs producing technologies. The result is that when the domestic enterprises and MNCs have equal market shares, host country's industrial profits and social welfare benefit from backward technology spillovers can reach the maximum level, where the effects of backward technology spillovers are the biggest, and the national economy security can be farthest protected.

Fifthly, withthe results of the qualitative analysis, the paper uses a panel data, which includes China input – output tables in 2002 years and index of 38 industries from 1999 – 2006, to construct a index between up – river domestic enterprises and down – river MNCs, which can represent the backward technology spillovers. The empirical test proves that when the domestic enterprises and MNCs have equal market shares, the backward effects are the biggest and it is distinct in statistics. Further, the sub – sample' test shows that the bigger the technology gap between up – river domestic enterprises and down – river MNCs, the higher centralization of down – river MNCs, the stronger the competition between domestic and foreign enterprises in up – river industry, the larger the scale of up – river domestic enterprises, the more likely the effects of backward technology spillover happen.

Finally, Based on the conclusions from qualitative and quantitative analysis above, some policies, such as domestic down – river enterprise alliance with up – river enterprise, optimizing state owned economy, perfecting oriented mechanism of macro – economy policy, are suggested to make full use of the backward technology spillovers from MNCs to upgrade our country's technology level and ensure our national economy security under new opening periods and reciprocal institution.

This paper's academic merit is putting the cross – border M & A, technology spillover and national economy security into a uniform analysis frame, by constructing the model of bilaterally oligopolistic industries and introducing the balancedness to negotiation of intermediate inputs price, to get the conclusions on mechanism of vertical acquisition, the importance of intermediate inputs producing technology in anti – vicious acquisition and how to realize the maximal backward technology spillovers, which supplies the theoretic support to how to build and perfect harmonious and reciprocal opening institution in new periods. The paper's practical merits are empirically testing the backward technology spillovers taking place in our country and the factors, which can provide some advices on adjusting of introducing FDI, deepening reform of SOEs, re – operating of exchange between market and foreign technology. On one hand, it can better guide our domestic enterprises' combination of production and investment. On the other hand, it can help to advance the working – out and implementing of our national macro – economy policy, improving its effectiveness.

目　录

表目录

第一章

绪　　论

第一节　选题背景与意义

一　历史背景

近年来，国有企业深化改革、跨国公司进入、外资并购、企业发展面临机遇与风险，国家经济安全受到挑战，这些问题不仅受到业界和学界的广泛关注，而且也引起了中央高层领导的高度重视。一方面，我国坚持积极引进外资，包括允许跨国公司并购我国企业，给我国利用外资促进企业改组改制，提升企业竞争力带来难得的机遇；但另一方面，跨国公司并购我国骨干企业也给国家经济安全带来了不可忽视的隐患。

改革开放以来，通过外商直接投资形式引进国外先进技术和管理经验，对推动中国经济社会发展起到了重大作用。但是，受1995 年以来国际新一轮跨国并购浪潮的影响，跨国公司对华投资方式也逐步出现了重大变化，表现出一些新情况和新特点，从合资、合作建厂到独资建厂，进一步发展到大举并购我国发展潜力较大的优质企业，一些跨国公司更在中国境内恶意并购，这种方式开始显露出对国家经济安全的威胁。如全球最大的机械设备制造商美国卡特彼勒公司正在中国展开一场并购扩张"风暴",其计划收购的对象几乎囊括了中国机械制造行业的几大龙头企业,对于卡特彼勒所发起的这场并购"风暴",业内人士均认为其"扩张野心"在于整合并吃掉中国整个机械制造业。早在 2005 年 10 月 25 日,我国大型工程机械制造业徐州工程机械集团有限责任公司就被美国凯雷投资集团以 3.75 亿美元(约合 30 亿元人民币)的价格收购了该集团公司 85% 的股权,由此引发了国内各界人士对外资并购行为威胁国家经济安全的广泛讨论。温家宝总理在十届全国人大四次会议上所作的政府工作报告中强调的"在扩大开放中重视维护国家经济安全"所隐含的深层意义值得我们深思。

总体来看,随着我国改革开放的不断扩大,跨国公司在我国的并购行为至少出现了五个方面的新动向:(1)外资规模迅速扩大,并购金额从 1990 年 0.08 亿美元增加到 2006 年的 60 多亿美元。① (2)并购领域不断扩大,从一般工商领域迅速延伸到金融、保险、能源、交通通信乃至军工和重大装备制造等领域。(3)从一次收购迅速向二次甚至三次收购过渡,在争得企业控制权后,

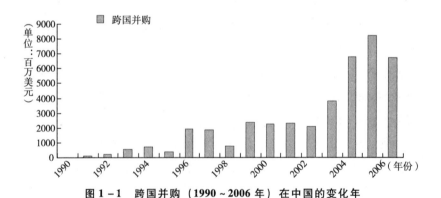

图 1-1 跨国并购(1990~2006 年)在中国的变化年

数据来源:http://stats.unctad.org/fdi。

---

① 数据来源:中华人民共和国商务部主管的《中国外资》,网址:www.ficmagazing.com。

再迫使中方退出。（4）廉价收购并设法覆盖我国骨干企业的优质资产、独有品牌、核心技术和制造能力，使我国企业经过多年积累的一批自主知识产权流失。（5）严控技术转移，封锁核心技术，遏制了我国企业的自主创新能力。

科学技术是第一生产力，科技水平在国民经济发展中扮演着越来越重要的角色，一国科学技术水平的高低代表了其在国际市场的竞争力水平。科技水平的提高有很多种途径，而在当今经济全球化的大潮中，从跨国公司获取技术外溢是广大发展中国家快速提高本国科技水平的一条便捷渠道。改革开放以来，我国政府就多次强调通过吸收外商直接投资来推进国外先进科学技术，也制订了种种方案，然而，二十多年来的实践经验表明，"市场换技术"的做法并没有达到预期的目标（王允贵，1996）。中国社会科学院的一项调查表明：1997年，仅有13%的跨国公司使用了母国正在使用的先进技术，约30%的跨国公司将已经淘汰的技术转移至中国，世界500强企业中有40%把其较为先进的技术转移至中国，但仍有14%在华使用淘汰技术，对属于成熟先进技术范围的产业，如电器机械及器材制造企业、电子及通信设备制造企业、化学原料及化学制品制造企业、汽车工业企业等，跨国公司都没有在华转让使用诸如电子、新型材料等方面的关键技术（宋志刚，2004）。尤其是我国重点发展的汽车产业，截至21世纪初，引进技术产品达到20世纪80年代水平的占30%，进行开发的换代产品达到20世纪80年代水平的占30%，技术落后的产品占到40%，轿车的关键生产技术仍然控制在跨国公司手中，例如，"二汽"与法国雪铁龙合资生产的神龙汽车，雪铁龙公司甚至连零部件图纸都严格保密（曾繁华，2000）。国内市场在被国外跨国公司逐步侵蚀的同时，我国从跨国公司那里获取先进技术的数量却极其有限，很多跨国公司转移到我国的生产线大都是国外早已落伍的技术，对我国提高技术水平的作用微乎其微。

与此同时，随着我国改革开放的不断扩大，跨国公司开始在我国掀起一场新的并购浪潮,民族企业的生存环境日益恶化,跨国公司抢夺中国市场大有愈演愈烈之势,在这种情况下,随着国内本土竞争对手的减少,跨国公司凭借垄断地位控制市场,向我国转让先进技术的可能性越来越小,而跨国公司兼并本土企业又不断削弱我国技术自主研发平台,因此,跨国并购在一定程度上阻碍了我国技术水平的提高。技术水平是一国经济发展乃至国际竞争力提高的重要保障,技术水平不高,就很难参与附加值生产较高的国际分工,在国际产业链上会处于不利地位,一旦受到外来因素冲击,国民经济发展就会出现较强的波动,造成巨大的损失,所以,技术水平的提高是维护国家经济安全的重要保障。

二 研究背景

目前,就外资并购与国家经济安全问题进行的研究,可概括为以下两方面:

(一)跨国公司并购理论及其在中国的并购行为研究

在基础研究方面,Dunning(1977)的国际生产折中理论解释了厂商的跨国经营行为,Markusen(1998)在此基础上提出了跨国公司知识资本模型。在引进外资包括外资对中国企业并购问题的研究中,国内学者有着比较鲜明的两种观点:一是充分肯定外资对中国经济增长、结构升级和竞争力提高的贡献(江小涓,2002);二是担心外资引入会引起社会不稳定(吴易风,1995)和挤垮民族经济(杨永华,1999),甚至认为外商投资带来的利益极少,主张对外商投资严加限制(左大培,2003)。不过,近年来的研究趋势也表明,绝大多数学者充分肯定并坚持积极引进外商投资、促进经济增长,同时也提出了趋利避害的问题。

(二)外资并购对国家经济安全影响的研究

Kahler(2004)、Nesadurai(2005)研究了经济全球化对国家

4

经济安全的影响，并以东亚经济发展为例进行了分析。李海舰（1997）较早提出了外资并购影响国家经济安全的命题。李欣广（1999）分析了外资并购可能危及国家经济安全的原因。魏浩（2002），魏浩、马野青（2005）从就业、产业、技术、市场结构、金融、资源等方面分析了外资并购对国家经济安全的不利影响。高梁（2006），郭丽岩、路风（2006）分析了外资并购我国装备制造业龙头企业的现状及其危害。

三　选题意义

现有的文献为笔者的研究提供了充实的理论依据，但也存在着缺陷，即这些文献只简单地从市场份额占有率、品牌使用、核心技术控制等指标来表述国家经济安全受到了威胁，而未能进一步剖析表面现象背后隐藏的深层次问题，尤其未能论及在引进外资、出让市场以及跨国并购发生时，应该如何找到一条切实可行的途径来提高本国科技水平，以此保障国家经济安全。比如，面对外资大量进入引发的并购浪潮，我们在失去一部分企业自主权的同时，应如何吸收源自跨国公司的技术外溢；下游行业跨国公司对东道国具有资金、技术密集型特征的中间投入品生产企业实施纵向并购的动机与目标及互动机制是什么；并购对跨国公司在东道国经由后向关联渠道产生技术外溢的影响①以及本国企业在追逐后向技术外溢的同时，对本国行业利润和社会福利产生何种影响，等等，这些都需作更进一步分析，为我国政府正确看待跨国并购、企业正当利用技术外溢提供决策上的参考。

跨国公司来华并购企业原是市场行为，本无可厚非。但是必

---

①　处于东道国下游行业的跨国公司受中间投入品为非贸易品或东道国政策的制约，在东道国本土进行中间投入品采购时会和东道国上游行业中间投入品生产企业建立起业务关联，通常文献中将这种业务关联称为后向关联（Backward Linkages），下游跨国公司经由后向关联渠道对上游行业本土企业所产生的技术外溢，下文称之为后向技术外溢。

须坚决制止任何试图垄断中国市场的恶意并购，这是任何一个主权国家所不允许的。美国在 20 世纪 30 年代就制定了《反托拉斯法》，专门设立了外国投资委员会，对重要行业的跨国并购进行评估和审查。德国规定，跨国收购德国公司 25% 或 50% 以上股份或表决权时，必须通知联邦卡特尔局；当收购产生并加强市场控制地位时，这种收购将被禁止。在加拿大，任何超过 2 亿美元的并购协议都必须经过政府批准方能生效。我国也要尽快制定和完善旨在规范外资来华并购行为的法律或条例，为跨国企业并购设"门槛"。对于战略性产业和重要企业，外资进入的方式和深度要有明确界定；对于涉及战略产业和重要企业的并购重组，必须通过专项审议，同时审议必须坚持国家战略利益至上的原则，在服从战略利益的前提下考虑企业的商业利益，避免以牺牲战略利益、长远利益为代价去换取眼前利益。

本书主要研究，入世后在全方位对外开放条件下，跨国公司对我国企业掀起新一轮并购浪潮以抢占市场份额，以及我们整体上仍然坚持对外开放方针、积极引进国外资金、先进技术和管理经验的同时，如何从理论和实践上、从法规和政策机制上加强研究，采取有效措施最大限度地通过后向关联渠道从跨国公司获取技术外溢，提高本国中间品生产行业的技术水平，以防御跨国公司并购我国中间品生产行业中的龙头企业、保障本国行业利润和社会福利，维护国家经济安全。本书对我国企业引入跨国公司并购和维护国家经济安全有着十分重要的借鉴意义，对建立和完善互利共赢开放战略的理论和政策体系也具有现实意义。

第二节　研究思路、技术路线及研究方法

一　研究思路

在研究框架的设计上，本书遵循理论联系实际，由基础理论

分析入手。首先，对相关理论及实证研究成果进行回顾和评价，为经由后向关联渠道产生技术外溢的理论研究提供依据。继之，在对前人研究总结的基础上，通过构建上下游行业双边寡头垄断模型，定性研究提高上游行业中间品生产技术在组建本土上下游企业联盟、防范跨国公司并购我国龙头企业中所起到的重要作用，以及如何最大限度地通过后向关联渠道获取先进的中间品生产技术以改善本国行业利润和社会福利，并在理论研究方面得到一个初步结论。最后，利用相关数据样本对前面理论研究所得结论进行实证检验，并根据理论研究和实证检验结果提出相关的政策建议。

二 技术路线

本书技术路线：在梳理技术外溢和跨国并购的相关理论以及经验实证的基础上，选取本书经济安全指标及跨国并购影响因素，通过建立一个上下游双边寡头垄断模型来对市场结构下后向技术外溢的发生机理进行描述，并指出其对东道国行业利润和社会福利的影响。接着运用我国的相关数据，对竞争性市场结构下后向

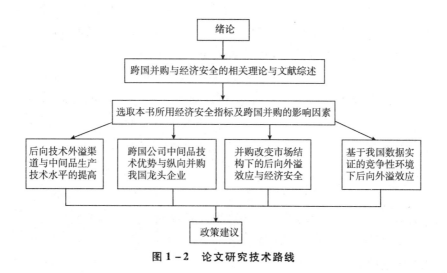

图 1 - 2 论文研究技术路线

外溢效应的发生机理进行实证检验，最后，提出利用后向技术外溢以提高东道国社会福利和本土行业利润的对策。

三　研究方法

（一）以理论分析为基础

在精心总结、研究现有技术外溢理论、跨国并购影响因素以及国家经济安全衡量指标的基础上，通过建立上下游行业的双边寡头垄断模型，引入新的因素变量，使跨国并购和后向技术外溢发生的决定因素具体化，使国家经济安全的含义更加理论化和定量化。构建基本模型、引入新的因素主要包括以下几点。

（1）在具有投入—产出关系（Input–Output）以及中间投入品为非贸易品（Un–Tradable Goods）的假设前提下，建立各包含一家本土龙头企业在内的上下游双边垄断模型（Bilaterally Monopolistic Industries），通过在下游行业引入一家知晓中间品生产技术优势的跨国公司，从而将跨国并购与本土上下游企业联盟放在一个可以产生行业均衡利润递增的静态比较框架下进行对比分析。

（2）将上下游双边垄断模型扩展为包含四家企业在内的上下游双边寡头垄断模型（Bilaterally Oligopolistic Industries），通过借鉴联盟博弈理论中具有"平衡贡献性质"（Balancedness）的中间投入品价格谈判机制，从而使行业利润在各企业间的分配具有 Shapley 值性质，对照了在有跨国并购发生以及有技术种类可供选择的情况下，各市场结构中，后向技术外溢对本国行业利润和社会福利的影响。

（3）将三阶段逆向推导法（Three–Stages Backward Induction）引入上下游双边垄断模型，使跨国并购以及本土上下游企业联盟可以引致行业均衡利润递增，为 Shapley 最优利润分配机制的运用奠定基础。

（二）　以实证分析为佐证

本书运用经济计量方法，对我国国有及国有控股工业企业在内外资企业市场竞争呈均衡态势情况下所获取的后向外溢效应进行实证研究，并对相关影响因素进行更深层次的检验。具体研究方法包括 4 个方面。

（1）在前人对行业内技术外溢研究的基础上，将传统的柯布—道格拉斯生产函数予以扩展，不仅刻画同一行业内技术外溢的竞争效应渠道，而且还刻画不同行业间技术外溢的前、后向业务关联渠道，以期得到不同外溢渠道产生的技术外溢，而非传统检验所得到的单纯净效应。

（2）使用 2002 年中国投入—产出系数表以及一个包括 5 位代码衡量的我国 38 个工业部类的行业层面面板数据，依据投入—产出思路设计并量化从 1999～2006 年上下游行业间内外资企业的后向业务关联渠道以及前向业务关联渠道。

（3）在总量样本层面上，使用 1999～2006 年包括 38 个工业部类的面板数据，实证检验在内外资企业市场竞争呈均衡态势的情况下，各外溢渠道对国有工业企业所产生的技术外溢；用豪斯曼（Hausman）和固定效应（Fixed Effect）检验程序对回归中所使用的固定效应模型和随机效应模型进行选择，并用怀特（White）异方差程序对回归中产生的时序相关性和异方差性进行调整。

（4）对总量样本进行划分，在子样本层面上，依据上下游行业内外资企业间技术差距、下游行业三资企业集聚程度、上游行业内外资企业竞争程度以及上游行业国有工业企业规模等指标，对后向外溢效应的发生进行更为深层次的检验。

（三）　以政策建议为指向

本书运用西方经济学的基本分析工具，从理论研究和经验实证两个层面进行分析，并据此对预防跨国公司并购我国中间品生产行业龙头企业以及利用后向技术外溢提高我国行业利润、达到社会福利最大化提出相关政策建议，以期在开放条件下，对改进我国宏观经济政策的制定和实施、建立互利共赢的开放机制有所借鉴，对国有工业企业在自由竞争市场经济条件下摆脱政府的非理性干预、独立自身行为提供参考。

第三节　研究内容及创新

一　研究内容

本书根据上述研究思路和技术路线，本书将首先对相关理论及实证研究成果进行回顾和评价，以明确来自下游跨国公司的后向技术外溢是提高本国上游企业中间投入品生产技术的有效途径。在理论基础上，通过建立上下游双边垄断模型，考察本国中间投入品生产技术的提高，在反并购我国龙头企业以维护国家经济安全中的重要性。再将上下游双边垄断模型扩展为上下游双边寡头垄断模型，分析跨国公司对本土上游企业的纵向并购机理以及不同市场结构下后向技术外溢的发生机理，并且以东道国行业利润和社会福利作为经济安全的参考指标，考察后向技术外溢给东道国经济安全所产生的影响。其次，基于我国行业层面数据，实证检验跨国公司在我国产生的后向外溢效应，进一步分两个部分的检验，一是在内外资企业市场竞争呈现均衡态势的情况下，实证研究跨国公司对本国工业产出技术外溢的最大效应；二是以当下代表技术进步的指标全要素生产率（TFP）作为模型检验的因变量，实证检验跨国公司不同渠道的技术溢出对我国工业整体技术进步的影响。最后，基于全文分析所得结论，为本国企业反对恶意并购以及本国政府利用后向技术外溢提高技术水平、改善本国行业利润以及社会福利提出政策建议。

本书的其余章节安排如下。

第二章是对跨国并购和国家经济安全两个层面文献的研究评述。跨国并购方面，对早期理论假说、中期实证检验以及近期统一分析框架下定性分析进行总结，认为东道国国内市场结构变化以及内外资企业竞争强度是影响跨国并购的两个主要因素；国家经济安全方面，对国家经济安全定义、外资风险表现以及防范的概括，拟订出本书的国家经济安全指标。

第三章是对技术外溢层面文献的研究评述，以明确我国利用外资，提高本国科技水平的主要途径。根据"截面数据→面板数据→外溢渠道"这一前人研究成果，通过对众多技术外溢的经验实证在不同时期、不同数据样本、不同回归方案以及不同外溢途径下的对比分析，得出通过与下游跨国公司建立后向关联渠道是东道国企业获取技术外溢的主要渠道这一结论，为后文构造数理模型分析本国上游中间投入品生产企业如何提高本国科技水平奠定基础。

第四章是对本国中间品生产技术水平的提高，在促使本国上下游企业组建联盟以抵御跨国并购发挥作用的定性分析。本章建立了各包含一家本土垄断企业在内的上下游行业双边垄断模型，通过三阶段逆向推导法的运用，使得在有并购发生时，行业均衡利润及企业所得利润均具备了收益递增性质，由此，进一步明确本国中间品行业技术水平的提高，是影响本土企业在跨国并购和本土上下游企业联盟间进行博弈选择的重要因素。

第五章是跨国并购发生时，在各市场结构下对后向技术外溢效应的比较研究。本章建立了一个包括四家企业在内的上下游行业双边寡头垄断模型，借鉴联盟博弈理论中具有"平衡贡献性质"的中间投入品价格谈判机制，使得行业利润在各企业间的分配具有 Shapley 值性质，以此比较并购前后企业所获利润，得出跨国并购的发生机理。并且，还在跨国并购改变市场结构以及有中间品生产技术可供选择的前提下，对比后向技术外溢在各市场结构下给东道国行业利润和社会福利产生的影响。得出在内外资企业市场竞争呈均衡态势的市场结构下，后向技术外溢可以达到最大化的结论，为后文的实证分析奠定了基石。

第六章是对前文数理模型分析所得结论的经验实证。选取2002 年中国投入—产出系数和 1999～2006 年 38 个工业部类的面板数据，构造反映产业间技术外溢的上下游行业内外资企业间的业务关联渠道，进而将其纳入传统的技术外溢检验方程，实证检验后向外溢效应以及其他渠道所产生的技术外溢，并且对上游国有工业企业所获后向外溢效应，在内外资企业市场竞争呈均衡态势和非均衡态势情况下进行对比，从而验证第五章所得结论。另外，还对影响技术外溢的相关因素进行分样本的实证检验，证实上下游行业内外资企业间的技术差距、下游行业外资企业的集聚程度、上游行业内外资企业间的竞争程度、上游行业国有工业企业的规模对后向外溢效应的发生起到重要影响。

第七章是对外商直接投资经由各种技术外溢渠道对我国工业行业全要素生产率影响的经验实证。与第六章经验实证的主要区别在于，在考虑到生产要素投入与全要素生产率具有相关性的前提下，以中国工业面板数据为样本，分离出具有非观测性和特异性的 TFP，并用 Levinsohn‐Petrin 非参数理论对索洛余值进行修正估计，以此证实中国工业行业整体技术水平的变迁情况。同时，构建外资溢出的各种可能渠道，以此检验后向溢出效应、前向溢出效应、同行业竞争效应以及上游本土企业技术进步对下游本土企业技术（规模）反哺效应是否有助于工业全要素生产率的提升。

第八章是对如何正确看待跨国并购以维护国家经济安全和国有工业企业在自由竞争市场环境下自身行为独立化的政策建议。结合第四章、第五章的理论分析以及第六章的经验实证，本书提出了若干防范跨国公司并购我国上游行业中间品生产龙头企业，以及尽可能地利用后向技术外溢实现我国行业利润和社会福利最大化的政策建议。

二 研究创新

本书的创新主要体现在以下几方面。

（1）在建立上下游双边垄断模型后，将古诺假定条件下的单行业均衡利润计算方法引入上下游双边行业，构成了三阶段逆向推导法，同时以 Shapley 值法为依据，为上下游不同企业间的利润分配找到具有收益递增的帕累托分配机制，在工具运用上具有一定程度的创新。

（2）在将上下游双边垄断模型扩展为上下游双边寡头垄断模型后，依据并购前后企业利润的比较，得出了跨国公司对东道国上游企业实施纵向并购所依赖条件，较之以往文献侧重对同行业内横向并购的研究而言，是一个补充。同时，借鉴多人对策博弈理论的统一分析框架，在不同技术条件下，对企业所得利润进行对比，分析了不同市场结构下后向技术外溢的发生机理，这对以往单纯就后向技术外溢的实证检验而言也是一个完善。

（3）通过不同市场结构下后向技术外溢给东道国行业利润以及社会福利所带来影响的对比，在政策上为东道国政府提出了如何利用后向技术外溢维护国家经济安全的建议。并且运用 2002 年投入产出系数以及 1999~2006 年 5 位代码的 38 个工业部类的面板数据，构造了上下游行业内外资企业间的业务关联渠道，用以反映产业间技术外溢，扩充和丰富了国内对本国技术外溢的实证研究。

（4）对工业全要素生产率的估计进行了相应修正。放宽了同期性偏差和选择性偏误的严格假定，从传统 C - D 生产函数当中分离出具有非观测性和特异性的 TFP 成分，基于非参数方法 Levinsohn - Petrin 对全要素生产率进行修正估计，提高了估计精度，丰富了对生产效率估算的研究。

第四节 基本概念及释义

（1）上、下游行业

本书所涉及的上游行业，是指生产中间投入品的行业，并且，所生产的中间投入品要参与到其他行业的产品生产之中；下游行业，是指接受其他行业生产的中间投入品，并用于本行业产品生产的行业。上、下游行业都是相对而言。当某行业将本行业生产的产品销售给其他行业用于其他行业生产时，称该行业为上游行业。而当某行业接受来自其他行业生产的产品并用于本行业产品生产时，称该行业为下游行业。

产业要形成竞争优势，就不能缺少世界一流的供应商，也不能缺少上下游产业的密切合作关系。所谓下游产业，就是为上游产业提供服务、营销、深加工、增值业务的连锁产业。上游企业和下游企业是相互依存的。没有上游企业提供的原材料，下游企业犹如无米之炊；若没有下游企业生产制品投入市场，上游企业的材料也将无用武之地。所以，各个行业的上游企业和下游企业都应该同甘共苦、互助互赢、共同发展。实际上，上游与下游是现代化生产产业链中的相对概念，比起传统的农业、重工业、轻工业的划分，具有更细密更广泛的应用价值。经济全球化的发展趋势，使产业与整个社会经济的关联度不断提高，产业与相关产业之间的联系更加密不可分。除了某些终端消费品（如某些家电）生产之外，绝大多数产业从一个角度看是上游产业，从另一个角度看则是下游产业。因此，从这个意义来讲，比起同行业的激烈竞争，上下游企业之间更容易形成互助合作关系，也更容易促进技术扩散。

（2）投入产出

投入—产出关系（Input - Output），指的是一国国民经济中各行业间生产与消耗的联结，一般而言，一国产业链中某行业的物质产品生产都需要用到其他行业所生产的物质产品，而某行业自身生产的物质产品也需要供应给其他行业物质产品生产所使用，这样一来，根据某行业单位最终产品的价值量，就可以计算出所消耗掉的其他行业物质产品。例如，上游行业生产中间投入品给下游行业，下游行业生产需要消耗上游行业的中间投入品，假定上、下游行业投入—产出比例为 1:1，这就表明下游行业 1 单位产出需要消耗上游行业 1 单位产出。

投入产出法，作为一种科学的方法，是研究经济体系（国民经济、地区经济、部门经济、公司或企业经济单位）中各个部分之间投入与产出的相互依存关系的数量分析方法。投入产出法是由美国经济学家瓦西里·列昂惕夫创立的。他先后于 1936 年发表了投入产出的第一篇论文《美国经济制度中投入产出的数量关系》；1941 年发表了《美国经济结构，1919~1929》一书，详细介绍了"投入产出分析"的基本内容；1953 年又出版了《美国经济结构研究》一书，进一步阐述了"投入产出分析"的基本原理和发展。列昂惕夫由于从事"投入产出分析"，于 1973 年获得第五届诺贝尔经济学奖。

通过编制投入产出表和模型，能够清晰揭示国民经济各部门、产业结构之间的内在联系，特别是能够反映国民经济中各部门、各产业之间在生产过程中的直接与间接联系，以及各部门、各产业生产与分配使用、生产与消耗之间的平衡（均衡）关系。因此，投入产出法又称为部门联系平衡法。此外，投入产出法还可以推广应用于各地区、国民经济各部门和各企业等类似问题的分析。当用于地区问题时，它反映的是地区内部构成部分之间的内在联系；用于某一部门时，它反映的是该部门各类产品之间的内在联系；用于公司或企业时，它反映的是其内部各工序之间的内在联系。

投入产出法的基本内容就是编制投入—产出表。投入—产出表（部门联系平衡表）是指以产品部门分类为基础的棋盘式平衡表，用于反映国民经济各部门的投入和产出、投入的来源和产出的去向，以及部门与部门之间相互提供、相互消耗产品的错综复杂的技术经济关系。投入—产出表由供给表、使用表和产品部门×产品部门表组成。供给表又称产出表，主栏为 n 个产品部门，宾栏为 m 个产业部门，沿行方向看，反映属于某一产品部门的货物或服务是由哪些产业部门生产的，合计为属于该产品部门的货物或服务的总产出。沿列方向看，反映某一产业部门生产各产品部门货物或服务的价值量，合计为该产业部门总产出。全部产业部门总产出等于全部产品部门总产出。通常产品部门个数多于产业部门个数。按生产者价格计算的总供给，等于按生产者价格计算的总产出与进口之和；按购买者价格计算的总供给，等于按生产者价格计算总供给与商业和运输费用之和。使用表又称投入表，通常由三部分组成，第一部分主栏包括 n 个产品部门，宾栏包括 m 个产业部门。沿行方向看，表明各产品部门生产的货物或服务提供给各产业部门使用的价值量。沿列方向看，表明各产业部门从事生产活动所消耗各产品部门生产的货物或服务的价值量。第二部分是第一部分在水平方向上的延伸，其主栏与第一部分相同，也是 n 个产品部门，其宾栏由最终消费、资本形成总额、出口等最终使用项组成，它反映各产品部门生产的货物或服务用于最终使用的价值量及其构成。第三部分是第一部分在垂直方向上的延伸，其主栏由劳动者报酬、生产税净额、固定资产折旧和营业盈余等增加值项组成，宾栏与第一部分的宾栏一致，也是 m 个产业部门，它反映各产业部门增加值的构成情况。产品部门×产品部门表，形式上与使用表相似，也是由三部分组成，第一部分是由名称相同、排列次序相同、数目一致的 n 个产品部门纵横交叉而成，其主栏为中间投入，宾栏为中间使用，它充分揭示了国民经济各产品部门之间相互依存、相互制约的技术经济联系，反映了国民经济各部门之间相互依赖、相互提供劳动对象供生产和消耗的过程。沿行方向看，反映第 i 产品部门生产的货物或服务提

供给第 j 产品部门使用的价值量。沿列方向看，反映第 j 产品部门
在生产过程中消耗第 i 产品部门生产的货物或服务的价值量。第二
部分是第一部分在水平方向上的延伸，其主栏与第一部分的主栏
相同，也是 n 个产品部门；其宾栏由最终消费、资本形成总额、
出口等最终使用项组成。它反映各产品部门生产的货物或服务用
于各种最终使用的价值量及其构成。第三部分是第一部分在垂直
方向上的延伸，其主栏由劳动者报酬、生产税净额、固定资产折
旧和营业盈余等增加值项组成。宾栏与第一部分的宾栏相同，也
是 n 个产品部门，反映各产品部门增加值的构成情况。产品部
门×产品部门表的平衡关系是：从纵列方向看，第 j 产品部门中间
投入合计＋第 j 产品部门增加值合计＝第 j 产品部门总投入。从横
行方向看，第 i 产品部门中间使用合计＋第 i 产品部门最终使用合
计−第 i 产品部门进口＝第 i 产品部门总产出。从总量看，总投
入＝总产出。第 i 产品部门总投入＝第 i 产品部门总产出。中间投
入合计＝中间使用合计。

　　本书基于 2002 年中国国家统计局编制的投入—产出关系表，
利用表中的直耗系数、完耗系数和中间投入使用系数等进行实证
研究跨国公司在中国本土产生的后向溢出效应、前向溢出效应和
反哺效应。

　　（3）后向关联

　　进入东道国下游行业（其生产需要来自上游行业中间投入品
的行业）的跨国公司，在某些中间投入品为非贸易品的情况下
（由于国际贸易成本太大或东道国政策禁止进口），其生产需要在
东道国本土向上游行业进行本地化采购，这样，站在下游行业跨
国公司的角度来看，下游跨国公司不可避免地将与上游行业中的
东道国本土企业发生后向业务关联（Backward Linkages），由于上
游行业本土企业中间投入品的质量和价格与下游行业跨国公司的
生产紧密相关，所以跨国公司为了取得质优价廉的中间投入品，
会在不同程度上对上游企业提供技术支持，如向上游东道国企业

介绍本国先进生产技术、委派技术咨询顾问、帮助培养高级人力资本等方式，这样一来，通过上下游行业、内外资企业间的业务往来，东道国上游行业本土企业将会吸收来自下游行业跨国公司的技术外溢，这种由后向关联业务所产生的技术外溢，笔者称之为后向技术外溢。

（4）前向关联

进入东道国上游行业的跨国公司，当其战略目标是将其生产的产品销往东道国本土下游行业时，为了扩大销售份额、抢占东道国国内市场，往往会主动对处于下游行业的东道国本土企业提供业务帮助，譬如帮助下游行业中的本土企业安装、调整以及测试其所销售的产品，同时还会采取各种措施完善上游行业跨国公司的售后服务体系，以及向下游行业本土企业提供技术咨询等，站在上游行业跨国公司的角度看，通过这种前向业务上的往来（Forward Linkages），下游行业中的本土企业也可以在某种程度上获取来自上游行业跨国公司的技术外溢效应，笔者称之为前向技术外溢。

（5）全要素生产率

全要素生产率（Total Factor Productivity，TFP）是指生产经营活动在一定时间内的效率。是衡量单位总投入的总产量的生产率指标，即总产量与全部要素投入量之比。全要素生产率的增长通常被视为科技进步的指标，其包括技术进步、组织创新、专业化和生产创新等。产出增长率超出要素投入增长率的部分为全要素生产率的增长率。

全要素生产率一般的含义为资源（人力、物力和财力等）开发利用的效率。从经济增长的角度，生产率与资本、劳动等要素投入都可以对经济增长作出贡献。从效率角度看，生产率等同于一定时间内国民经济中产出与各种资源要素总投入的比值。从本质上讲，它反映的是各国家或地区（或各行业）为了摆脱贫穷、落后、发展经济，在一定时期内所表现出来的能力和努力程度，是技术进步对经济发展作用的综合反映。全要素生产率是用来衡量生产效率的指标，它有三个来源：一是效率的改善，二是技术进步，三是规模效应。在计算上它是除去劳动、资本、土地等要素投入之后的"余值"，由于"余值"还包括没有识别带来增长的因素和概念上的差异以及度量上的误差，只能相对衡量效益改善技术进步的程度。

全要素生产率是宏观经济学的重要概念，也是分析经济增长源泉的重要工具，尤其是政府制定长期可持续增长政策的重要依据。首先，估算全要素生产率有助于进行经济增长源泉分析，即分析各种因素（投入要素增长、技术进步和能力实现等）对经济增长的贡献，识别经济是投入型增长还是效率型增长，确定经济增长的可持续性。其次，估算全要素生产率是制定和评价长期可持续增长政策的基础。具体来说，通过全要素生产率增长对经济增长贡献与要素投入贡献的比较，可以确定经济政策是以增加总需求为主还是以调整经济结构、促进技术进步为主。

20世纪50年代，诺贝尔经济学奖获得者罗伯特·M.索洛（Robert Merton Solow）提出了具有规模报酬不变特性的总量生产函数和增长方程，形成了生产率（全要素生产率）含义，并把它归结为由技术进步而产生的。本书的全要素生产率是指传统意义各要素（如资本和劳动等）投入之外的技术进步和能力实现等导致的产出增加，是剔除要素投入贡献后所得到的残差。

第二章
跨国并购与国家经济
安全研究述评

本章首先在跨国并购与国家经济安全这两个层面对相关文献进行总结和述评，然后对跨国并购影响因素及国家经济安全的衡量指标进行探讨。

第一节　跨国并购理论及实证研究

随着资本要素在全球范围的广泛流通，FDI 受到越来越多学者的关注，对其研究层出不穷。技术外溢、对东道国国内投资的挤出效应、投资的所有权结构等方面均有大量理论研究及实证检验。正如 Melin（1992）、Chang（1995）所指的，对 FDI 投资模式选择的研究也非常重要。究竟采用绿地投资还是跨国并购，事关投资企业、目标行业以及东道国等各层面因素，受不同国家间文化差异、东道国法律体系以及投资企业全球战略的影响，对 FDI 这两种投资模式的不同选择会给企业和东道国带来不同的影响。对曾经在这一方面所作过的研究进行回顾和总结，对影响这两种投资模式选择的因素进行归纳，可为今后我国企业走出去以及政府引资政策的调整提供一定的参考。

一　理论假说

先前对跨国并购和绿地投资这两种模式选择的研究并没有完整的理论分析框架，大部学者仅仅是借用以下四种理论对这两种模式提出理论假说：（1）交易成本理论（Transaction cost theory）。（2）跨国并购理论（Theory of mergers and acquisitions）。（3）企业增长理论（Theory of the growth of firm）。（4）不完全资本市场理论（Theory of capital market imperfections）。

（一）交易成本理论

交易成本理论主要是用来解释为什么会发生 FDI，但是其对外部市场交易成本以及企业专用性资产（Firm – specific asset）的阐述却可以用来解释跨国并购和绿地投资的选择问题。[①] 根据交易成本理论的分析，在跨国并购和绿地投资间的选择受以下因素的影响。

（1）母企 R&D 密度。企业专用性资产的一个主要组成部分就是专有技术。交易成本理论认为，由于外部市场的非完全竞争性，技术转让通常会在外部市场招致很高的交易成本。Buckley & Casson（1976）、Caves（1982）、Davidson（1982）、Hennart &Park（1993）认为出于对核心技术的保护，母国企业在东道国投资时都不会轻易松动技术的专利权，更不会泄露专有技术，因而 R&D 密度较高的母国企业在东道国投资时会倾向于绿地投资。Cho & Padmanabhan（1995）认为采用绿地投资对于维护企业专用性资产优

[①] 交易成本理论认为外部市场通常大都只能成交一些有形的物质产品，而对于某些中间品（如原材料、零配件、可贷资金、特定生产知识等），尤其是企业的专用性资产（Firm – specific asset）在外部市场交易时通常都会招致很高的交易成本，因而企业在东道国投资时就会采用内部化方式，通过组建企业科层形式来获取中间品以及利用企业专用性资产，相比较而言，这种内部化方式的交易成本低于外部市场交易成本。

势具有两大作用，一是在海外市场可以尽力阻止企业专用性资产优势的耗散，二是将母国企业的专用性资产优势复制到新设企业中的难度明显小于复制到被并购的目标企业之中。Yoshida（1987）、Kujawa（1984）对 R&D 密度较高的日资企业所作的一项调查证实了这一点，日资企业的管理者承认偏好绿地投资，因为他们愿意按照母国企业模式筹建具有专用性资产优势的劳动力管理体系。

（2）国际经验。国际经验是一种非实体属性的专用性资产，需要长时期在国际市场上运作及积累，是通过"干中学"所获取的一种附加性产品，具有较强的隐含性，通过正常的国际市场经营渠道来获取就不得不支付较高的交易成本（如时间）。当国际市场风险较高、不确定性很强时，对于没有国际经验的投资者而言，新设企业成本高昂（Hannart，1988），而通过并购来获取目标企业已掌握的国际市场营销经验则成本较低。Wilson（1980）、Caves（1982）认为对于那些在国际市场上经营多年的企业而言，大多会采用绿地投资。Cho & Padmanabhan（1995）认为国际经验丰富的母国企业通过绿地投资更容易把企业专用性资产优势复制到东道国，以便维护知识产权和减少租金耗散。

（3）国别经验。国别经验属于对某一特定区域所拥有的经验。Hennart（1982）认为，在东道国市场上积累的经验同样也是"干中学"的产物，属于企业无形资产，其在外部市场上的交易同样会具有很高的交易成本。Wilson（1980）、Caves（1982）就认为对于那些没有在东道国从事过业务经营的母国企业而言，最恰当的进入方式无非就是跨国并购，使其持有目标企业的这种无形资产。因而，对于之前已经在东道国积累起丰富业务经验的母国企业，这种"干中学"所得来的专用性资产优势就会促使其采用绿地投资。

但是，从信息对称的角度来看，Andersson et al（1992）、Andersson & Svensson（1994）、Barkema & Vermeulen（1998）认为

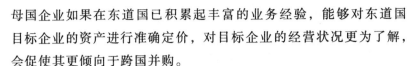

母国企业如果在东道国已积累起丰富的业务经验，能够对东道国目标企业的资产进行准确定价，对目标企业的经营状况更为了解，会促使其更倾向于跨国并购。

（4）新业务与核心业务的关联。产品专用性知识是关于某一特定行业的知识，大多数情况下，产品专用性知识也是以非实体属性出现，如果新设业务与所从事的核心业务关联性不大，则企业对新业务领域内的产品专用性知识就有很大的需求。根据交易成本理论，这种产品专用性知识不可能通过外部交易市场花费巨额成本来获取，因而对新业务领域内目标企业的并购就成为获取产品专用性知识的唯一方式（Larimo，2003）。Caves & Mehra（1986）也指出，若在东道国的新设业务与母国企业所从事的核心业务关联性不大，则会倾向于通过跨国并购来获取这些专用性资产。Zejan（1990）则从风险角度出发，认为新业务如果与母企核心业务关联性不大时，应选择跨国并购以最小化投资风险。

（5）投资业务多元化。Hennart & Park（1993）认为开展多元化业务经营的企业拥有完善的管理控制体系，这种专用性资产优势在跨国并购后能发挥较强的作用。Wilson（1980）、Caves & Mehra（1986）、Zejan（1990）进一步指出，这种管理优势来源于母国企业在通过并购其他企业以实施多元化战略的同时，积累起来的丰富专业知识，这种专业知识会进一步降低并购所产生的交易成本，其在实施跨国并购时会引致很高的交易成本，因而拥有多元化业务经营的母国企业在海外投资时更倾向于跨国并购。

（6）广告密度。母国企业所拥有的市场营销技能，在跨国并购后通常能将其运用于被并购企业的产品。例如，欧洲 Philip Morris 公司所拥有的最大专用性资产就是其丰富多变的市场营销策略，并购美国 Miller Brewing 公司后，Philip Morris 公司进入美国啤酒行业，在对原有品牌进行全方位的市场营销策划后，公司获取了丰厚的利润（Yip，1982）。特别是对那些已经成熟、饱和的市场，在东道国与母国文化差异很大时，东道国本土知名品牌本身就具有很大的无形资产优势。如果企业广告支出比例可以作为其营销技能衡量指标，那么当母国品牌优势无法顺利进入东道国且品牌在行业竞争中又很重要，拥有较高广告密度的母国企业，其在海外投资时会倾向于跨国并购以将自己在母国成熟的市场营销技能复制到东道国（Hennart & Park，1993）。

（7）文化差异。Chatterjee（1990）、Yip（1982）认为东道国与母国文化差异越小，则母国企业在东道国的投资风险就越小，越倾向绿地投资来最大化其专用性资产优势，相反，文化差异越大，则会通过跨国并购来最小化投资风险。

（二）跨国并购理论

Oster（1990）认为企业愿意采用跨国并购而非绿地投资，主要基于以下几点。首先，从投资者的角度看，目标企业所拥有的某项资产是一种"廉价物"（Bargain），母国企业购买这种"廉价物"所付出的成本通常比新设企业所付出的成本要低。其次，相比绿地投资，跨国并购后所获得的"杠杆效应"（Leverage）能更有效地提升企业的专用性资产优势。再次，是东道国文化和法律环境方面的考虑。母国企业正是基于下述协同优势（Synergy）[①]来考虑选择跨国并购的。

（1）母企 R&D 密度。Kogut & Singh（1988）认为，R&D 密度高的企业海外投资模式的选择必须考虑其投资动机。如果母国企业拥有较高的 R&D 密度，但是如果海外市场营销技能欠缺，或是自身品牌在东道国缺乏认同，都会更倾向于选择跨国并购来弥补

---

① Ansoff（1965）将协同优势定义为两种产品市场上的联合效应，当企业同时经营两个产品市场时，所需成本只比单独在两个市场上经营所需成本之和要低，或是所需投资比单独在两个市场上经营所需投资之和要低，或是销售总额比单独在两个市场上经营的销售额之和要高时，就产生了协同效应。笔者认为，跨国并购中的协同优势是指母国企业并购目标企业之后，企业总的经营表现要超过原来两家企业分散经营时的表现之和。

以上不足，以使自身研发优势获取杠杆作用。

（2）目标行业 R&D 密度。Hall（1987）认为，母国企业在东道国的投资活动若是为了获取技术上的协同优势，则东道国技术水平高的行业必将成为跨国并购的候选对象。Gort（1969）对 600 起并购个案研究表明，技术水平的高低与并购之间呈显著正相关性，Harris & Ravenscraft（1991）的调研也同样证明了这一点。Zou（2006）对中国的研究也表明，R&D 密度较高的某些特定行业，对于获取协同优势而言就是现存的优势资源，会对跨国并购具有较强的吸引力。

（3）汇率及股价。并购理论认为绿地投资与跨国并购之间最主要的差别在于两者各自所需的中间品分别处于不同的市场，绿地投资所需要的土地、机器和原材料等中间品处于产品市场，而跨国并购所需的目标企业处于资本市场，投资者正是基于不同市场的相对成本比较来选择海外投资模式。如果投资者能够在资本市场觅得"廉价物"的目标企业，则会实施跨国并购，并且现行的并购是采用新股兑换旧股的方式，因而任何有利于压低目标企业股票价格的因素都会使得跨国并购更具吸引力。Khoury（1980）认为，对于国外投资者而言，股票的相对价格实际上取决于汇率及对目标企业股票价格的估计。所以，当母国货币相对外币越坚挺，且母国股票价格高于东道国股票价格时，则母国企业越有可能采用跨国并购。

（4）东道国经济增速。跨国并购的另一个优势，在于可以使投资者很快进入东道国市场。Caves（1982）认为新设企业远比并购企业要耗费更多的时间，尤其是延时进入东道国市场会导致很高的机会成本，国外投资者会实施跨国并购。Hennart & Park（1993）、Andersson & Svensson（1994）也认为当东道国市场正处于新兴发展阶段，经济发展速度较快、投资机会很多、盈利的可能性很大，采用耗时的绿地投资会延误商机。因而东道国经济增长速度越快，投资者以跨国并购模式进入东道国的可能性就越大。

（5）东道国经济发展水平。Wilson（1980）、Andersson et al（1992）、Cho & Padmanabhan（1995）认为东道国经济发展水平越高，则其工业体系越完善，各行业内企业数目越多，企业的技术水平也越符合投资者的期望，此时母国企业有很大余地来挑选合适的目标企业进行并购。

（6）行业后进。Knickerbocker（1973）、Davidson（1982）、Yu & Ito（1988）认为对于东道国垄断行业，先行企业一般会是行业中的领导者，对该行业具有较强的垄断力，在很大程度上可以操纵该行业，会对其他企业施加较强的竞争威胁，而作为该垄断行业的后来者，就得及时应对领导者所施加的竞争压力，以避免遭到淘汰，而缩短反应时间的最佳进入模式无疑是跨国并购。因此，当投资者属于东道国垄断行业的后来者时，其采用跨国并购模式进入的可能性就大。

（7）市场集中度。跨国并购可以使投资者消灭东道国市场上的竞争对手，获得较强的市场控制力，而绿地投资只会进一步增强东道国市场竞争，因而从投资者的角度看，可能寄希望于采用跨国并购来增强市场控制力。然而，东道国的相关法律法规可能限制跨国并购的完成，如果东道国法律明令禁止垄断的话，那么跨国并购一旦触及底线，便会受到相关司法机关的审核，司法机关根据审核结果有权禁止那些会导致市场垄断的跨国并购。

（8）文化差异。并购后企业整合问题是一大难点，而国家之间和企业之间文化背景的差异将会使这一问题更为突出。Johanson & Vahlne（1977）指出外商直接投资模式的差异和国与国之间的"心理差异"（Psychic distance）相关，该心理差异指的是母国企业对东道国市场环境不确定性的一种担忧，受东道国与母国之间文化差异的影响。Lincoln，Hanada & Olson（1981）则进一步指出在不同投资模式所带来的收益均等的情况下，投资者将会选择能够最小化其进入成本以及管理成本的投资方式。因而，Kogut & Singh（1988）认为当不同国家之间的文化差异使企业组织形式出现巨大

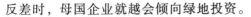

反差时，母国企业就越会倾向绿地投资。

（9）新业务与核心业务的关联。Hennart & Park（1993）强调当母国与东道国文化背景差异很大，母国企业在东道国进入一个与其核心业务关联性不大的全新业务领域时，必然要面对语言、习俗、管理组织等方面的巨大落差，并购后，对新业务领域内企业文化的整合相比，同行业中企业文化的整合必然要付出更多成本。在这种情况下，母国企业在东道国开拓新业务领域时会倾向绿地投资。

（三）企业增长理论

企业增长理论认为技术是实现企业增长的主要推动力，因此企业的增长依赖于两条路径：一是通过企业内部自主创新能力的提高、技术研发能力的加强来从内部扩充企业。二是通过兼并目标企业以获取先进技术来扩充企业的外部规模。而不同因素对企业技术能力的不同影响也就决定了企业海外投资模式的选择。

（1）人力资源存量。Penrose（1959）指出企业的增长会受企业现有人力资源存量的制约，而人力资源的培养受到一定时间限制，不可能以很快的速度增长，因而当企业人力资源匮乏时，就会制约母国企业的绿地投资规模，而迫使投资者采用跨国并购以获得目标企业所拥有的管理层，以解决海外投资所面临的人力资源紧缺问题。因此，当母国企业人力资源存量有限，而海外绿地投资新建企业的规模又相对较大时，投资者就会采用跨国并购进入东道国。

（2）母企 R&D 密度。Hoskisson & Hitt（1988）、Wernerfelt（1984）认为母国企业技术水平也会影响其海外投资模式的选择。Granstrand & Sjolander（1990）指出，对于技术水平不高的母国企业而言，其海外投资采用跨国并购模式的主要目的就是获取目标企业的先进技术，相反，自主创新能力强、技术水平高的母国企业更多采用新建企业的绿地投资方式。Blonigen & Taylor（2000）

的经验研究也证实这一观点，采用美国 1985~1993 年电子行业包括 217 家企业在内的面板数据，通过受限因变量模型实证检验了（跨国）并购与企业 R&D 投资密度间的关系，结果表明 R&D 能力较弱的企业，其企业扩展方式更多的是采用并购来获取目标企业现有的先进技术。

（3）投资地域多元化。Ghoshal（1987）、Kim, Hwang & Burgers（1993）认为投资地域多元化可以使企业处于丰富多变的环境之中，可以提高企业的技术创新水平。Abrahamson & Fombrun（1994）、Miller & Chen（1994，1996）认为国别市场的多元化可以扩大企业所面临的需求特征，使企业在面对一系列的竞争者、供应商和合作伙伴时，都能不断地激发企业创新的动机，以此提高企业技术创新能力。Kogut & Singh（1988）还认为投资地域多元化有助于降低技术创新所面临的风险，可以给母国企业提供一系列东道国市场，以分散竞争者，瓦解其带来的威胁，同时还可以规避由某个市场供需波动所带来的影响。而自主创新能力的提高，毫无疑问，会使母国企业更多地采用绿地投资而非跨国并购。

（4）投资业务多元化。Peteraf（1993）、Teece（1982）认为投资业务多元化也可以提高企业从"干中学"中获取技术创新的能力。Williamson（1975，1985）却认为企业涉及的业务过广，会使业务间信息交流成本上升，企业把握商机的认知能力下降，会约束企业的创新能力。Baysinger & Hoskisson（1989）、Hoskisson & Hitt（1988）的实证研究就表明过分多元化经营的企业很少在 R&D 方面投入。基于此，Barkema & Vermeulen（1998）认为随着企业业务经营多元化的扩大，会对其技术自主研发水平产生一种倒 U 形曲线的影响，进而对其投资模式产生不同的影响：随着业务经营种类的扩充，企业从"干中学"中所获取的技术能力提高，海外投资会倾向绿地投资，而随着业务经营种类的继续扩充，受限于信息交流成本，其技术能力反而逐渐下降，此时企业海外扩张更多的是倾向跨国并购。

（5）新业务与核心业务的关联。Prahalad & Hamel（1990）认为母国企业在海外以横向方式扩张核心业务时，能够将母国企业的管理体制复制到东道国子公司之中，通过新建企业来发挥母国企业的专用性资产优势。Argyres（1996）、d'Aveni & Ravenscraft（1994）、Pennings, Barkema & Douma（1994）进一步指出，如果在海外的业务扩张与母国企业的核心业务相关联，即当采用关联扩张时，母国企业的管理体制亦可成功地复制到东道国新环境之中，例如，当实施垂直扩张时，母国企业的技术优势就可以用于上下游产业链。相比较而言，如果在海外从事非核心业务或非关联业务的扩张，则母国企业将很难沿用既存的管理体制，为了获取新业务的管理和技术，跨国并购将是最佳方式。

（6）东道国经济增速。Yip（1982）认为当东道国经济增长强劲时，市场容量有着巨大缺口，因而对新建办厂有着强烈的需求。而经济增长缓慢的东道国，市场容量扩充非常有限，绿地投资不容易取得投资利润，而跨国并购恰恰能帮助目标企业的所有者脱身于经济不景气的市场，双方因此会很容易达成并购协议。

（7）母企规模。Hennart（1982）、Kogut & Singh（1988）、Hartzing（1998）均认为母国企业规模越大，越能承担得起跨国并购所需的各项金融资源，其海外投资采用跨国并购的可能性也就越较大。

（8）投资规模。Caves & Mehra（1986）、Hennart & Park（1993）认为母国企业海外投资的相对规模大致可以反映其采用内部扩张方式时所面临的约束情况，投资相对于母国企业规模越大，则受母国企业金融以及管理资源存量瓶颈限制就越大，越有可能采用跨国并购。

（四）不完全资本市场理论

不完全资本市场理论认为，由于信息在资本市场呈非均匀分布，因而会导致不同的交易主体对同一投资项目的估价不同。Chatterjee（1990）指出，投资者对自己投资项目的估价通常都要高于市场估价的平均水平，这种估价的差异会在绿地投资与跨国并购两种投资模式间表现得更加明显，原因就在于资本市场受信息不对称的影响，对被兼并的现存资产通常都会向人们提供完善的信息，而对于绿地投资的待建项目通常都无法向人们提供完善的信息。受信息不对称的影响，这两种不同投资模式为融资所发行的股票价格势必相差较大，这就会使绿地投资模式下的权益资金报酬率下降，就两种投资模式各自发行股票的价格而言，绿地投资明显会低于跨国并购，这会导致绿地投资模式融资成本的上升，而那些本可获取较高"杠杆效应"① 的企业就会觉得绿地投资得不偿失，宁可选择跨国并购。因此资本市场信息越不对称，企业也就越倾向于跨国并购。

（五）对比分析

表 2-1　各理论对跨国并购影响因素的假说

影响因素	理论分析所得结论			
	交易成本理论	跨国并购理论	企业增长理论	不完全资本市场理论
母企 R&D	-	+	-	
国际经验	-	+		
国别经验	?			
业务关联	-	+	-	
业务多元化	+		- 或 +	
广告密度	+			
文化差异	+	-		
目标行业 R&D		+		
汇率及股价		+		
东道国经济增速		+	-	
东道国经济发展水平		+		
行业中的后来者		+		

---

① 杠杆效应指由于举债筹资使权益资金报酬率的变化幅度大于全部资金报酬率变化幅度的一种现象。

影响因素	理论分析所得结论			
	交易成本理论	跨国并购理论	企业增长理论	不完全资本市场理论
东道国市场集中度		+		
法规管制		-		
母企人力资源存量			-	
投资地域多元化			-	
母企规模			+	
投资规模			+	
财务杠杆效应				+

注：+、-、? 分别代表各因素与跨国并购倾向呈正、反比或不确定。

将各理论分析结果总结于表 2 - 1，可以发现不同理论分析得出的结论大体具有互补性，但也有若干结论互为冲突。

（1）母企 R&D。交易成本理论从维护企业专用性资产角度出发，认为技术水平高的母国企业在东道国更倾向于绿地投资，以减少外部市场的高额交易成本。企业增长理论则从技术水平角度出发，认为高技术水平企业在海外应走内部扩张道路。但是，并购理论则从协同优势角度出发，认为对于欠缺海外营销技能的母国企业，即便在其技术水平高的情况下，也会倾向于跨国并购。

（2）国际经验。交易成本理论认为，国际经验强的母国企业已经具备了"干中学"的知识，因而选择绿地投资易于维护资产专用性优势；而并购理论则从并购后企业整合角度出发，认为国际经验丰富的母国企业跨国并购后，在企业整合方面将会表现出很强的操作性。

（3）业务关联。交易成本理论认为，若新业务与母企核心业务关联性很强，则母企的资产专用性优势会较容易复制到新建企业之中；而并购理论考虑到在有文化差异的情况下，若新业务与母企核心业务关联性不强，则引发的企业整合部问题将会更大，因而只有当新业务与母企核心业务关联性强时，才会采用跨国并购。

（4）业务多元化。交易成本理论认为，开展业务多元化的企业拥有成熟高效的管理体系，因而通过跨国并购来发挥这一专用性资产优势；而企业增长理论则从技术水平与业务多元化相关的角度出发，认为适当开展业务多元化的企业通常会从多元经验中获取"干中学"能力，以提高企业技术创新能力，因而海外投资倾向于绿地投资；但业务过度多元化，又会削弱"干中学"能力，导致企业技术创新能力下降，此时海外扩张倾向于跨国并购。

（5）文化差异。交易成本理论从削减文化差异给绿地投资所带来的不确定性出发，认为对于文化差异大的东道国与母国，母国企业投资应倾向于跨国并购；而并购理论则从企业整合角度出发，认为文化差异越大，面临的企业整合问题越突出，母国企业应越倾向于绿地投资。

（6）东道国经济增速。并购理论从机会成本角度出发，认为如果东道国经济增长快速，投资者晚进入的机会成本就会越高，因而倾向跨国并购以缩短进入时间；而企业增长理论则认为东道国经济快速增长，表明市场容量大，会给绿地投资创造有利的进入机会。

以上各理论假说得出的结论还需在实践中加以验证，特别是对相互抵触的结论，更需要实证经验来加以验证，根据实际情况进一步完善理论分析。

二 实证检验

在利用相关理论对影响海外投资模式选择的因素提出相关假说以后，不少学者对此进行了实证检验，现按数据样本、指标量化和实证结果予以总结。

（一）数据样本

从表2-2可以发现，母国企业都源自于发达国家，没有来自

表 2 - 2　对跨国公司投资模式选择进行实证研究的数据样本

作 者	母国	东道国	样本	母企	样本跨度	样本构成 并购	样本构成 绿地	实证方法
Dubin（1976）	美国	OECD、LDC	5000	—	1900～1967	—	—	相关系数
Wilson（1980）	OECD	OECD、LDC	—	389	1900～1971	—	—	线性回归
Forsgren（1984）	瑞典	OECD、LDC	—	42	1970～1983	—	—	线性回归
Caves（1986）	OECD	美国	138	—	1974～1980	80	58	二元 Probit
Kogut（1988）	OECD	美国	506	—	1981～1985	274	85	多元 Logit
Zejan（1990）	瑞典	OECD、LDC	250	77	1969～1978	—	—	二元 Logit
Agren（1990）	瑞典	美国	75	—	1985	24	51	二元 Logit
Andersson（1992）	瑞典	OECD、LDC	863	—	1991 之前	561	302	二元 Logit
Hennart（1993）	日本	美国	270	—	1978～1987	114	156	二元 Logit
Larimo（1993）	芬兰	OECD	120	43	1977～1988	106	14	二元 Logit
Andersson（1994）	瑞典	OECD、LDC	760	—	1961～1990	479	281	二元 Logit
Yamawaki（1994）	日本	美国、欧洲	967	—	1990	220	747	二元 Logit
Cho（1995）	日本	OECD、LDC	756	—	1969～1991	163	597	二元 Logit

续表

作者	母国	东道国	样本	母企	样本跨度	样本构成		实证方法
						并购	绿地	
Hennart (1996)	美国 芬兰	—	T401 J266 F135	201 159	1977~1993	219 113 106	182 153 29	二元 Logit
Larimo (1997)	芬兰	OECD	991	123	1966~1996	780	211	二元 Logit
Barkema (1998)	荷兰	OECD、LDC	829	25	1966~1994	595	234	二元 Logit
Hartzing (1998)	OECD	OECD	263	104	1996 以前	90	197	二元 Logit
Padmanabhan (1999)	日本	OECD	752	402	1969~1991	166	586	二元 Logit
Brouthers (2000)	日本	西欧	136	—	1980~1992	—	—	二元 Logit
Larimo (2003)	北欧	OECD、LDC	3524	382	1960~1999	2552	972	二元 Logit
Zou (2006)	—	中国	156	—	1991~2003	156		固定效应

注："—"代表经验实证的文献中未能提供具体的信息。

34

发展中国家的，而东道国也绝大部分集中在发达国家，这就表明过去几十年时间内，跨国并购更多的是发生在发达国家与发达国家之间，很少有针对发达国家与发展中国家之间的，这有可能是与发展中国家经济发展水平落后、技术水平低、缺少合适的并购对象以及政府管制有关。从样本构成来看，在某些研究的数据样本中，跨国并购占据了绝对优势。从研究方法来看，学者们也根据所研究的问题，选择了针对性很强的二元计数回归，如 Logit 和 Probit，少数人采用了线性回归，如 Wilson（1980）、Forsgren（1984），如个别学者在研究跨国并购和绿地投资时，还加入了合资企业形式，因而也就采用了多元 Logit，如 Kogut & Singh（1988）。

（二）指标量化

对于影响因素的量化，绝大部分学者都遵循前人的研究成果，有的在其基础上进行了改动，但量化方法基本保持一致，只有个别指标，受数据可获得性的影响，这可能会对实证结果产生一定的影响。我们将各指标的量化方案总结于表 2 – 3。

表 2 – 3　对影响因素指标的量化

影响因素	量化方法
母企规模	母企全球销售额或总资产
业务多元化	按 4 位数 SIC 分类或 3 位数 SBI 分类所拥有的产品种类数；Herfindahl 指数
国际经验	在海外的投资项目数或所有子公司历经年限总和或第一家子公司历经年限；母企出口比例
国别经验	在东道国所历经的投资年限或所有子公司历经年限总和或子公司数
文化差异	Hofstede 复合指数；虚拟变量法
经济水平	虚拟变量法；发展中国家的子公司占全部子公司比例；GNP/资本
经济增速	GNP 平均增速；行业年销售额增速

影响因素	量化方法
业务关联	按 4 位数 SIC 分类或 3 位数 SBI 分类的母、子公司产品差异度；虚拟变量法
投资规模	子公司占母公司员工比例；投资额占母企全球总资产比例
R&D 密度	研发占销售额比例；R&D 人员比例
法规管制	行业中国有企业比例；虚拟变量法
广告密度	广告费用占销售额比例
地域多元化	在海外从事投资的国家数
影响因素	量化方法
汇率及股价	按 Khoury（1980）方程式计算
行业后进	虚拟变量法
市场集中度	Herfindahl - Hirschman 指数
人力资源	雇工增长率/销售额增长率
财务杠杆	公司负债/市场价值

注：（1）Hofstede（1989）复合指数，由四种文化层面因素组合而成，分别是权力距离（Power distance）、不确定性规避（Uncertainty avoidance）、男性度与女性度比例（Masculinity/Femininity）、个人主义（Individualism）。有 $CD_j = \sum_{i=1}^{4} \{ (I_{ij} - I_{ih})^2 / V_i \} / 4$，其中 CD_j 代表第 j 国（母国）与东道国 h 之间的文化差异衡量，I_{ij} 代表第 j 国的第 i 种文化层面，V_i 代表第 i 种文化层面的方差，下脚标 h 代表东道国。

（2）Herfindahl - Hirschman 指数：$DIV = 1 - \dfrac{\sum (m_{ij})^2}{(\sum m_{ij})^2}$，其中 m_{ij} 代表企业 i 在 j 产品上的销售额。

（3）Khoury（1980）方程式：RVI = 母国货币相对于东道国货币的变动 ÷（东道国股标价格指数 ÷ 母国股票价格指数）。

（4）经济发展水平的虚拟变量指按当年世界银行发展报告为标准，发达国家取 0，发展中国家取 0；文化差异的虚拟变量针对样本中的国家衡量；业务关联虚拟变量指若子、母公司业务属同一行业取 1，否则取 0；行业后进虚拟变量指后来者取 1。

（三）实证结果

由于研究的侧重点不同，学者们各自纳入模型中的变量也不尽相同，由于表格篇幅的限制，我们只将实证中检验最多的几个变量按母国企业层面、东道国层面和行业层面概括在表 2 - 4 中，对于各学者所侧重研究的检验结果附在表 2 - 4 注中。[①] 通常进行 Logit（或 Probit）模型回归时，二元虚拟因变量大都将跨国并购设定为 1，绿地投资设定为 0，个别设定相反或采用多元 Logit 模型的，我们在总结时都将其检验结果的符号进行了相关修正。抛开回归检验中系数不显著的部分，我们可以得出以下几点结论。

（1）母企规模。除去一部分估计系数没有通过显著性检验外，其他检验结果大都表明母企规模与跨国并购之前存在着显著的正相关，这就基本上验证了企业增长理论中的假说，即规模越大的企业，越有能力负担得起并购所需的庞大金融资源。Larimo（2003）对芬兰子样本的回归结果却显示为负，也对此解释为国别差异性所致。

（2）R&D 密度。回归结果绝大部分都验证了交易成本理论对企业专用性资产的假说：当技术水平较高时，为了规避外部市场交易所产生的高昂成本，维护企业专用性资产优势，跨国公司均会倾向于绿地投资。

（3）多元化业务。对于多元化业务，绝大多数回归结果似乎更符合交易成本理论的预测，即公司业务越多元化，其通过跨国并购就越能发挥管理体系的资产专用性优势。但 Barkema（1998）的检验结果却证实了倒 U 形的存在，即适当开展多元化经营，可以提高企业技术创新能力，此时企业倾向于绿地投资，而过度开展多元化经营，则削弱了企业自主创新能力，此时企业倾向于跨国并购。

（4）国际经验。对国际经验的研究，一部分实证结果符合并购理论预测，而另一部分实证结果又都符合交易成本理论预测，然而最近 30 多年时间内，随着全球资本流动加速、管制放松，投

---

① 表 2 - 4 中概括的是绝大多数学者根据四种理论预测所实证检验的因素，而不少学者在实证检验时，亦将子公司的所有权控股程度以及投资时间这两类因素也纳入方程，因而我们也将其归纳到表 2 - 4 中。

资地域、国别、行业越来越多元化，企业整合问题随之也越来越突出，因而我们认为跨国公司更偏好于绿地投资。

（5）国别经验。其他研究大部分均表明跨国公司在东道国的经验积累越丰富，就越有可能实施跨国并购，这就验证了交易成本理论的另一分支预测，即对东道国情况越熟悉，对目标企业资产评估越准确，实施跨国并购的可能性也就越大。

（6）文化差异。并购理论认为，文化差异越大，并购后企业所面临的整合问题也就越突出，实证检验大都验证了这一点。而Kogut（1988）对非日企样本研究结果却似乎验证了交易成本理论的预测。

（7）东道国经济发展水平。对此进行的实证检验均验证了并购理论的预测，即东道国经济发展水平越高，工业部类也就越齐全，东道国企业技术水平也就越高，因而跨国并购的目标对象也就越多，并购的余地也就越宽松。

（8）东道国经济增速。对东道国经济增速的检验，一部分实证检验结果符合企业增长理论的预期，即经济增长速度越快，市场容量扩充也就越大，也就越符合绿地投资的特征。但也有相当一部分实证结果表明东道国经济增速与跨国并购之间呈倒 U 形关系，部分证明了并购理论的预测，即当市场容量扩充越来越快时，较慢的绿地投资进入模式势必导致较高的机会成本，为了把握商机，跨国公司会更倾向于跨国并购，以最快的方式进入东道国。

（9）业务关联。大部分检验结果也符合并购理论的预期，这在很大程度上反映出文化差异对企业整合的影响，文化差异越大，跨国并购也就越有可能发生在同行业或关联行业，以最小化并购后的企业整合难题。

（10）其他因素。对投资时间一项的检验，反映的是近期内对跨国并购和绿地投资这两种模式的偏好，从估计系数的符号来看，跨国并购更加频繁，这有可能是最近二十几年，不少国家对并购管制的放松、国际竞争的加剧以及产品生命周期缩短所致。① 控股程度，对控股程度的实证结果表明，除开日本企业，其他国家的跨国公司在跨国并购时更倾向于掌握更多的控股权。另外，Brouthers（2000）、Kogut（1988）对投资规模的检验结果没有与理论预测相符，只有 Hennart（1993）、Padmanabhan（1999）的实证结果才命中了企业增长理论的预期；Barkema（1998）的实证表明管制会抑制跨国并购，而 Zou（2006）的实证结果不显著，Zou（2006）对此的解释是与量化方法有关。另外，对人力资源存量、行业后进、广告密度、汇率及股价、财务杠杆、市场集中度的检验均未达到理论预期，由于只有 Hennart（1993）一人对上述变量进行了实证检验，所以，今后对此还需进一步的实证，以验证理论的可靠性。

总体来看，抛开对各因素指标不同的量化方法、回归中所产生的共线性等原因，绝大多数的回归结果均达到了理论的预期，但对于某些影响因素，还需通过不同的样本数据进一步检验。

三　近期研究

近期对跨国公司海外投资模式选择的研究大都以新经济地理学、新贸易理论的建模技术为基础，通过一般均衡分析建立统一的分析框架，侧重研究东道国国内市场结构、竞争强度、贸易壁垒对跨国并购和绿地投资选择的影响。

Buckley & Casson（1998）在其拓展性分析框架中引入了市场信息、合作调整及适应性技术等附加性成本变量，分析结果表明市场结构和竞争强度是影响跨国公司进入模式选择的两个关键因素，

---

① 各国对跨国并购管制的放松，见《联合国世界投资报告（1998、2000）》；国际市场竞争的加剧，要求后来者以更加快速的反应来应对竞争威胁；产品生产周期的缩短，使得绿地投资的机会成本大大提高，对跨国并购的需求进一步上升。

表2-4 相关文献对跨国并购进行实证研究的检验结果

影响因素 作者	母国企业层面					东道国层面			行业层面		
	母企规模	R&D密度	业务多元	国际经验	国别经验	文化差异	经济水平	经济增速	业务关联	投资时间	控股程度
Dubin (1976)	?		?						?		
Wilson (1980)	+		+	−			+			+	
Forsgren (1984)	+		?	+					+		
Caves (1986)		?	+	+				倒U	?		+
Kogut (1988)											
全部样本	+	?	?	?	?	−					
非日企样本	+	?	?	?	?	+					
Zejan (1990)	+		+	?			+	?	+	+	
Agren (1990)	+		?	?			+	−	?		
Andersson (1992)	+	−	+	+	+		+	倒U	+	+	
Hennart (1993)	?	−	?		?			−	+		
Larimo (1993)	+	?	−	+	?	?		?	+	?	?
Andersson (1994)	+	−		+	+		+	?	+	+	

续表

影响因素 / 作者	母国企业层面					东道国层面			行业层面		
	母企规模	R&D密度	业务多元	国际经验	国别经验	文化差异	经济水平	经济增速	业务关联	投资时间	控股程度
Yamawaki（1994）											
美国样本	?		?	-				-	+		
欧洲样本	?		?	?				-	+		
Cho（1995）											
全部样本	?	-	?	?	?	?			?	?	
DC样本	?	?	?	?	?	?	+		?	?	
LDC样本	?	-	?	?	?	?			?	?	
Hennart（1996）											
全部样本	?	-			+			倒U	+		?
日本样本	?	-			?			倒U	+		-
芬兰样本	?	?			?			倒U	+		?
Larimo（1997）	+	-	+	-	?	-	?	?	+	+	?
Barkema（1998）	?		U	-	+	-	?	?	+	+	?
Hartzing（1998）	+	-	?	-		?	+			+	
Padmanabhan（1999）	?	-	?	-	?	?	+		?	+	

41

续表

影响因素 作者	母国企业层面					东道国层面			行业层面		
	母企规模	R&D密度	业务多元	国际经验	国别经验	文化差异	经济水平	经济增速	业务关联	投资时间	控股程度
Brouthers (2000)	+	-	+	-		?		-	+		
Larimo (2003)											
全部样本	?	-	+	?	?	-	+	-	+	+	+
丹麦样本	?	?	?	?	-	-	+	?	?	?	+
芬兰样本	-	-	?	?	?	-	+	-	+	+	+
挪威样本	?	-	+	-	?	-	+	?	?	+	?
瑞典样本	?	?	+	?	?	-	+	-	+	+	?
Zou (2006)		?						-			

注：+、-、? 分别代表各因素与跨国并购呈正比、反比或不确定，倒 U 表明随着该影响因素的增加，企业会倾向于跨国并购，后倾向于绿地投资；Brouthers (2000)、Kogut (1988) 的实证表明投资规模越大，采用跨国并购的可能性越小，而 Hennart (1993)、Padmanabhan (1999) 的实证则相反；Barkema (1998) 的实证表明管制会抑制跨国并购，而 Zou (2006) 的实证检验结果不显著；Hennart (1993) 的实证表明人力资源存量越多，反而越有可能实施跨国并购，越是后来者，越有可能采用绿地投资，而对广告密度、汇率及股价、财务杠杆，市场集中度的实证检验结果均不显著。

其中，绿地投资会增强东道国市场竞争强度，而跨国并购则不会，但与能获取较高的垄断租金相比，竞争市场的高昂成本会使跨国公司偏好并购的进入模式。然而，跨国并购后，由于跨国公司专用性生产技术在并购企业中面临的高适应成本，又会促使跨国公司偏好绿地投资。

Muller（2001）认为 Buckley & Casson（1998）的研究虽然指出市场结构和竞争强度是影响跨国公司进入模式选择的两个关键因素，但并没有就这两因素是如何影响跨国公司进入模式的选择展开分析。为此，Muller（2001）通过构造一个包括绿地投资和跨国并购两种进入模式在内的模型，在跨国公司进入模式受到市场结构内生影响的前提下，分析了东道国国内市场竞争强度对跨国公司投资模式选择的影响，其与 Buckley & Casson（1998）研究的不同之处在于内生性推导出了并购价格以及两种进入模式各自的利润，并且认为这些值依赖于市场结构、东道国市场竞争强度以及竞争对手的生产成本等因素。模型分析的结果表明：绿地投资成本的上升会使跨国并购方式变得有吸引力，但绿地投资成本的上升有一界限，超越该界限，绿地投资模式和跨国并购均不会成为跨国公司最优进入模式。东道国本土企业较低的生产技术水平会使以绿地投资方式进入的跨国公司在竞争性环境中获取较高利润，而以跨国并购方式进入则只能获取较低的垄断利润，因而当本土企业与跨国公司技术差距很大时，绿地投资模式将是最优进入模式。而当东道国市场竞争强度很大或很小时，绿地投资模式将是最优进入模式，而竞争强度适中时，跨国并购才会成为最优进入模式，这就可以用来解释为什么跨国公司在中、东欧国家（CEE）的投资绝大部分均为绿地投资，这与世界投资潮流——跨国并购恰恰相反。

Mattoo et al.（2003）在东道国市场竞争强度基础上，通过加入技术变量继续分析了跨国公司海外投资模式的选择。Mattoo et al.（2003）认为，跨国公司在东道国所使用的先进技术和东道国市场竞争强度是影响跨国公司进入模式选择的两个关键因素：一方面，垄断市场结构下采用先进技术会取得规模效应，因而诱使跨国公司以并购方式进入；另一方面，竞争性市场结构下为夺取本土企业市场份额而采用先进技术，又会诱使跨国公司以绿地投资方式进入以取得战略效应。而跨国公司这两种不同的进入方式又会对东道国社会福利产生不同的影响，因而当跨国公司与东道国各自所偏好的进入模式互有冲突时，东道国就会经常对 FDI 实施某些限制政策。具体而言，Mattoo et al.（2003）的模型结论表明：当跨国公司在东道国采用先进技术的成本较高时，跨国公司会偏好绿地投资，而跨国并购下会给东道国带来较高社会福利，因而东道国政府会对绿地投资实施限制。当跨国公司在东道国采用先进技术的成本较低时，跨国公司会偏好并购模式，而绿地投资会给东道国带来较高社会福利，因而东道国会对跨国并购实施限制。而当跨国公司在东道国采用先进技术的成本适中时，跨国公司和东道国均会偏好并购。Mattoo et al.（2003）的研究也表明了东道国不会对 FDI 流量实施限制，而是希望通过对 FDI 投资模式的限制来提高本国整体社会福利水平。

Eicher & Kang（2005）则在 Horstmann & Markusen（1992）原有分析框架基础上，通过加入跨国并购，来研究东道国市场规模、FDI 固定成本、关税以及运输成本等因素对跨国公司最优进入模式选择的影响。分析结果表明：当贸易壁垒较低时，跨国公司总会以国际贸易方式进入东道国，然而，随着贸易壁垒的逐步提高，对于中等市场规模国家，跨国公司才会采用国际贸易的进入方式；而对于小国，由于市场有效需求不足以及价格低廉的原因，国际贸易方式不足以让跨国公司绕开贸易壁垒进入东道国，因而只有当具备生产成本优势时，跨国公司才会以绿地投资方式进入东道国，然而，较高的固定成本又提高了跨国公司以绿地投资模式进入大国的门槛。当贸易壁垒较高，且固定成本又没有高到跨国公司不能将其作为一种有威胁的备用进入模式时，跨国并购就会成为跨国公司所偏好的进入模式，并且，较大的市场规模又足以诱惑跨国公司采用并购的进入方式，而不管贸易壁垒有多低，因为此时通过并购所获取的垄断力量将会使跨国公司占据很大的市场份额。而当东道国市场竞争强度较高时，绿地投资就会成为跨国公司首选的进入模式，因为该模式下跨国公司所拥有的所有权优势将会为其带来最大利润。总而言之，Eicher & Kang（2005）的研究成果表明，针对不同国家的市场规模，跨国公司会根据自身利润最大化来选择不同的进入方式，其中，跨国公司会采用并购模式进入大国，采用国际贸易模式进入中等规模国家，而采用绿地投资模式进入小国。

第二节　国家经济安全研究

跨国并购作为一种全球资源重组方式，在发达国家间发生的频率较高，这是因为发达国家市场竞争充分，企业数量多，很少有某个行业被少数几家企业所垄断，所以发达国家的企业不仅可以去其他发达国家并购企业，而且本国企业也经常被其他发达国家的企业所并购，因此在发达国家间发生的跨国并购，很少会危及国家经济安全。而发展中国家由于本身经济实力弱小，大型企业又往往关乎本国的经济命脉，因而一旦被跨国公司并购，就会牵涉国家经济安全等一系列敏感问题。本书主要以我国学者的观点为基准，从国家经济安全定义、跨国并购对国家经济安全危害、本国应答机制等方面加以综述。

一　国家经济安全定义

夏申（1996）指出，在跨国公司进入东道国市场的条件下，经济安全是指该国是否具备抗衡跨国公司垄断国内市场、损害本国权益的行为和抵御跨国公司传导外部世界风险的能力，这种能力越强，则该国的经济安全系数就越高。

章昌裕、沈志斌（1999）认为，当今的"国家经济安全"，强调的是一国经济整体上的安全性，即在经济国际化条件下，在政治主权可靠前提下，一个国家在其经济发展过程中，具备强有力的抗拒内部风险和抵御外部冲击的能力，并保证经济主权不受侵害，国民经济能够保持持续、快速、健康发展的一种经济态势。

江勇、章奇、郭守润（1999）指出，所谓的经济安全，是在经济全球化的条件下，一国保持经济系统运行与经济发展不受外来势力威胁的状态。

刘衍玲（2004）的国家经济安全观是指主权国家的经济发展和经济利益不受外部和内部威胁而保持稳定、均衡和持续发展的一种状态。这其中又包括两个方面：一是指国内经济安全，即一国能够化解种种潜在风险，保持经济稳定、均衡、持续发展的状态和能力；二是指在国际关系中的经济安全，即一国经济主权不受侵犯，经济发展所依赖的资源供给不受外部势力控制，国家经济发展能够抵御国际市场动荡和风险的冲击。其本质是指在经济全球化过程中，一国经济适应外部环境的变化并能稳定持续发展的能力。

魏浩、马野青（2005）认为，国家经济安全是指一个国家的经济在受到某些来自国内外因素的冲击时，具有足够的抵御能力，或一个国家的经济发展整体上不受威胁的状态。国家经济安全的本质，体现在"发展"和"稳定"两个概念的关系之中。发展是经济安全的要素之一，如果经济没有发展，那么经济的生存能力、抵御和适应内外威胁的能力就会大大降低。经济的稳定性则反映了经济体系中各要素之间、经济体系与其他系统之间联系的稳固性和可靠性，反映了经济随内部和外部压力变化的能力。经济体系内各部门之间的结构越稳固、组织机制越健全，经济的生命力就越强。如果体系内各要素之间的联系遭到破坏，必然导致体系的不稳定，便有可能使经济从安全状态转为不安全状态。

屈朝霞、寿莉（2005）认为，国家经济安全是指国家的根本经济利益，不会遭突发性重大伤害，诸如国家经济整体运行情况急剧恶化，国家经济发展战略严重受阻，国际竞争中的自主力、自卫力遭遇明显打击，国民生产、生活受到严重影响，甚至可能引发局部性或全局性经济危机。鉴于国家经济的不断发展变化，经济安全问题常较隐蔽，只在一定条件下凸显，而一旦危机袭来，问题就会变得很严重，其中包括：内发性安全问题，主要指国内经济领域的安全和引发经济安全问题的根源，发生在国内经济运行之中；外发性安全问题，主要指涉外经济领域的安全和对国家经济有重大不利影响的根源，发生在国外的不确定性事件。

王存奎、张英军（2004）认为，从总体上看，新时期特别是当前"国家经济安全"的内涵主要包括以下两方面：一是就内部机制而言，国内要有一个良性的经济运行机制，能够保证国民经济健康有效地运行，杜绝发生经济混乱；二是从外部环境看，能够保证本国经济运行过程不受来自其他国家相关组织力量的威胁，并具有抵御国际经济危机和金融风险冲击等方面的能力。

雷家骕（2006）认为，国家经济安全指一国主权独立的经济体，其最为根本的经济利益不受伤害，即一国经济在整体上主权独立、基础稳固、健康运行、稳健增长、持续发展。亦即一国在国际经济生活中具有一定的自主性、自卫性和竞争力；不至于因为某些问题的演化而使整个经济受到过大的打击和损失过多的国民经济利益；能够避免或化解可能发生的局部性或全局性经济危机。

综上所述，不难发现国家经济安全主要涉及两点：一是应对外来冲击，尤其是外商直接投资和跨国公司所带来的威胁，由于资本的趋利性以及跨国公司全球战略的部署，FDI 在给我国经济带来资本、技术、促进就业、扩大出口的同时，会不可避免地给国家经济安全带来一定程度的影响，因而在这个层面上，国家经济安全是和外来冲击紧密联系在一起的；二是保障国内经济运行环境的稳定，国民经济持续、快速、健康发展，人民生活水平提高，具备较强的抗危机和抵御风险的能力，跨国公司和外资对国民经济的危害是在一定程度上逐渐积累起来的，在量的积累达到一定程度，还没有突破某一临界值之前，外资对国民经济的发展还是起到了积极的促进作用，然而，国家必须对外资带来的负面效应有所警觉，防患于未然，在牺牲本国一部分福利的前提下，必须保证外资给我国经济建设带来的利益最大化，并且必须对外资的负面效应有所应答。

二 外资对国家经济安全危害

（一）危及产业安全

（1）夺取企业控股权。从20世纪90年代中期开始，FDI在我国的投资方式开始出现明显的变化，在新批的外商直接投资中，外商独资企业的比例大大上升，逐步取代了原有的中外合资、合作的经营方式，并且，在已成立的合资企业中，外资方通过一切办法来增资扩股，以取得对企业或整个产业的主导权。姚立新、张明志（1999）一针见血地指出，在中外合资企业中，外商的股权比例越来越大，已开业项目普遍存在着通过增资扩股来达到控股目的的倾向。夏京文（2002）基于王洛林（1997）对我国各行业中外资控股比例的一项调查，指出目前我国合资企业中被外方控股的现象非常严重，并且外资股的比例呈绝对上升趋势，外资控股比例的提高不仅影响我国产业调控的自主性，而且使我国不能按照比较优势从事国际贸易，某些产业及其相关产品的国际销售服从服务于跨国公司的全球竞争战略，从而制约了我国国际竞争力的提高。徐莲子、谢保嵩（2003）对部分行业中外合资企业股权控股比例所作的调查表明，在纺织、家用电器、彩电显像管、玻璃、电梯、洗涤用品、医药等行业，外资拥有绝对控股权，双方股权比例向外资方严重倾斜，其中，电梯行业外资是百分之百全额控股，而在医药、彩电显像管、洗涤用品等行业，外资控股比例也已超过 90%，这表明外资已经开始控制技术含量高、发展前景好的一些工业部门。王存奎、张英军（2004）谈到对于后发国家而言，大量外资的涌入，如果没有控股权的限制，东道国产业必将逐渐落入他国投资者之手中，最终有可能沦落到不得不仰人鼻息的地步，外资可以通过设立子公司、兼并、收购等方式实行全行业整地区的产业控制。魏浩、马野青（2005）认为，目前外资控制我国本土产业的方式主要有三种：一是大批量设立外商独资企业；二是在原有的中外合资企业中想方设法谋求增资控股，以使合资企业蜕变成外商独资企业；三是通过收购兼并达到绝对控股。

（2）垄断核心技术。邓宁提出的国际生产折中理论认为，先进技术是跨国公司海外投资不可或缺的资产专用性优势。而内部化理论认为，由于外部市场的不完全性，在无法对生产技术这种无形资产进行准确估价时，跨国公司会采用内部化方式，即对外直接投资来使用企业专用性生产技术，以减少租金耗散。由此看来，我国政府早年提出的"市场换技术"思路在理论上是无法站住脚的。王允贵（1996）的调查表明，无论是从行业控制还是从市场占有率来看，我国在利用外资中出让的市场份额已经很大了，但事实表明，无论大到汽车技术，小到饮料技术，外资方向我国企业转让的成套技术和关键技术都极其有限，并且相当大的部分是已经在发达国家落后退伍的技术。魏浩（2002）认为，"市场换技术"的做法是十分幼稚的，因为在历史上从未有任何大国成功过，并且跨国公司的本质也决定了其先进技术是不会转让给东道国企业的。目前，绝大部分跨国公司的技术研发能力都掌握在母国，从其全球化战略来看，中国大陆充其量只是其最终的组装环节，利用我国廉价的劳动力优势来实现比较优势分工。外资的进入不仅没有带来技术的提高，反而使内资企业对引进的技术有着越来越强的依赖性，根本没有形成自身的技术研发能力，而外资带来的所谓先进技术也只不过是其早几代的产品，与现今全球技术潮流有着很大的差距。夏京文（2002）强调，虽然 FDI 确使我国引进了一大批先进技术和设备，有些项目还填补了国内技术空白，但从整体上来看，外资技术转让的先进性与我国期望之间还存在着巨大的差距，外资所带来的大都只是二三流技术，真正先进的一流技术还很少，特别是在汽车、电器、机电等行业，外资只具有中等技术水平，而没有相应的研究和设计能力。并且 FDI 大都投向我国劳动力密集行业，致使先进技术的使用率极其低下，对上游产业后向关联效应的带动非常有限。王俊豪、吴晶晶（2006）提出一个更加值得注意的现象，即一些跨国公司在取得中国企业的控股权后，取消原有中国企业的技术研发机构，由跨国公司本部提供技术，这必然影响和削弱我国的技术研发、创新能力，增强对国外技术的依附性，有不少跨国公司将并购所获得的中国企业转变为下属的加工企业，作为其全球产业链上的一个环节，国内企业在被并购后失去了产权，也失去了核心技术研发能力。

（3）侵吞民族品牌。外资企业主要是通过侵吞民族品牌来扩大市场占有率。王允贵（1996）的一项调查研究表明，现有的 20 多万家"三资"企业中，90% 以上使用"洋品牌"，彩色胶卷行业外资品牌市场占有率达 90%，电梯行业为 60%，移动通信行业外资企业占有 70%，而工业支柱的轿车行业，外资品牌覆盖了绝大部分市场。戴海峰（2003）强调，外资利用自身优势地位不断打压我国民族品牌的一个惯用手段是，利用中方市场意识不强和品牌意识弱的缺点，采用迂回策略，先买断中方品牌，然后与这些中方品牌联合推出国际品牌，最终以自己的品牌取代中方品牌，这种现象在我国日用品行业中非常突出。张英军（2004）认为，外国资本的进入，将不可避免地与东道国企业争夺产品市场，而在绝大多数东道国产业发展的初级阶段，企业所生产的产品在质量、价格等方面均无法与外资企业竞争，产品市场将会逐渐被侵占，必将导致民族品牌市场占有率不断缩小，最终有可能会被赶出本国市场。龙晓柏（2004）认为，改革开放以来的各种优惠政策使许多国外品牌通过各种形式进驻中国内地，许多原本有竞争力的民族品牌在与外资品牌的竞争中节节败退乃至消失，一是外资控股企业只使用自己的海外品牌，二是在品牌推广方面，对中方原有品牌实行冷处理和刻意压制，导致许多民族品牌逐步在同行业中丧失竞争力，这将对我国中西部民族品牌工业的成长产生很大冲击。

（二）加大金融风险

（1）外汇储备构成不合理。夏京文（2002）分析了 1993 ~ 1998 年我国外汇储备构成，发现资本项目顺差远大于经常项目顺差，因而指出在目前我国资金使用效率并不高的情况下，将来 FDI 利润和利息流出的长期负担将显得尤为沉重，国际收支失衡的情况将会在短期内加重我国金融风险。魏浩、马野青（2005）认为，目前我国外汇储备构成存在着风险，其表现之一就是由 FDI 带来的资本项目顺差明显大于经济项目顺差，使得资本项目顺差在外汇储备中占据绝对主导，而这种仅靠资本流入的顺差来支持外汇供给远非良策，其脆弱性很大，将来在某一时段，投资和贷款需偿还时，贷款的本息、投资利润的流出量将大大增加，会给我国金融体系的稳定带来严峻的考验，对经济发展后劲的消耗将难以估量。李红、卢晓勇（2006）认为，利用外资的迅速发展是我国贸易收支和资本金融账户出现持续扩大双顺差的主要原因，而中央银行为了稳定人民币汇率，又不得不加大美元吸纳力度，由此导致外汇储备的大幅度增长，导致目前我国外汇储备的各项指标均高于国际警戒线，外汇储备出现过剩现象，并且在外汇储备来源结构中，由资本项目顺差形成的债务性储备较多，占外汇储备增加的比重很大，相对于经常项目下顺差所形成的债权性储备而言，具有较大的不稳定性。

（2）人民币汇率不稳定。资本金融项目下资本的流入通常要兑换成人民币，而境外 FDI 的流入就会增加对人民币的需求，受供需影响，外币供给的增加会促使外汇汇率下降，而对人民币需求的增加将促使人民币汇率上升。李红、卢晓勇（2006）的分析表明，由于对人民币汇率升值的预期，大量境外短期资金流入国内购买人民币资产，以牟取人民币和外币之间的利差和人民币汇率升值所带来的汇差，或直接购买房地产进行投资获利，具有明显的投机性质，因而人民币汇率升值的预期将助长境外资本大量流入进行投资活动，严重扰乱了国内金融市场的稳定。魏浩、马野青（2005）从相反的角度论述了外资流出给人民币汇率带来的风险，认为包括外资企业的账面投资收益和偷漏税情况，FDI 的实际投资利润将会很高，在不远的将来，外资企业的年利润将会超过我国当年引进的 FDI，一旦投资收益大规模汇出，则会对我国国际收支以及人民币汇率产生巨大的压力，而政府片面地依赖外资优惠政策又会使这种情况步入恶性循环，因而将来外资企业进口用汇失控，将会增加我国人民币汇率风险。

（3）难以维持独立自主的货币政策。货币政策的目的之一是维持汇率稳定，保持国内供给与需求在总量上平衡，而外资大量流进所带来的资本项目巨大顺差，会严重影响我国汇率的稳定，增加我国中央银行贯彻执行初始货币政策的难度。温耀庆、陈泰锋（2001）认为，我国引进外资过多，将使人民币面临强大的升值压力，从而有可能引发宏观货币供给失控而导致通货膨胀，不利于国家经济安全。魏浩、马野青（2005）强调，外资进入以及利润汇出与利息支付，若中央银行试图稳定汇率，则必将伴随本国货币的大量购进与出售，而另一方面以资金形式的 FDI 也会形成外汇占款为基础的货币供给，最后配套资金等外资项目需求也会诱发国内信贷扩张，从而与初始货币政策目标背离，增加了央行贯彻货币政策的难度。李红、卢晓勇（2006）认为，外资的大量涌入会在以下两方面加大我国货币政策的操作难度：首先，外资大量进入将迫使中央银行大量购进外汇，增加了人民币升值的

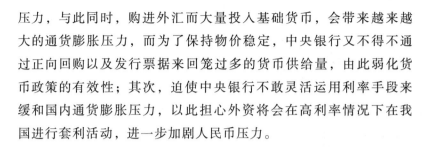

压力，与此同时，购进外汇而大量投入基础货币，会带来越来越大的通货膨胀压力，而为了保持物价稳定，中央银行又不得不通过正向回购以及发行票据来回笼过多的货币供给量，由此弱化货币政策的有效性；其次，迫使中央银行不敢灵活运用利率手段来缓和国内通货膨胀压力，以此担心外资将会在高利率情况下在我国进行套利活动，进一步加剧人民币压力。

（三）环境污染严重

进入信息化时代后，由于西方发达国家环境污染标准提高，许多污染性较强的产业已不能在发达国家存活，因而发达国家跨国公司向发展中国家投资的一个重要倾向就是将污染性产业转移到发展中国家，利用发展中国家环境污染标准低的漏洞来获取非正常投资收益。张德强、谭晶荣（2005）的调查研究表明，严重污染环境的外资企业主要分布于我国化学、能源、橡胶塑料、制药、纺织印染、石化等十个部门，这些行业中外资企业的资产份额所占比例也相当高，而从外资污染的区域分布看，由于东部沿海地区吸引的外资数量较多，因而东部污染情况也大大高于中西部地区，张德强、谭晶荣将此问题归纳为中国与资本输出国对环境保护问题的差异性以及中国环境标准与发达国家环保标准不统一。屈朝霞、寿莉（2005）认为，改革开放后，跨国公司将污染性较强的部门转移到中国来，这些污染密集产业直接危害了中国居民和境内动植物生命的生存与健康，加剧了生态环境的恶化，增强了生态保护成本。赵蓓文（2006）认为，一部分外资企业对我国实施资源性掠夺战略，直接破坏了我国生态环境，外资企业在生产过程中对我国地表植被的破坏以及造成的水土流失对生态环境造成了极为恶劣的影响。长此以往外资企业的活动必将危及我国关键产业和战略资源的安全，生态环境的破坏将威胁国家经济安全。

实证检验还表明，FDI的进入与我国环境污染存在着不可分割的关联。潘申彪、余妙志（2005）利用 1986～2003 年江苏、浙江、上海三省市实际利用 FDI 与废气排放量的数据进行了因果关系检验，结果表明在汇总的三省市数据和上海、江苏两省市单独数据的检验中，FDI 与环境污染加剧之间的因果关系非常明显。建议今后长江三角洲在引资过程中，不仅要注重量的增加，而且更要注重质的提升，尤其要提高利用外资的水平和效率，以缓解日益紧张的环境污染压力。应瑞瑶、周力（2006）在"污染避难所"的理论基础上，对 FDI 与我国环境污染问题进行了实证检验，结果表明 FDI 是我国工业污染的格兰杰原因，并且在地区水平上，FDI 与工业污染程度正相关，东部地区对工业污染的弹性低于中西部地区，而在时间序列上，FDI 与我国工业污染呈 U 形的"环境污染曲线"。

三　建立外资风险应答机制

（1）筹建国家风险理论

李欣广（1999）认为，要防范外资进入带来的国家经济安全问题，首先必须建立外资方面的国家风险理论，尤其是关于外商直接投资条件下的本国产业发展风险理论，只有在具体理论的指导下才能形成政策与法规，形成维护国家经济安全的思想意识与实际管理力量，这是对付危及国家经济安全风险的一项基础性工作。章昌裕、沈志斌（1999）也强调，建立起引进外资的国家风险管理与安全防范机制，应该在以下几方面取得突破性进展：一是要研究外资进入存在的各种资源与市场交换有哪些经济效应；二是中国利用外资的成绩与代价应如何定性与定量；三是用现期利益换取未来利益的代价与对比；四是引进外资的资源利用效应、市场效应和宏观经济效应等。只有通过这些研究，才能不断地向决策部门提供预警报告，使利用外资的决策更加科学，不断提高利用外资的质量。

（2）构建专门法规

屈朝霞、寿莉（2005）、王俊豪、吴晶晶（2006）认为，目前我

国对跨国公司并购的相关法律措施非常分散，并没有类似于美国的
《反垄断法》来专门规制并购，而原来制定的《公司法》、《证券
法》、《中外合资经营企业法》、《中外合作经营企业法》、《外商投资
企业法》等对外资并购也只是作出了一些原则性的规定，并没有相
应的实践管制标准。在经济全球化以及我国全面加入 WTO 之际，有
必要针对跨国并购出台专门的法律，对于危害我国经济安全、损害
国民福利、导致垄断的跨国并购坚决予以抵制，形成以跨国并购为
主体的法规体系，以实现对跨国公司并购行为的有效管制。

（3）完善国家宏观监控

屈朝霞、寿莉（2005）、王俊豪、吴晶晶（2006）强调，要保
障国家经济命脉以及维护国家经济安全，一方面，必须在原有
《外商投资产业指导目录》中明确规定外商投资允许类、鼓励类和
禁止类的产业部门。尤其是国民经济支柱产业和战略产业，必须
对外资划入禁止类，而应鼓励跨国公司进入竞争性部门，在搞活
市场经济的同时，也有利于国有资产实施稳定有序的战略性撤退。
罗志松、荣先恒（2005）也强调，要优化外商投资结构，引导外
商投资方向，注意内外资的合理搭配，注意 FDI 在三次产业间及
产业内部的合理搭配，在目前情况下尽可能地引导外资流向服务
行业，同时还要注重控制支柱产业和企业，避免外资控制的普遍
化。另一方面，还要成立专门针对跨国公司并购的职能管理部门
及审批机构，对跨国公司投资活动进行严格审查。还要建立起跨
国公司并购预警机制，建立健全跨国公司来华并购的信息网络，
对跨国公司并购所属行业、市场占有率、发展状况、投资趋势等
进行动态跟踪分析，一旦出现威胁国家经济安全的苗头，就要及
时采取有效措施，防患于未然。

第三节　简要评述及本书指标选取

目前，还没有一套成熟的理论来分析跨国并购与绿地投资间

的选择问题，因而，学者们在借用其他相关理论进行分析时，在某些方面所得结论时有矛盾，实证检验也恰恰反映出这一点，这就使得理论假说分析的非完善性进一步显现。并且，实证检验所用数据样本在一定程度上也欠缺代表性和针对性，绝大部分样本为截面样本，且包含了多个母国和东道国、发达国家和发展中国家，而跨国公司投资活动在国别特征上是有着根本差异的，不同的东道国彼此间在文化差异、行业特征等方面差异也很大，在使用截面数据样本的情况下，回归结果就很难反映出某一类跨国公司对外投资活动的特点，因而各学者在采用不同样本所得结果上互有抵触也就在所难免。虽然不少学者开始利用新经济地理学和新贸易理论的相关知识和建模技巧，通过建立统一的分析框架来研究东道国层面的影响因素，但是这一类研究目前还得不到实证检验的支持，如 Buckley & Casson（1998）、Muller（2001）、Mattoo et al.（2003）、Eicher & Kang（2005）。[1]

笔者认为，今后的研究，除了在理论上继续完善之外，在实证研究分析中也应该考虑到投资国别、行业以及企业间的差异性，通过选择"一对一"的样本，即单一母国对单一东道国，来检验各因素对跨国公司海外投资模式选择的影响，以求区分出某一类跨国公司和某一类东道国的异质性特征，通过实证结果进一步完善理论分析。

我国企业今后走出去应选择哪一种投资模式？由于我国企业

---

[1] Buckley & Casson（1998）的开拓性研究表明，东道国市场结构和竞争强度是影响跨国公司进入模式选择的两个关键性因素。之后，Muller（2001）对此进行了扩展，认为东道国市场结构、竞争强度以及竞争对手的生产成本的变化会影响跨国公司不同进入模式的成本，进而影响到其对投资模式的选择。而 Mattoo et al.（2003）则通过加入技术变量来继续研究跨国公司海外投资模式的选择，其分析结果表明，东道国市场结构与跨国公司技术水平的交互作用会对跨国公司进入模式的选择产生重要影响。Eicher & Kang（2005）则以 Hortsmann & Markusen（1992）的模型为基础，通过加入市场规模、关税、运输成本等一系列东道国因素来分析跨国公司最优进入模式的选择。

大都规模偏小、技术含量不高、欠缺国际竞争力，也缺乏成熟完善的管理控制体系，因而，应该针对东道国和自身的具体情况选择科学高效的投资模式。当所要进入的目标市场是商品经济比较成熟的发达国家市场时，为弥补企业自身的不足，我国企业可以采用跨国并购模式，既可以获取发达国家企业中现有的技术资本信息优势，也可以得到一整套成熟完善的人力资源控制体系，同时还可以缩短自身应对新市场竞争压力的反应时间，巩固国际市场份额。发达国家成熟的市场经济中，可供企业并购的候选对象也较多，本国企业对外投资更有可能获得"廉价物"。改革开放后我国企业大都参照西方发达国家的做法建立起公司制，东西方交流也使得企业间的文化差距日趋缩小，这也为并购后解决企业整合问题提供了帮助。而对于发展中国家的目标市场，由于市场经济的欠缺，还很难获得我国企业走出去所急需的无形资产优势，并且，相对而言，我国企业投资于这些区域也不存在技术资本的瓶颈，而往往这些市场又大都是自然资源丰富的国家，为了获取完全支配权，我国企业可以实施绿地投资。同时，发展中国家人力资本和技术都存在着瓶颈，承接国际产业转移需耗费较长时间，新产品生产在这些区域具有较长生命周期，因而时间上也允许我国企业采用绿地投资。

目前，国内对外资与经济安全关系的研究也仅仅是侧重于通过搜集某些行业层面的数据，例如，外资市场占有率、品牌控制率等来说明外资进入对国有经济的危害；而对国家经济安全的定义，也仅仅局限于国民经济在应对外资冲击时所应具备的抗危机、抗风险能力。

加入 WTO 过渡期在我国的终结，外资开始在中国大陆广泛掀起了并购浪潮，外资并购来势汹汹，在 WTO 平等、自由原则宗旨下，企业并购、资源的优化重组已经是大势所趋，国家很难再像以前计划经济体制下对企业行为进行干预和控制，而目前又鲜有文献利用西方经济学理论来对外资并购和发展中国家经济安全间的联系进行深入研究和剖析，如何在经济学理论范围内定义国家经济安全，如何发现跨国并购危及国家经济安全的传导机制，将是我国改革开放面临的一个难题，今后的研究应该在外资并购与国家经济安全间的深层次作用机制这一方面展开。

通过对跨国并购影响因素的总结，我们发现近期研究主要从东道国国内市场因素出发，分析对跨国并购的影响，由此，不难看出，跨国公司全球战略的实施，将在很大程度上取决于目标国国内市场状况，有鉴于此，根据本书后文分析需要，我们将把东道国国内市场竞争、市场结构以及东道国本土企业生产成本等因素纳入跨国并购的分析框架之中。而对于东道国经济安全状况的衡量，国内研究大都没有给出非常具体的方案，但是根据经济学理论中的消费者剩余和生产者剩余概念，我们可知利润和福利通常是衡量理性人状况变化的常用指标，有鉴于此，在后文分析中，笔者将采用东道国行业利润和社会福利作为东道国经济安全变化的依据。

第三章

后向关联：提高中间品生产技术
水平的外溢渠道

本章通过对技术外溢文献的梳理，明确来自下游跨国公司的
技术外溢，即后向技术外溢是提高东道国本土企业中间品生产技
术的主要渠道。

第一节　以截面数据为样本的技术外溢研究

初始的研究，受数据样本可获得性的局限，大都采用横截面
数据样本。以截面数据（Cross‐sectional data）为样本的实证研
究，就跨国公司能否对东道国经济发展产生技术外溢得出了不同
的结论，如 Caves（1974）对澳大利亚、Blomstrom（1986）、Blom-
strom & Wolff（1994）对墨西哥、Sjoholm（1999）对印度尼西亚
的检验表明，跨国公司投资能够给当地经济产生正向外部性；但
是 Borensztein（1998）、Alfaro（2004）使用跨国横截面数据的研究
却表明跨国公司对东道国技术外溢的贡献非常有限。

以上文献的实证结果值得推敲，因为使用截面数据样本进行
实证检验有着"先天"的缺陷。横截面数据通常是对各个区域、
行业或企业在某一时段（通常是一年）内观测值的采集，其数
据样本只有空间（截面）一维特性，不具有二维扩展性。因此，

根据经典计量经济学理论可知，在回归中使用截面数据，是不能对各企业各行业本身所具有特异性的、而又不随时间变化的因素——固定效应（Fixed effect）进行分离和控制，而由于大多数固定效应是不可观测和量化的，那么，一旦跨国公司的投资是和这些固定效应相关的话，回归方程便会产生自变量内生性问题，违反了经典计量经济学的理论假设，因而使用截面数据回归所得出的系数便会产生向上偏误，所得结论的可靠性也就值得怀疑。例如，如果跨国公司投资的选择是和东道国各行业生产率高低相关的话，那么跨国公司就很有可能尽量选择东道国生产率高的行业进行投资，这样一来，截面数据为样本的估计就不可能正确反映出跨国公司所产生的技术外溢，因为针对不同行业的不同生产效率，使用截面数据进行回归时是不能加以控制的，所得结论也就经不起推敲。

第二节　以面板数据为样本的技术外溢研究

面板数据（Panel data）具有截面和时间两维特性，虽然使用面板数据进行回归估计也不能对固定效应进行量化，但由于其同时具备横截面和时期特殊的两维性数据结构，所以能通过一阶差分（First differencing）、组内变换（Within transformation）等手段在回归中将固定效应予以剔除，以解决回归方程的内生性问题，得到无偏、稳健、一致估计量，估计精度大大提高，而这恰恰是单纯使用横截面数据所不能达到的。

但是，绝大部分以面板数据为样本的实证研究没有发现跨国公司在东道国产生技术外溢。如 Haddad & Harrison（1993）对摩洛哥、Aitken & Harrison（1999）对委内瑞拉、Djankov & Hoekman（2000）对捷克的研究均表明跨国公司并没有在当地产生技术外溢。表3-1显示，针对发展中国家，使用面板数据，没有任何一次实证检验结果表明跨国公司能对东道国经济产生技术外溢，绝大

表 3-1 使用面板数据检验技术外溢的实证文献

	作 者	样本国	年 份	数据形式	数据层面	结 果
						发展中国家样本
1	Haddad & Harrison (1993)	摩洛哥	1985~1989	面板	企业、行业	?
2	Aitken & Harrison (1999)	委内瑞拉	1976~1989	面板	企业	-
3	Kathuria (2000)	印度	1976~1989	面板	企业	?
4	Kugler (2001)	哥伦比亚	1974~1998	面板	行业	?
5	Djankov & Hoekman (2000)	捷克	1993~1996	面板	企业	-
6	Kinoshita (2001)	捷克	1995~1998	面板	企业	?
7	Bosco (2001)	匈牙利、保加利亚	1993~1997	面板	企业	?
8	Konings (2001)	波兰、罗马尼亚、保加利亚、捷克、爱沙尼亚、波兰	1993~1997 / 1994~1997 / 1993~1997	面板 / 面板 / 面板	企业 / 企业 / 企业	- / ? / -
9	Damijan et al (2001)	罗马尼亚、斯洛伐克、斯洛文尼亚、匈牙利	1994~1998	面板	企业	? 或 -
10	Zukowska - Gagelmann (2002)	波兰	1993~1997	面板	企业	-

续表

作　者	样本国	年　份	数据形式	数据层面	结　果
		发达国家样本			
1	Liu et al. (2000)	英国	1991～1995	面板	行业	+
2	Girma et al. (2000)	英国	1991～1996	面板	企业	?
3	Girma and Wakelin (2001)	英国	1988～1996	面板	企业	?
4	Girma and Wakelin (2002)	英国	1980～1992	面板	企业	?
5	Harris and Robinson (2001)	英国	1974～1995	面板	企业	?
6	Haskel et al. (2001)	英国	1973～1992	面板	企业	?
7	Girma (2002)	英国	1989～1999	面板	企业	?
8	Girma and Gorg (2002)	英国	1980～1992	面板	企业	?
9	Ruane and Ugur (2002)	爱尔兰	1991～1998	面板	企业	+
10	Barrios and Strobl (2002)	西班牙	1990～1994	面板	企业	?

部分均得出负向外部性或是尽管为正却不具有统计显著性，而对发达国家的检验结果也仅仅只有两个国家显示出具有正向外部性。这些检验均是采用面板数据样本，并且大都是针对企业层面的观测值数据，绝大多数企业通常在较长的时间内都会保持某些特征稳定不变，如固定资产投资、企业雇员人数等，因此固定效应是非常明显的，然而，基于企业面板数据样本的检验结果却无法证实跨国公司技术外溢效应的存在，的确让人颇感费解。针对发展中国家企业样本的检验结果没有证实到技术外溢，这在一定程度上还可以说得过去，因为发展中国家普遍技术水平比较落后，与世界先进科技有着较大差距，一旦发展中国家不加保护地放开国内市场，那么拥有先进技术的跨国公司马上会借此抢夺发展中国家的国内市场，不容发展中国家本土企业有一丝喘息之机，无法获得足够的缓冲时间来进行研发投资、人力资本积累以及对发达国家先进技术的模仿与学习。但是，基于发达国家企业层面样本的检验也没有证实跨国公司技术外溢效应的存在，则与理论解释有诸多不合，因为不同发达国家之间的跨国投资，在技术上基本不存在垂直差异，如日本、美国、西欧三地区之间相互对汽车产业的外商直接投资，在生产技术上面并没有表现出显著的垂直技术差距，只是在技术细节以及产品特色、品种、外观、设计等方面表现出差异，这都不足以使一国汽车生产商完全侵占另一国的国内市场，反而是激化了彼此间的竞争，这就进一步促使东道国本土企业与外商投资企业强化技术研发，重视人力资本积累和培训，创造出更多的知识和技术，然后知识和技术又具有公共品性质，竞争对手彼此间都可以相互学习模仿对方的先进技术并加以改进吸收利用，用以提高自身技术实力和国际竞争力，因此，基于发达国家样本的检验结果理应切中跨国公司技术外溢理论的预判，但表3-1对实证结果的归纳却也与此相反。

　　在实证检验手段提高后，仍然有相当多实证结果无法证实技术外溢效应的存在，原因在于没有对技术外溢产生的渠道及其机制进行研究。跨国公司进入东道国后，东道国本土企业会对其构成竞争的威胁，为了应付这种威胁，跨国公司会采取各种各样的手段，如严守技术、商业秘密以防他人模仿、提高工人工资以防员工跳槽等手段，希图遏制本土竞争对手的发展壮大，同时为了提高投入品质量、降低价格以及扩大销售渠道、提高销售量，跨国公司又会不断地向上游行业的本土供应商和下游行业的本土客户提供技术支持，如向供应商委派技术顾问以及向客户提供售后服务等，这些措施都可以在不同程度上提高上下游行业本土企业的技术实力。由此看来，跨国公司更有可能在不同行业间而非同一行业内产生技术外溢。尽管针对发展中国家的实证研究没有在同行业内发现技术外溢，但这并不表明跨国公司不会对与其构成业务关系的东道国上下游企业产生技术外溢，而以往那些得出跨国公司没有在东道国产生技术外溢结论的经验实证恰恰忽略了这一点，更多地将精力关注在同一行业内的技术外溢，忽视了跨国公司通过前后向关联渠道产生的技术外溢。这就需要进一步剖析跨国公司技术外溢理论的基础上，基于行业层面数据来构建不同技术外溢渠道，以期对发展中国家引进外商直接投资提高本国科技水平的做法给出一个更为精确的政策导向。

第三节　以外溢渠道为对象的技术外溢研究

以往经验实证并没有细分跨国公司技术外溢渠道，以致所得结论颇有争议，无法使东道国政府实施具体政策建议。目前有不少学者开始对跨国公司在东道国产生技术外溢的微观机制进行理论探析，而研究的侧重点又主要集中在跨国公司在东道国本土化采购时与上游本土企业所形成的后向关联方面，并构建后向关联渠道的计量指标以实证检验跨国公司是否通过后向关联在东道国产生技术外溢，并就影响外溢效应的各种因素进行考察。下文从理论动因、指标构建、计量创新、经验实证结果等方面对这类以溢出渠道为研究对象的文献进行简要综述。

一　理论动因

在规模收益递增和垄断竞争环境下，以新经济地理学和新贸易理论知识为基本建模技巧，并以跨国公司在东道国的本地化采购（Outsourcing）为基本研究模式，不少学者通过构造模型分析了跨国公司通过后向关联渠道向东道国上游本土企业进行技术转让的可能性以及本土企业接受技术转让的可行性。

Pack & Saggi（2001）的研究表明，当条件具备时，跨国公司可以通过后向关联渠道向东道国上游本土企业进行技术输出。其构建了包含一家跨国公司、两家东道国上游本土企业和一家与跨国公司在下游形成竞争关系的潜在进入企业的三阶段博弈模型。研究了在垄断竞争环境下，即使上游技术扩散会在下游行业对跨国公司产生竞争威胁，跨国公司仍会通过后向关联渠道向东道国上游本土企业进行技术转让的可能性，以及在技术扩散会引致上游本土企业不断压价竞争的情况下，东道国本土企业仍然愿意接受技术转让的可行性。

模型的子博弈纳什均衡结果显示：在波特兰德（Bertrand）垄断竞争模式下，当下游潜在竞争对手无法进入市场以对跨国公司构成威胁时，下游跨国公司可以根据技术扩散程度来选择是向一家上游本土企业进行技术转让，还是同时向两家上游本土企业进行技术转让，总之，哪一种技术转让都会在上游产生竞争效应，以使跨国公司获益。而在下游潜在竞争对手有可能进入市场从而对跨国公司构成威胁时，跨国公司向本土企业进行技术转让则需满足一定的条件，因为此时技术扩散给跨国公司虽然带来中间投入品购买价格的下降，但同时也激发了下游竞争效应的出现，使得最终消费品销售价格下跌，虽然给上游本土企业带来了源自下游竞争效应所产生的对中间投入品需求的增加，但同时也削减了中间投入品售价，因而涉及技术转让的两家公司的净利润变化具有不确定性，由此，Pack & Saggi（2001）进一步证明了当下游行业内产品需求弹性足够大、竞争不够激烈以及技术扩散效应越完全而下游潜在进入企业的生产成本越接近跨国公司生产成本时，跨国公司和本土企业才会同时从后向技术转让中受益，通过后向关联渠道的技术转让才同时具备可能性和可行性。其研究也表明跨国公司不会对东道国采用一体化的投资模式，因为跨国公司无法享受到上游技术外溢引致中间投入品价格下降所带来的收益，而在下游却不得不面临来自潜在进入企业的威胁。另外，古诺（Cournot）模式下的结论与波特兰德模式下的结论具有一致性，这就证实了研究结果的稳健性和普遍适用性，以内生化形式放宽上游行业接受技术扩散效应的本土企业数量和下游潜在进入企业数量时，均衡结果表明技术扩散会使一方行业中每家企业利润变化与另一方行业中出现的企业数呈正比，一方行业中竞争效应的增强有利于另一方行业中企业利润的增长，跨国公司通过后向关联对本土企业技术转让的可能性大大提高。

Ragnhild Balsvik（2003）以 Pack & Saggi（2001）建立的本土化采购模型为基础，通过加入其他三种跨国公司进入模式——出口模式、水平模式、垂直模式，① 比较了四种模式下跨国公司是否对东道国进行技术转让，同时还研究了通过后向关联渠道愿意转让的技术水平程度。

最优利润的一般均衡结果显示，在出口模式和垂直模式下，跨国公司都不会对东道国进行技术转让，而在水平模式下，跨国公司也只会向在东道国的子公司进行技术转让，且转让的技术水平高低受东道国市场容量的制约，两者呈正比，只有在本土化采购模式下，跨国公司才愿意向东道国上游本土企业进行技术转让。进一步，以所订立的本地化采购契约完善与否，Ragnhild

---

① 出口模式指向东道国出口最终消费品，水平模式指在东道国生产中间投入品和最终消费品，垂直模式指在东道国生产最终消费品而在母国生产中间投入品。

Balsvik（2003）考察了在契约完善性和非完善性（非完善性条件下，跨国公司可以和上游本土企业就投入品销售价格讨价还价）情况下，跨国公司在本地化采购模式下通过后向关联渠道愿意对东道国上游本土企业转让的技术水平程度。结果表明，在完善性契约条件下，[①] 由于跨国公司不能对东道国上游本土企业"敲竹杠"（Hold - up）[②]，因而在东道国市场比较小的情况下，比之非完善性契约环境下，通过后向关联渠道，跨国公司会自愿提高技术转让水平，以使自己在这种高水平技术转让中获益。另外，以上游本土企业间是否存在技术外溢为条件，[③] Ragnhild Balsvik（2003）还考察了在非完善性契约环境下，通过后向关联渠道，跨国公司所愿意转让的技术水平程度，结果显示，在无技术外溢条件下，由于接受技术转让的本土企业没有竞争威胁，因而在投入品售价上很难与提供技术转让的跨国公司达成一致，此时，不仅接受技术转让的本土企业不愿生产更多的中间投入品，提供技术转让的跨国公司也会降低技术转让的水平。而在有技术外溢的条件下，由于很容易在上游本土企业间产生竞争，因而提供技术转让的跨国公司比较容易与接受技术转让的本土企业就投入品价格达成一致，此时，受益于技术外溢，通过后向关联渠道，跨国公司所愿意提供的技术转让水平比在没有技术外溢条件下要高。

Ragnhild Balsvik（2003）的研究结果不仅明确了后向关联是跨国公司向东道国上游本土企业进行技术转让的唯一可行渠道，而且分析了影响这种技术转让水平的决定性因素，对 Pack & Saggi

---

① 完善性契约条件指的是中间投入品价格事前已确定。

② 由于模型假定接受技术转让的上游本土企业所生产出来的投入品只有一家销售对象，即转让该技术的跨国公司，而该跨国公司除了可以购买该上游本土企业的中间投入品外，还可以从母国进口或从东道国上游潜在的本土供应商那里购买，因而在事前没有确定投入品价格的非完善性契约下，接受该技术转让的上游本土企业很容易受到来自跨国公司的恶意压价，即敲竹杠。

③ 即首先接受来自跨国公司技术转让的该家上游本土企业，由于保护力度不够，所转让的技术有可能被其他上游本土企业所模仿，因而产生技术外溢。

（2001）模型研究是一个很好的补充和完善。

Markusen & Venables（1999）的模型研究结果进一步表明跨国公司不仅通过后向关联向东道国上游本土企业进行技术转让，而且技术转让所形成的技术扩散效应还会进一步提高东道国下游本土企业的竞争力。同时，跨国公司投资会对同行业内东道国本土企业产生两方面的效应：一是在同行业内产生的直接竞争效应，抢夺本土企业的市场份额、挤压企业利润；二是通过后向关联渠道对东道国上游本土企业进行技术转让形成技术扩散以提高上游企业的产品质量及降低价格，反过来再惠及下游同行业内的本土企业，这是由跨国公司经后向关联渠道进行技术转让所产生的一种间接外溢效应。通过构建一个包括东道国本土经济、两行业、四种类型企业在内的模型，[①] 在垄断竞争、非贸易品和规模收益递增假设条件下，研究了局部均衡解条件下，在两种效应作用时，最终下游行业内跨国公司与本土企业是否可以共存。

局部均衡时合理的数值模拟及相位图结果显示：在跨国公司进入决策为外生条件下，竞争效应会压缩其市场份额，导致本土企业退出下游市场，然而，经由后向关联渠道对上游本土企业技术转让所产生的间接外溢效应却有利于下游本土企业的发展、增加市场份额，因而这两种效应的相互作用会使下游行业的跨国公司与本土企业共存，这是唯一的稳定路径解，竞争效应和间接外溢效应的净结果则取决于跨国公司产品对国外企业进口产品的替代程度以及跨国公司和本土企业中间投入品使用密集度的对比，在竞争效应一定时，跨国公司对来自国外企业进口产品的替代程度越大，以及相对本土企业，其中间投入品使用密集度越高，则经由后向关联渠道的技术扩散效应越会刺激中间投入品行业规模的扩大，来自上游企业的间接外溢效应就会越强。

---

① 两行业分别指最终消费品和中间投入品生产行业，四种类型企业分别指中间投入品生产行业的本土企业、最终消费品行业的本土企业、跨国公司和国外企业。

在跨国公司进入决策为内生条件下，[①] 跨国公司和东道国本土企业是不能在下游行业内共存的：当下游本土企业固定资产过大时，合理的数值模拟及相位图分析结果显示不存在跨国公司和本土企业可以并存的稳定路径解，在跨国公司和本土企业只能存一的两种稳定路径解下，只有跨国公司存在的路径解是唯一可实现的；而在下游本土企业固定资产小以及跨国公司对中间投入品使用的密集度较高两种情况下，合理的数值模拟及相位图分析结果也显示不存在跨国公司和本土企业可以并存的稳定路径解，但本土企业存在的稳定路径解则是可以实现的，这就为本土企业在最终消费品行业内击败跨国公司，提供了理论上的可行性。

Markusen & Venables（1999）模型的关键结论在于，只要跨国公司在东道国进行本土化采购，则通过后向关联渠道对上游企业产生的技术扩散就一定会对下游的本土企业产生间接外溢效应，并在一定条件下，本土企业可以完全独占国内市场份额，击败跨国公司，这对于维护东道国经济安全具有重要意义。该研究结果与 Hobday（1995）研究跨国公司在我国台湾投资的实际情况完全一致。

二　指标构建

在实证检验时，后向关联渠道指标的量化通常是和水平竞争指标、前向关联渠道指标一起组建的。[②] 由于指标涉及关联性质的行业，因而大多数学者是利用投入产出系数表和企业层面的（非）平衡面板数据来完成指标量化。

---

① 即跨国公司与国外企业之间的数量为完全替代关系，多一家进入东道国的跨国公司，则少一家进口最终消费品的国外企业。

② 水平竞争主要是跨国公司对东道国同行业内本土企业在生产、销售方面形成的竞争威胁；前向关联是指东道国内处于下游行业的批发商和销售商企业，由于购买了上游行业中跨国公司的产品，而从跨国公司那里获得的售后服务和技术援助。

水平竞争渠道：

$$Horizontal_{jt} = \left[\sum_{i \in j} ForeignShare_{it} \times Y_{it} \right] \Big/ \sum_{i \in j} Y_{it} \qquad (3.1)$$

后向关联渠道：

$$Backward_{jt} = \sum_{k, k \neq j} \alpha_{jk} \times Horizontal_{kt} \qquad (3.2)$$

前向关联渠道：

$$Forward_{jt} = \sum_{m, m \neq j} \sigma_{jm} \left[\left[\sum_{i, i \in m} ForeignShare_{it} \times (Y_{it} - X_{it}) \right] \Big/ \left[\sum_{i, i \in m} (Y_{it} - X_{it}) \right] \right]$$

$$(3.3)$$

大部分学者在实证研究时都是使用企业层面数据（i）将三种效应在行业水平（j）上量化。其中，水平效应是用行业中外资产出比例衡量，Y_{it} 代表每家企业产出，$ForeignShare_{it}$ 代表每家企业中的外资比例，α_{jk} 为投入产出系数，表示 k 行业每一单位产出所消耗掉的 j 行业的产品，σ_{jm} 为投入产出系数，表示 j 行业每一单位产出所消耗掉的 m 行业的产品，如 Lopez – Cordova（2002）、Jacorcik & Spatareanu（2003）、Smarzynska（2002a，2002b，2004）、Thangavelu & Pattnayak（2006）。但同时也有不少学者将 $ForeignShare_{it}$ 定义为一个二值虚拟变量，按照联合国对外资企业的规定，只要企业中外商投资超过 10%，即认为是外资企业，此时 $ForeignShare_{it} = 1$，同时也用劳动力替换产出 Y_{it}，如 Blalock（2001）、Liu & Lin（2002）、Merlevede & Schoors（2006）、Mucchielli & Jabbour（2006）。后向关联渠道量化是在水平效应渠道量化的基础上，用投入产出系数 α_{jk}（度量 k 行业一单位产出所用到的 j 行业产出比例）乘以下游每行业内外资产出比例并加总至行业层面得出，该指标实际上刻画上游本土企业中间投入品有多少部分被下游跨国公司所利用。前向关联渠道的量化方法与后向关联渠道类似，只不过将企业产出中的出口部分 X_{it} 剔除，衡量的是上游跨国公司的产出有多少比例被下游本土企业所消耗，同样也用到

了投入产出系数 σ_{jm}（度量 j 行业一单位产出有多少比例被 m 行业所消耗）。

利用投入产出系数构建后向关联渠道指标，是绝大多数学者在经验实证时所采用的，但也有一部分学者另辟渠道，采用其他方法来度量跨国公司与上游本土企业之间的后向联系。Laura & Rodriguez – Clare（2003）认为，用跨国公司在东道国的本土采购份额作为后向关联渠道的量化指标严重低估了跨国公司在东道国同上游本土供应商之间的联系，以 Rodriguez – Clare（1996）建立的中间投入品生产模型为基础，推导出衡量后向关联渠道的合理指标应该是跨国公司内平均每一员工所占有的本土中间投入品价值，并且，根据该指标定义，以中、南美四国企业层面的非平衡面板数据计算得出的跨国公司同东道国上游企业之间的后向关联明显大于同一行业的本土企业同上游企业之间的后向关联，这与其他学者（如 Gorg & Strobl，2001，2002）使用跨国公司本土化采购份额所计算得出的后向关联是不同的，但是，Alfaro & Rodriguez – Clare（2003）依据模型推导出的量化指标依赖于强假设条件，在实证检验中并不具有普遍适用性。

三　计量创新

纵观技术外溢研究的经验实证，可以发现在计量方法上一直处于不断地创新之中，从最初单纯使用截面数据发展到使用面板数据以克服截面数据所不能控制的固定效应特性，从使用宏观行业层面数据到微观企业层面数据以纳入更多的微观影响因素。而目前以外溢渠道为对象的经验实证，除了继承已有的面板数据样本、固定效应模型和企业层面数据等特征之外，还在因变量选择、微观要素投入的内生性和同期性、企业进退选择、选择性偏误等方面有着较大的改进。

以往实证往往以产量或销售额为因变量，在跨国公司总量投资水平上研究技术外溢对其增长率或产量的影响，这种方法并不能完全体现出跨国公司外溢效应对东道国技术水平提高的影响，而目前以外溢渠道为研究对象的经验实证绝大多数以分解出企业的全要素生产率（TFP）为因变量，通过回归得出跨国公司外溢效应对技术水平的真实作用，如 Lopez - Cordova（2002）、Jacorcik & Spatareanu（2006）、Smarzynska（2002a，2002b，2004）、Blalock（2001）、Liu & Lin（2002）、Merlevede & Schoors（2006）、Muc-chielli & Jabbour（2006）。其中，Lopez - Cordova（2002）对全要素生产率的分解更为彻底，他用企业层面数据计算全要素生产率，再简单相加逐级汇总至行业水平和总水平，然后使用差分方法，不断将总水平上汇总得到的全要素生产率再在行业和企业水平上逐级分解，最后得到三种类型的全要素生产率：纯粹由企业技术水平提高而引致的 TFP 变动、资源在同一行业内不同企业间重新配置引致的 TFP 变动、资源在不同行业间重新配置引致的 TFP 变动。

以往实证在使用面板数据回归时虽然考虑到了固定效应引致的内生性问题，却忽略了另外一个可能出现的要素投入内生性问题，也就是说目前使用企业层面数据研究外溢渠道的经验实证不仅从回归方程的残差项中分离出不随时间而变的固定效应因素，而且还分离出随时间而变且与企业要素投入相关的各种因素，如生产效率。生产效率不仅在每家企业中不同，而且同一家企业的生产效率也会由于面板数据的使用而在时间上产生变动，这些抽象的生产效率往往是研究者不知道或观察不到的，且在不能具体量化的情况下，在计量回归时就会将其纳入残差项忽略掉，而事实上企业却不会忽略，它会根据上期企业生产效率评估来决定本期要素（投资、原材料等）的投入量，这样一来，在忽略生产效率这种随时间变动且又包含在残差项中的因素时，要素投入量的决定就为内生性，回归系数就不可避免地产生偏误。Griliches & Mairesse（1995）就曾指出过这种回归的弊端。而最近发展起来的半参数回归方案（Semiparametric estimation procedure），如 Olley -

Pakes （Olley & Pakes，1996）、Levinsohn – Petrin （Levinsohn & Petrin，2000） 却可以很好地解决企业要素投入内生性问题，而且还可以控制企业在行业内的进退选择与生产效率相关而导致的非平衡面板 （Unbalanced panel） 问题 （伍德里奇，2003），因而这类回归方法目前得到大量使用。

　　这类非参数估计方法处理内生性问题的思路通常如下。他们认为生产函数估计的难点之一，就是需要对观测不到的生产率水平（Productivity） 与生产要素投入量 （Inputs） 之间的相关性进行控制。一般而言，利润最大化的企业是根据本企业生产率水平来确定生产要素投入的，而生产率水平不仅在不同的企业有所不同，就是同一企业，其生产率水平在不同年份也会有所不同。这样一来，当对生产函数进行估计时，方程中变量系数以及生产率水平的 OLS 估计结果就会产生偏误。针对生产函数中无法观测到的生产率水平与要素投入量之间的相关性问题，Olley & Pakes （1996） 提出了一种非参数的解决方案，主张用固定资本投资来充当生产率水平的代理变量。而 Levinsohn & Petrin （2003） 却认为，某些企业在某些年份可能并没有固定资本投资额的支出，因而这种偶然断尾 （Incidental truncation） 的数据样本会影响到估计结果的一致性，但是用中间投入品充当代理变量，则可以避免这一问题，因为所有企业在所有的生产年份都会有购买中间投入品的支出；另外，固定资本投资一般是用于购买大型机械设备以及新建厂房，属预先支出，一旦支出就不可挽回，因而也就很难根据生产率的波动进行适时调整，而中间投入品一般都是依据当时的具体生产情况来购买，可以随生产率的波动以及固定资本存量进行调整，因此，用中间投入品充当生产率的代理变量，可以更好地反映生产函数中的相关性问题。

　　另外一个计量方法上的创新就是针对选择性偏误，包括两部分，一是样本数据的选择性偏误；二是跨国公司投资活动自主选择而导致的回归偏误。由于目前经验实证大都以若干年企业层面的数据为样本，而作为微观单位的企业不像行业层面和国家层面的数据那样具有时序上的持久性，可能会由于企业破产、合并或没有对数据作连续性记录等原因而产生一个非平衡的面板，而这种由于数据损失导致的样本选择性偏误在回归时就不可避免地得到有偏的系数，并不能正确反映外溢效应，有学者如 Sinani & Meyer（2004）就采用 Heckman 两阶段回归程序计算 Mills 比例来纠正样本选择性偏误。回归中产生的另外一种选择性偏误来源于跨国公司投资活动自主选择性，跨国公司在东道国投资一般倾向于选择劳动生产率比较高的行业，而对生产效率较低的行业一般投资很少，这样一来，外溢回归结果可能反映的是行业生产效率对技术水平的影响，而并没有真实反映出外溢渠道对技术水平的作用，这主要仍源于跨国公司投资与行业生产效率相关所引致的内生性问题，对于这种选择性偏误可以用最新发展起来的 Olley – Pakes 半参数方法解决，如 Smarzynska（2002a）。

四 实证结果

以外溢渠道为研究对象时，大部分学者都使用企业层面的非平衡面板数据依（3.1）～（3.3）式构造量化指标，然后回归时使用 Olley – Pakes、Levinsohn – Petrin 半参数估计，所得结论见表 3 – 2。

表 3 – 2 以外溢渠道研究跨国公司技术外溢的实证结果

作 者	样本特征	估计方法	后向关联	前向关联	水平效应
Blalock（2001）	1988～1996、印度尼西亚、企业	Olley – Pakes	+		?
Lopez – Cordora（2002）	1993～1999、墨西哥、企业	Olley – Pakes	+	+	–
Smarzynska（2002a, 2002b，2004）	1996～2000、爱沙尼亚、企业	Olley – Pakes	+	–	?

作　者	样本特征	估计方法	后向关联	前向关联	水平效应
Liu & Lin（2004）	1999～2002、中国、企业	固定和随机效应	+		−
Jacorcik（2006）	1998～2000、罗马尼亚、企业	Olley – Pakes	+		−
Thangavelu（2006）	1989～2000、印度、企业	Olley – PakesLevin-sohn – Petrin	−		+
Merlevede（2006）	1996～2001、罗马尼亚、企业	固定效应	+	?	?
Mucchielli（2006）	1990～2000、西班牙、企业	Olley – Pakes	+		−

注：＋、－、? 分别表示外溢效应为正、负和不明确。样本特征分别描述数据国度、年份和类型。

从表 3－2 对外溢渠道划分的估计结果来看，既包含了针对发展中国家样本的实证检验，也包含了针对发达国家样本的实证检验，并且后向外溢的结果均为正，这就表明跨国公司经由后向关联渠道对发展中国家产生了技术外溢，这对以前的经验研究是一个很好的补充，但 Thangavelu（2006）的研究例外，没有发现印度制药行业从下游跨国公司处获取了技术外溢。前向关联渠道的估计结果并不具有代表性，由于并不涉及本土中间投入品行业，因而也有学者不将其纳入研究范围。竞争效应的结果大都表明跨国公司不利于同行业内本土企业 TFP 提高，这与目前绝大多数针对发展中国家的研究是吻合的（如 Haddad，1993；Djankov，2000）。

Merlevede & Schoors（2006）为了验证 Markusen & Venables（1999）模型中推导出的间接外溢效应，构建了体现间接外溢效应的供给—后向关联指标：

$$SupplyBackward_{jt} = \sum_{iifl \ne j} \delta_{jlt} \times Backward_{lt} \quad (3.4)$$

75

δ_{jlt} 表示下游 j 行业单位产出所耗费的来自上游 l 行业的中间投入品份额。其回归结果证实了跨国公司虽然对同行业内本土企业具有排挤作用，但是其对上游本土企业的技术扩散效应却有助于下游同行业内本土企业 TFP 的提高。

除了得到基本的后向外溢效应以外，有不少学者从技术差距、跨国公司投资比例、跨国公司类型、本土企业类型等方面来研究对后向技术外溢的影响。

（1）投资比例对后向技术外溢的影响

Mucchielli & Jabbour（2006）认为，跨国公司的出资形式对后向技术外溢有较大影响。他认为跨国公司全资企业虽然带来的技术水平更先进，但处于对核心技术的保密，不会在东道国从事更多的本土采购，与本土企业建立起后向联系机会就很少，而采用合资形式的跨国公司投资就可以充分利用本土合作伙伴的优势，充分进行方便、快捷的本土采购，可以和本土上游企业建立起很强的后向关联，分样本的实证结果证实了其设想，即采用合资形式建立起来的跨国公司通过后向关联渠道对本土上游企业产生了很强的技术外溢，而以全资形式建立起来的跨国公司则对上游企业产生了明显的负向外部性。

（2）技术差距对后向技术外溢的影响

Smarzynska（2002a，2002b，2004）认为，上游本土企业和下游跨国公司的技术差距也会影响后向技术外溢的形成，上下游技术差距过低，本土企业学习、吸收技术的空间不大、上下游技术差距过大，由于本土企业自身能力的欠缺又无法很好地吸收来自下游跨国公司的扩散效应，因而技术差距适中才最利于上游企业和下游公司间后向外溢机制的形成。Smarzynska（2002a）依据同行业内本土企业与跨国公司 TFP 的差值，将样本均分为技术差距过大、过小、适中三等份，以分别研究技术差距对后向外溢机制形成的影响，结果基本证实了技术差距适中是最利于后向技术外溢的形成，技术差距过大、过小对后向外溢机制的影响并不明显。

Mucchielli & Jabbour（2006）类似的研究结果也证实了该结论。
Merlevede & Schoors（2006）则依据跨国公司投资类型实证分析了
技术差距（以内外资企业 TFP 对比计算得出）对后向技术外溢的
影响，其结果表明全资跨国公司会随技术差距增加而减少后向技
术外溢，而合资形式的跨国公司则会随着技术差距的扩大而增强
后向外溢效应，这就进一步验证了技术差距对后向外溢效应影响
的不确定。

（3）外资类型对后向技术外溢的影响

Smarzynska（2002a，2002b，2004）对比了出口导向型跨国公
司和东道国市场导向型跨国公司对后向技术外溢的影响，认为以
出口为主导类型的跨国公司面向的是全球消费市场，对产品技术
含量要求高于发展中国家或转型国家的本土消费市场，因而在东
道国本土技术水平落后、中间投入品质量达不到跨国公司要求时，
跨国公司很有可能从母国或其他发达国家采购中间投入品，因而
这类跨国公司对后向技术外溢形成的贡献十分有限；而以东道国
本地市场为导向的跨国公司，其面向的是发展中国家消费者，需
求层次落后全球消费市场，且为了使产品销售尽量本地化以迎合
当地消费者需求，这类跨国公司更多的是在东道国本地进行采购，
有利于后向外溢机制的形成。根据该理论假设，Smarzynska
（2002a，2002b，2004）将样本中外资企业按出口值分别均分为两
等份和三等份，构建不同的后向关联指标来研究出口倾向对后向
外溢的影响，结果表明出口倾向越小的跨国公司越有利于后向外
溢的产生，而出口倾向越大的公司对后向外溢的形成作用并不明
显。但与此相反的是，Liu & Lin（2002）的实证结果却表明相对于
中国非沿海地区跨国公司，东南沿海出口倾向强的跨国公司经由后
向关联对中国本土企业产生的技术外溢更强、也更显著些。其对此
解释为，虽然出口主导型跨国公司销往国际市场的产品技术含量更
高，但在中国本土成本较低时，跨国公司会加速对本土企业的技术
转让，由此后向外溢比非出口型跨国公司更强。Mucchielli & Jabbour

（2006）的研究结果也得出同样结论。

（4）出口倾向对后向技术外溢的影响

Smarzynska（2002a，2002b，2004）研究了本土企业出口倾向对其吸收后向外溢的影响，认为出口倾向越大的本土企业越有可能通过出口与国外客户建立联系来提高自身产品技术含量（即出口外溢效应），而出口倾向小的本土企业与国外接触少，更倾向通过与本国下游跨国公司的联系来获取技术外溢，按出口值均分的三个子样本的回归结果显示，出口额少的本土企业的确能从本土后向联系中获得更多的外溢效应。

五　后向技术外溢的量化

部分学者认为，经后向关联渠道得出的外溢效应可能并没有真正反映出跨国公司对上游本土企业的技术扩散，而是有可能包含了规模效应、公共物品、企业集聚效应等因素的影响。

为了从后向技术外溢结果中分离出来自下游跨国公司的需求规模效应，[①] Blalock（2001）使用超越对数生产函数（Trans log function form）分解出规模效应。Smarzynska（2004）、Mucchielli & Jabbour（2006）在使用投入—产出系数表构建规模效应指标后，[②] 回归结论仍然表明存在后向技术外溢。

Blalock（2001）认为，后向关联对上游本土企业技术水平的提高可能并不来源于跨国公司对本土企业提供的技术扩散，而是受益于跨国公司进入后对当地基础设施的改善以及优质公共产品

---

① 来自下游跨国公司需求的规模效应纯粹是由于对上游本土企业需求的增长而使其形成规模经济效应，严格来讲，这与来自下游技术扩散而提高其技术水平的作用是不大相同的。

② Smarzynska（2004）对来自跨国公司需求规模效应的定义如下：$Demand_{jt} = \sum_k \alpha_{jk} \times Y_{kt}$，Mucchielli & Jabbour（2006）的定义则为 $Demand_{jt} = \sum_k \alpha_{jk}$，其中 α_{jk} 代表下游 k 行业一单位产出对上游 j 行业投入品的需求比例，Y_{kt} 则表示 k 行业 t 时的产出。

服务的提供，为分离公共品对后向外溢效应的影响，其仅用最终消费品行业为样本来研究公共物品是否对后向外溢有显著的影响，[①] 其实证结果也证明公共物品的提供对后向外溢效应的作用并不存在，通过后向关联渠道所得到的估计值真实地反映出后向技术外溢效应。

Mucchielli & Jabbour（2006）认为，跨国公司与本土企业的毗邻会增加两者接触的机会以及降低交易成本，因而通过后向关联反映出的外溢并不十分准确，分离这一毗邻因素后的结果仍然表明后向外溢的存在性。

第四节　简要评述

以外溢渠道为研究对象的经验文献，绝大多数表明跨国公司经由后向关联渠道对东道国本土企业产生了显著的技术外溢，提高了本土企业的全要素生产率，这对于跨国公司技术外溢理论的完善、东道国经济安全的维护以及制定相关的政策都有非常重要的意义。

对于跨国公司外溢渠道的研究，不仅运用新经济地理学和新贸易理论的建模技术并结合一般均衡理论建立起统一的理论分析框架，证明了跨国公司通过在东道国本地化采购向本土企业进行技术转让乃至形成技术扩散的可行性，而且针对发展中国家的经验研究也证实了后向技术外溢的存在，经验实证强有力地支持了外溢理论。该理论框架下还证明了，即使在跨国公司对同行业本土企业产生了不利的竞争效应情况下，经由后向关联渠道所产生的外溢效应还可以间接地惠及下游同行业本土企业，使之具备与跨国公司抗衡的能力，经验研究也证实了这一点。

---

① 这样做的原因在于最终消费品行业将其产品提供给下游批发、零售等行业，并不存在对其中间投入品生产的需求，因而若此时通过后向关联指标得出的系数只能是表示上游本土企业受益于优质公共物品的提供。

此外，以外溢渠道为研究对象的经验实证还大量运用了新近发展起来的半参数计量估计方法，以解决要素投入内生性、选择性偏误和企业进退选择难题，这较之以往的经验研究又大大提高了精确度。虽然，对于后向外溢影响因素的研究只侧重于单纯计量方法的运用，并没有在新增长理论上建立起一个统一的分析框架，但一个不可争辩的事实就是以后向关联来研究跨国公司技术外溢已得到更大范围的认可（UNCTAD World Investment Report, 2001）。

从 2002 年起，我国成为世界第一引资大国，然而跨国公司投资活动对我国技术水平的提高却非常有限，"市场换技术"的方案并不成功。个中原因，除了对跨国公司在发展中国家的微观外溢机制把握不清之外，还与技术差距、人力资源、金融市场等体现吸收能力的因素密切相关，如何提高吸收能力将在很大程度上决定我国企业对后向外溢的利用程度。另外，随着 WTO 过渡期的完结，绝大多数保护性条款已经失效，目前跨国公司在我国掀起了一场兼并热潮，在一定程度上对我国经济安全构成了隐患。然而，融入经济全球化是不可逆转的，既要最大限度地对外开放，又要坚定不移地维护国家经济安全，这就要求我国政府在鼓励跨国公司兼并一些绩效差的国有企业的同时，还要采取各种不违背 WTO 精神的措施强化跨国公司的本土化采购，通过与上游企业的联系来最大限度地利用发达国家的先进技术和管理经验，掌握中间产品的核心制造技术，为我国工业的壮大奠定坚实的基础。

第四章

中间品生产技术与跨国并购：基于双边垄断模型的分析

近年来，跨国公司在我国掀起了一场并购浪潮，从保护民族产业以及维护企业自主权的角度看，国内企业应该积极抵制这场来势凶猛的并购浪潮，然而，令人感到意外的是，被并购的国内企业不仅没有积极抗争，反而努力促成跨国并购的完成，如徐工、苏泊尔等并购案例。

被并购的企业不反对跨国并购，也就表明并购后企业所得利润优于并购前，因而，这种具有帕累托改进性质的利润分配机制乃是达成并购的先决条件。如果这种具有帕累托改进性质的跨国并购没有危及国家经济安全，那么跨国并购无疑有助于资源优势整合以提高生产效率，特别是针对目前仍处于改革困境中的国有企业，将有利于其从竞争性领域稳步有序退出，对于国有资产保值增值、转换企业经营机制、搞活市场经济都具有重要意义。但是，如果被并购的国内企业是行业中的龙头企业或是关系到国计民生的关键性企业，则跨国并购会在一定程度上威胁到国家经济安全，那么对于这种即使能够带来帕累托改进性质的跨国并购，我们也应该保持一定的警醒，在适当的时候必须采取有效的方法加以抵制。然而，如何抵制？在 WTO 国民待遇原则下，不能再指望依靠国家行政命令强制性拆散企业双方的并购意愿，应该从国内企业自身利润最大化行为出发，在市场公平竞争的基础上，寻求一条切实可行的防范途径。

前人对跨国并购的研究可以分为两部分：一部分主要研究跨国公司是以绿地投资模式还是以跨国并购模式进入东道国，如Buckley & Casson（1998）的开创性研究，就表明市场结构和竞争强度将是影响跨国公司进行模式选择的两个关键因素。之后，Görg（2002）、Mattoo & Saggi（2004）的古诺（Cournot）竞争模型以及Müller（2001）、Eicher & Kang（2005）的霍特林（Hotelling）模型，又表明东道国市场信息的获取成本、跨国公司技术转移成本、东道国国内竞争强度以及市场容量也会影响跨国公司的模式选择。另一部分则主要是对跨国并购的不同模式研究，[1] 如Salant（1983）在线性需求和相同平均成本假定下，通过引入古诺模型考察了企业横向并购的动机。Perry & Porter（1985）将有形资产因素引入古诺模型，分析了企业横向并购动机的存在条件并比较了企业并购前后的利润变化。Fauli（1997）则在古诺模型基础上分析了横向并购所带来的价格及福利效应。

在他人研究基础上，本章通过构建包含东道国上下游行业各一家垄断企业的双边垄断模型，将跨国公司的绿地投资模式、横向跨国并购模式、纵向跨国并购模式以及东道国上、下游企业一体化联盟（并购）模式纳入统一的分析框架，以三阶段逆向推导法求解不同并购模式所产生的行业均衡利润，并对该均衡利润按Shapley值法进行分配，以使并购双方获取收益递增，[2] 由此，在并购可以带来帕累托改进性质的利润分配机制下，基于不同并购

---

① 跨国并购可以分为横向跨国并购、纵向跨国并购以及混合跨国并购。其中，横向跨国并购是指跨国公司对东道国同行业内企业的并购；纵向跨国并购是指跨国公司对与其构成投入产出关系的上、下游企业的并购；混合跨国并购，是基于分散风险的考虑，跨国公司对与其不构成任何业务关系（既非竞争也非互补）的东道国企业的并购。

② 当并购可以给行业均衡利润带来收益递增时，在并购双方间，基于Shapley值法的利润分配可产生帕累托改进性质，详见本文4.3介绍。

（联盟）模式下企业所获利润，寻求一种抵御跨国并购、维护国家经济安全的可行方案。

第一节 上下游双边垄断模型

为求出具有帕累托改进性质的 Shapley 利润分配机制，首先需要求出并购后企业所产生的均衡利润。为了反映东道国本土企业在行业中所处的龙头（寡头）地位，笔者在 Cournot 市场竞争假设基础上构造了包括东道国上、下游各一家垄断企业的双边垄断模型（Bilaterally Monopolistic Industries），该模型结构如下。

（1）东道国上下游行业各被一家垄断企业把持，分别为上游垄断企业 i、下游垄断企业 j；同时，有一家下游跨国公司 MNC 进入东道国下游行业。

（2）上游企业生产下游企业所需的中间投入品 q，下游企业雇用工资为 ψ 的劳动力对来自上游价格为 w 的中间投入品进行加工，制成最终消费品 Q，且一单位最终消费品的生产需一单位中间投入品。[1]

（3）对于上游行业中间投入品的生产，相对于东道国上游垄断企业 i，跨国公司 MNC 在纵向并购东道国 i 企业后，可从母国引进先进的生产工艺进行技术革新，其数学表达式为：$\delta c < c$，其中 c 为东道国上游垄断企业 i 的边际生产成本，且满足 $0 < \delta < 1$。

（4）中间投入品为非贸易品，即处于东道国下游行业的企业不能从海外进口中间投入品，只能在东道国进行本地化采购。[2]

（5）跨国公司实施并购前的初始生产情况为绿地投资模式。

（6）下游最终消费品市场的需求函数为：$p = a - Q$。

---

[1] Laixun Zhao（2001）在其上、下游模型中也曾假定下游行业仅使用劳动力对来自上游的中间投入品进行简单加工。

[2] 对中间品为非贸易品的论述详见 Andres Rodriguez - Clare（1996）。

第二节　垄断行业均衡利润的计算

依据上述模型，需要计算四种模式下的均衡行业利润，分别为绿地投资模式、横向并购模式、纵向并购模式和本土联盟模式，以三阶段逆向推导法分别求解上述模式下的均衡利润。[①]

一　绿地投资模式

依据 Cournot 市场竞争假设，在绿地投资模式下，下游跨国公司 MNC 和东道国 j 企业利润最大化问题及其一阶条件（FOC）为：

$$\text{Max}: \pi_{MNC}^{Green} = (p^{Green} - w^{Green} - \psi)Q_{MNC}^{Green}\,[②]$$

$$\pi_j^{Green} = (P^{Green} - W^{Green} - \psi)Q_j^{Green}$$

$$s.t.d: P^{Green} = a - Q_{MNC}^{Green} - Q_j^{Green}$$

$$FOC: Q_{MNC}^{Green} = Q_j^{Green} = \frac{a - \psi - W^{Green}}{3} \tag{4.1}$$

依据上、下游间的投入产出关系 $q_i^{Green} = Q_{MNC}^{Green} + Q_j^{Green}$，利用（4.1）式，可解出东道国上游 i 企业所面临的约束条件 $w^{Green} = a - \psi - \frac{3}{2}q_i^{Green}$，该式和上游 i 企业利润函数一起构成如下最优化问题及其一阶条件：

$$\text{Max}: \pi_i^{Green} = (w^{Green} - c)q_i^{Green}$$

$$s.t.d: w^{Green} = a - \psi - \frac{3}{2}q_i^{Green} \tag{4.2}$$

$$FOC: q_i^{Green} = \frac{a - \psi - c}{3} \tag{4.3}$$

[①] Pack & Saggi（2001）曾利用该方法分析过跨国公司通过后向联系向东道国上游本土企业进行技术转让的可行性。

[②] 上标符号代表模式，下标符号代表企业，若无下标，则为上标所代表模式下并购企业所得利润，符号 Y 代表并购。

将（4.3）式回代至（4.2）、（4.1）式，可得出各企业在绿地投资模式下所得利润：

$$\pi_i^{Green} = \frac{(a - \psi - c)^2}{6} \tag{4.4}$$

$$\pi_j^{Green} = \pi_{MNC}^{Green} = \left(\frac{a - c - \psi}{6}\right)^2 \tag{4.5}$$

二　横向并购模式

当跨国公司 MNC 并购东道国下游 j 企业时，并购企业利润的最优化问题及一阶条件解如下：

$$\text{Max}: \pi^{MNCYj} = (p^{MNCYj} - w^{MNCYj} - \psi) Q^{MNCYj}$$
$$s.t.d: p^{MNCYj} = a - Q^{MNCYj}$$
$$FOC: Q^{MNCYj} = \frac{a - w^{MNCYj} - \psi}{2} \tag{4.6}$$

依据上、下游企业间的投入产出关系 $q_i^{MNCYj} = Q^{MNCYj}$，可从（4.6）式中解出上游企业 i 所面临的约束条件，将其与 i 企业利润最大化函数一起构成最优化问题以及解出一阶条件如下：

$$\text{Max}: \pi_i^{MNCYj} = (w^{MNCYj} - c) q_i^{MNCYj}$$
$$s.t.d: w^{MNCYj} = a - \psi - 2q_i^{MNCYj} \tag{4.7}$$
$$FOC: q_i^{MNCYj} = \frac{a - c - \psi}{4} \tag{4.8}$$

最后可解出并购企业和上游 i 企业的利润为：

$$\pi^{MNCYj} = \left(\frac{a - c - \psi}{4}\right)^2 \tag{4.9}$$

$$\pi_i^{MNCYj} = \frac{(a - c - \psi)^2}{8} \tag{4.10}$$

三　纵向并购模式

当跨国公司 MNC 并购东道国上游 i 企业，跨国公司可从母国引入先进的中间投入品生产工艺对被并购的上游企业进行技术改造，以降低生产成本，则此时并购企业最优利润由两部分组成：一是并购企业内下游生产部门利用上游生产部门的中间投入品制造最终消费品，以取得最大化利润。二是并购企业内的上游生产部门以价格 w^{MNCYi} 将中间投入品卖给东道国下游 j 企业，以取得最大化利润。[①] 此时，并购企业下游生产部门和东道国下游 j 企业的利润最优化问题及一阶条件如下：

$$\text{Max}:\pi_{MNC}^{MNCYi} = (p^{MNCYi} - \delta c - \psi)Q_{MNC}^{MNCYi}$$

$$\pi_j^{MNCYi} = (p^{MNCYi} - w^{MNCYi} - \psi)Q_j^{MNCYi}$$

$$s.t.d:p^{MNCYi} = a - Q_j^{MNCYi} - Q_{MNC}^{MNCYi}$$

$$FOC:Q_{MNC}^{MNCYi} = \frac{a - 2\delta c - \psi + w^{MNCYi}}{3} \tag{4.11}$$

$$Q_j^{MNCYi} = \frac{a + \delta c - \psi - 2w^{MNCYi}}{3} \tag{4.12}$$

依据上、下游企业间的投入产出关系 $q_i^{MNCYi} = Q_j^{MNCYi}$，[②] 利用 (4.12) 式可求出并购企业中上游生产部门向东道国下游 j 企业销售中间投入品所面临的约束条件，将其与并购企业中上游生产部门的利润函数一起构成最优化问题以及一阶条件如下：

$$\text{Max}:\pi_i^{MNCYi} = (w^{MNCYi} - \delta c)q_i^{MNCYi}$$

$$s.t.d:w^{MNCYi} = \frac{a + \delta c - \psi}{2} - \frac{3}{2}q_i^{MNCYi} \tag{4.13}$$

$$FOC:q_i^{MNCYi} = \frac{a - \delta c - \psi}{6} \tag{4.14}$$

最后解出并购企业和下游东道国 j 企业的利润：

---

① 基于自身利润最大化行为，纵向一体化企业上游中间品生产部门向本企业下游部门的竞争对手销售中间投入品，在实践中也有可能存在，本文假定为该种情况。

② (4.11) 式不进入上游企业的约束条件，是因为并购企业上游生产部门的生产成本 δc 已经进入下游生产部门的最大化利润函数中，并购企业中上游部门生产多少已完全由下游部门的最优化问题决定。

$$\pi^{MNCYi} = \pi_{MNC}^{MNCYi} + \pi_i^{MNCYi} = \left[\frac{5\ (a - \delta c - \psi)}{12}\right]^2 + \frac{(a - \delta c - \psi)^2}{24}$$

$$= \frac{31\ (a - \delta c - \psi)^2}{144} \qquad (4.15)$$

$$\pi_j^{MNCYi} = \left(\frac{a - \delta c - \psi}{6}\right)^2 \qquad (4.16)$$

四 本土联盟模式

本土上下游企业联盟模式与 *MNC* 并购 *i* 企业模式类似，求解过程基本一致，只不过一体化生产企业由东道国上下游的两家企业组成，而跨国公司则接受联盟中上游生产部门销售的中间投入品。联盟的最大化利润也由两部分组成：一是下游生产部门生产最终消费品的最大化利润。二是上游生产部门向跨国公司销售中间投入品的最大化利润。下游阶段的最优化问题及一阶条件如下：

$$\text{Max}: \pi_j^{jYi} = (p^{jYi} - c - \psi) Q_j^{jYi}$$

$$\pi_{MNC}^{jYi} = (p^{jYi} - w^{jYi} - \psi) Q_{MNC}^{jYi}$$

$$s.t.d: p^{jYi} = a - Q_j^{jYi} - Q_{MNC}^{jYi}$$

$$FOC: Q_j^{jYi} = \frac{a - 2c - \psi + w^{jYi}}{3} \qquad (4.17)$$

$$Q_{MNC}^{jYi} = \frac{a + c - \psi - 2w^{jYi}}{3} \qquad (4.18)$$

依据上、下游企业间的投入产出关系 $q_i^{jYi} = Q_{MNC}^{jYi}$，利用（4.18）式可求出联盟中上游生产部门在向跨国公司 *MNC* 销售中间投入品时所面临的约束条件，将其与上游生产部门的利润函数一起组成最优化问题及其一阶条件如下：

$$\text{Max}: \pi_i^{jYi} = (w^{jYi} - c) q_i^{jYi}$$

$$s.t.d: w^{jYi} = \frac{a - \psi + c}{2} - \frac{3}{2} q_i^{jYi} \qquad (4.19)$$

$$FOC: q_i^{jYi} = \frac{a - c - \psi}{6} \qquad (4.20)$$

解出联盟和跨国公司 *MNC* 的利润：

$$\pi^{jYi} = \pi_j^{jYi} + \pi_i^{jYi} = \left[\frac{5(a-c-\psi)}{12}\right]^2 + \frac{(a-c-\psi)^2}{24} = \frac{31(a-c-\psi)^2}{144}$$

$$(4.21)$$

$$\pi_{MNC}^{jYi} = \left(\frac{a-c-\psi}{6}\right)^2 \qquad (4.22)$$

第三节　Shapley 利润分配机制

Shapley—Value 法是由 Shapley L. S.（1953）基于非对抗性合作提出的一种利润分配方案，其根本目的在于使合作组织得以稳定。含义如下：当有多个经济主体从事某项经济活动时，它们之间的任何一种合作形式，都会得到一定的收益，然而，该收益在参与合作的各经济主体间怎样分配？Shapley L. S. 基于不同经济主体在合作组织中所起的作用，在兼顾合作效率和稳定的前提下，提出了如下收益分配方案：

$$\Phi_k(v) = \sum_{s \in s'} w(|s|) \times [v(s) - v(s/k)] \qquad (4.23)$$

$\Phi_k(v)$ 为在合作形式 s 下第 k 个经济主体应得分配，称为 Shpaley 值。其中，s' 是包含经济主体 k 的所有合作形式的集合；$|s|$ 是合作形式 s 中所含经济主体的个数，k 为集合 s' 中所含经济主体的个数；$w(|s|)$ 是每种合作形式下所取得收益的加权因子，其数学表达式见（4.24）式；$v(s)$ 为合作形式 s 的收益，$v(s/k)$ 为合作形式 s 中除去经济主体 k 后所取得的收益。

$$w(|s|) = \frac{(k-|s|)!(|s|-1)!}{k!} \qquad (4.24)$$

当经济主体间的合作行为为非对抗性的利益活动时，即存在收益递增的联合，则 Shapley 利润分配机制所具有的帕累托改进性质就体现如下：

$$\Phi_k(v) \geq v(k), \; k = 1,2,\cdots,n, \; 且 \sum \Phi_k(v) = v(s) \qquad (4.25)$$

即合作后所得 Shapley 利润优于合作前每一经济主体各自所得利润 $v(k)$。（4.25）式是依据 Shapley—Value 法对并购后行业均衡利润进行分配的关键条件。

一　跨国并购带来收益递增性质的验证

并购是一种经济资源整合的方式，可以更好地发挥各生产要素的作用，因而在并购后，并购企业所产生的利润应大于并购前各企业所得利润之和，基于上述模型的设定，对并购具有收益递增性质的检验如下。

表 4 – 1　对并购所产生的利润是否具有收益递增性质的验证

并购模式	并购企业所得利润	与并购前企业所得利润的比较	结　论
横向跨国并购	π^{MNCYj}	$\pi^{MNCYj} > \pi_j^{Green} + \pi_{MNC}^{Green}$	收益递增
纵向跨国并购	π^{MNCYi}	$\pi^{MNCYi} > \pi_i^{Green} + \pi_{MNC}^{Green}$	收益递增
东道国企业联盟	π^{jYi}	$\pi^{jYi} > \pi_j^{Green} + \pi_i^{Green}$	收益递增

注：$MNCYj, MNCYi, jYi$ 分别表示横向跨国并购、纵向跨国并购和东道国上下游企业联盟模式，每一模式下并购企业所得利润见文中表 4 – 2 ～ 表 4 – 4。

从表 4 – 1 结果不难发现，并购（联盟）后并购企业所得利润优于并购前各企业所得利润之和，因而 Shapley 值法下的利润分配机制可以带来帕累托改进性质，各并购模式下参与并购的企业所得 Shapley 利润计算如下。

二　横向并购模式下 Shapley 利润分配

参与横向跨国并购的企业数为跨国公司 MNC 和东道国下游企业 j，故包含企业 j 的合作模式集合 s' 有两种，分别为 $s = j$ 和 $s = MNCYj$，依据（4.24）–（4.25）式，可求出企业 j 应得 Shapley 利润：

三　纵向并购模式下的 Shapley 利润分配

参与纵向跨国并购的企业数为跨国公司 MNC 和东道国上游企业 i，故包含企业 i 的合作模式集合 s' 有两种，分别为 $s = i$ 和 $s =$

表 4 - 2 横向跨国并购模式下企业 j 的 Shapley 利润

$s' = \{j, MNCYj\}$	j	$MNCYj$
$v(s_j)$	π_j^{FDI}	π^{MNCYj}
$v(s_j/j)$	0	π_{MNC}^{FDI}
$v(s_j) - v(s_j/j)$	π_j^{FDI}	$\pi^{MNCYj} - \pi_{MNC}^{FDI}$
$\mid S \mid$	1	2
$w(\mid s \mid)$	$\dfrac{1}{2}$	$\dfrac{1}{2}$
$w(\mid s \mid)[v(s_j) - v(s_j/j)]$	$\dfrac{(a-c-\psi)^2}{72}$	$\dfrac{5(a-c-\psi)^2}{288}$
$\Phi_j^{MNCYj}(v)$	\multicolumn{2}{c}{ $\dfrac{(a-c-\psi)^2}{32}$ }

注:$v(s_j)$ 代表包括 j 企业在内的利润,$v(s_j/j)$ 代表除去 j 企业以后的利润,$\mid s \mid$ 代表企业数,$w(\mid s \mid)$ 为加权因子,$\Phi_j^{MNCYj}(v)$ 表示 j 企业在该并购模式下所获 Shapley 利润。

依据 $\Phi_{MNC}^{MNCYj}(v) = \pi^{MNCYj} - \Phi_j^{MNCYj}(v)$,可求出跨国公司在该并购模式下的 Shapley 利润 $\Phi_{MNC}^{MNCYj}(v) = \dfrac{(a-c-\psi)^2}{32}$。

$MNCYi$,其中上游企业 i 应得 Shapley 利润如下:

依据 $\Phi_{MNC}^{MNCYi}(v) = \pi^{MNCYi} - \Phi_i^{MNCYi}(v)$,可求出跨国公司 MNC 在该并购模式下的 Shpaley 利润为 $\Phi_{MNC}^{MNCYi}(v) = \dfrac{31(a-\delta c-\psi)^2 - 20(a-c-\psi)^2}{288}$。

表 4 - 3 纵向跨国并购模式下企业 i 的 Shapley 利润

$s' = \{i, MNCYi\}$	i	$MNCYi$
$v(s_i)$	π_i^{FDI}	π^{MNCYi}
$v(s_i/i)$	0	π_{MNC}^{FDI}
$v(s_i) - v(s_i/i)$	π_i^{FDI}	$\pi^{MNCYi} - \pi_{MNC}^{FDI}$
$\mid s \mid$	1	2
$w(\mid s \mid)$	$\dfrac{1}{2}$	$\dfrac{1}{2}$
$w(\mid s \mid)[v(s_i) - v(s_i/i)]$	$\dfrac{(a-c-\psi)^2}{12}$	$\dfrac{31(a-\delta c-\psi)^2 - 4(a-c-\psi)^2}{288}$
$\Phi_i^{MNCYi}(v)$	\multicolumn{2}{c}{ $\dfrac{31(a-\delta c-\psi)^2 + 20(a-c-\psi)^2}{288}$ }

四　本土联盟模式下 Shapley 利润分配

参与本土联盟的企业为东道国上、下游企业 i 和 j，故包含企业 i 的合作模式集合 s' 有两种，分别为 $s = i$ 和 $s = jYi$，其中上游企业 i 应得 Shapley 利润如下：

依据 $\Phi_j^{jYi}(v) = \pi^{jYi} - \Phi_i^{jYi}(v)$，可求出东道国下游企业 j 的 Shapley 利润为 $\Phi_j^{jYi}(v) = \dfrac{11\,(a - c - \psi)^2}{288}$。

表 4 - 4　一体化联盟模式下企业 i 的 Shapley 利润

$s' = \{i, jYi\}$	i	jYi
$v(s_i)$	π_i^{FDI}	π^{jYi}
$v(s_i/i)$	0	π_j^{FDI}
$v(s_i) - v(s_i/i)$	π_i^{FDI}	$\pi^{jYi} - \pi_j^{FDI}$
$\mid s \mid 1$	2	
$w(\mid s \mid)$	$\dfrac{1}{2}$	$\dfrac{1}{2}$
$w(\mid s \mid)\,[\,v(s_i) - v(s_i/i)\,]$	$\dfrac{(a - c - \psi)^2}{12}$	$\dfrac{27\,(a - c - \psi)^2}{288}$
$\Phi_i^{jYi}(v)$	\multicolumn{2}{c}{$\dfrac{51\,(a - c - \psi)^2}{288}$}

第四节　并购模式选择及反跨国并购

一　最优并购模式选择

通过比较东道国上游 i 企业和跨国公司在不同并购模式下所获利润，可知纵向并购模式将是双方企业共同的最优并购模式。

表 4 - 5　跨国公司与上游企业的最优并购模式

企　业	不同并购模式下所获利润排序	最优并购模式
上游企业	$\Phi_i^{MNCYi}(v) > \Phi_i^{jYi}(v) > \pi_i^{MNCYj}$	纵向并购
跨国公司	$\Phi_{MNC}^{MNCYi}(v) > \Phi_{MNC}^{MNCYj}(v) > \pi_{MNC}^{jYi}$	纵向并购

而东道国下游企业在三种并购模式下所获利润的比较需依赖于 δ 值，比较结果见表 4-6。

表 4-6　j 企业在不同并购模式下所获利润的比较

不同并购模式下利润比较	比较结果	成立范围
$\Phi_j^{MNCYj}(v)$ 与 $\Phi_j^{jYi}(v)$	$\Phi_j^{MNCYj}(v) < \Phi_j^{jYi}(v)$	$\delta \in [0,1]$
$\Phi_j^{MNCYj}(v)$ 与 π_j^{MNCYi}	$\Phi_j^{MNCYj}(v) > \pi_j^{MNCYi}$	$\delta \in \left[\delta_2 = \dfrac{\sqrt{9c} - (\sqrt{9} - \sqrt{8})(a - \psi)}{\sqrt{8c}}, 1\right]$
$\Phi_j^{jYi}(v)$ 与 π_j^{MNCYi}	$\Phi_j^{jYi}(v) > \pi_j^{MNCYi}$	$\delta \in \left[\delta_1 = \dfrac{\sqrt{11c} - (\sqrt{11} - \sqrt{8})(a - \psi)}{\sqrt{8c}}, 1\right]$

注：有 $1 > \delta_2 > \delta_1 > 0$。

①由于模型中参数 a，ψ，c 均为未知数，因而需保证他们的取值满足 $\delta > 0$。

由此可求出由多个临界值 $(0, \delta_1, \delta_2, 1)$ 组成的中间品生产技术差距范围，各技术差距范围内下游企业的最优并购模式如下。

表 4-7　不同 δ 值区域内东道国下游企业最优并购模式

δ 值区域	不同并购模式下所获利润排序	最优并购模式
$[0, \delta_1]$	$\pi_j^{MNCYi} > \Phi_j^{jYi}(v) > \Phi_j^{MNCYj}(v)$	纵向并购
$[\delta_1, \delta_2]$	$\Phi_j^{jYi}(v) > \pi_j^{MNCYi} > \Phi_j^{MNCYj}(v)$	一体化联盟
$[\delta_2, 1]$	$\Phi_j^{jYi}(v) > \Phi_j^{MNCYj}(v) > \pi_j^{MNCYi}$	一体化联盟

从笔者建构的模型来看，在 Shapley 利润分配机制下，纵向并购模式将会是唯一稳定的选择模式，因为跨国公司和东道国上游企业均在此并购模式下实现了利润最大化，这是由于跨国公司在完成对东道国上游企业的并购后，降低了外部市场交易成本以及引入先进的中间品生产技术以降低生产成本所致。

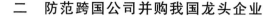

二 防范跨国公司并购我国龙头企业

很明显，最优并购模式的选择会使跨国公司兼并上游行业本土中间品生产企业，由于对上游行业本土垄断企业的兼并，会使行业生产控制权集中在外资手中，因而势必会引发国家经济安全危机。如果将跨国并购看成是对国家经济安全的一种威胁，则抵御纵向并购这种威胁的唯一可行措施就是东道国上下游企业成立一体化联盟。假定只有没有取得最优利润的企业还存在着改变目前所处并购模式的动机，则只有东道国下游企业还可能存有利用一体化联盟抵御跨国并购的动机，而这又取决于纵向并购所带来的间接技术外溢效应和本土上下游企业联盟降低交易成本效应这两种力量的对比。① 纵向并购后，跨国公司所引入的先进中间品生产技术会使中间品生产成本下降，进而使东道国下游企业受益于投入品购买价格的降低，获取这种源自同行业跨国公司的间接外溢效应;② 而本土上下游企业联盟，会使下游企业在整合上游企业资源优势的基础上降低外部市场交易成本。而当本国上游企业同跨国公司中间品生产技术差距大时 $[0,\delta_1]$，间接技术外溢效应给东道国下游企业带来的利润增加大于由于本土企业联盟降低外部市场交易成本而增加的利润，下游企业在纵向并购模式下取得最大化利润，因而下游企业此时并无抵御跨国并购的动机。而当中间品生产技术差距不大时 $[\delta_1,1]$，间接技术外溢效应有限，不及本土上下游企业联盟所产生的降低外部市场交易成本效应，东

---

① 下游行业本土企业受制于同行业内跨国公司的竞争，无法从跨国公司获取直接的技术外溢，但是下游行业跨国公司会向上游行业本土企业产生后向技术外溢，以提高中间投入品的质量、降低价格，而下游行业本土企业从上游行业购买中间投入品时也就自然获取了这种源自同行业跨国公司的技术外溢，笔者称之为间接技术外溢效应。

② 绿地投资模式下和纵向并购模式下的中间品购买价格比较：

$$w^{Green} - w^{MNCYi} = \frac{a-\psi+c}{2} - \frac{a+3\delta c-\psi}{4} = \frac{(a-\delta c-\psi)+2c(1-\delta)}{4} > 0$$

道国下游企业只有在联盟下才可取得最大化利润，此时有利用联盟抵御跨国并购的动机。然而，要策反上游企业与其达成联盟，则联盟利润分配需在 Shapely 利润分配基础上更多地倾斜于东道国上游企业 i，可知联盟利润分配需满足以下条件。

（1）一体化联盟模式下，利润分配需使上游企业 i 所得利润不比在纵向并购模式下所得 Shapley 利润少。

（2）一体化联盟模式下，利润分配需使下游企业 j 所得利润不比在纵向并购模式下所得利润少。

设 X 为上游企业 i 在一体化联盟模式下所得利润，则以上两个条件数学表达式如下：

$$X \geqslant \Phi_i^{MNCYi}(v)$$
$$\pi^{iYj} - X \geqslant \pi_j^{MNCYi}$$
$$即有 \ \pi^{iYj} - \pi_j^{MNCYi} \geqslant X \geqslant \Phi_i^{MNCYi}(v) \Rightarrow \pi^{iYj} - \pi_j^{MNCYi} \geqslant \Phi_i^{MNCYi}(v)$$

$$(4.26)$$

解出 δ，有 $\delta \geqslant \dfrac{\sqrt{13}(a - \psi) - \sqrt{14}(a - c - \psi)}{\sqrt{13}c} = \delta_3$，可证

$\delta_3 \in [\delta_2, 1]$，可知尽管东道国上游企业 i 同跨国公司在中间投入品生产技术差距不大时，下游企业 j 存在着抵御跨国并购的动机，但动机的实现却严格地依赖于本国上游企业 i 生产技术水平的提高，本国企业反对跨国并购只能在一个狭小的区域内实现。只有东道国企业与跨国公司在投入品生产技术差距处于 $[\delta_3, 1]$ 时，东道国下游企业 j 才可以成功策反上游企业 i 以形成联盟模式抵御跨国并购，维护国家经济安全。

第五节　本章小结

本章分析结果表明，要建立上下游企业联盟抵抗跨国公司并购我国中间品生产的龙头企业，以维护东道国经济安全，必须大力提高东

道国企业投入品生产技术水平，减少与跨国公司的差距，以使东道国下游企业发起反跨国并购，选择东道国上下游企业一体化联盟模式。

当今，跨国公司已在我国掀起了一场并购浪潮，诚然，在不危及国家经济命脉安全的前提下，跨国并购不失为一种整合优势资源、提高企业生产效率的有效途径。然而，目前不少知名民族品牌已被跨国公司吞并，在我国仍处于社会主义市场经济建设初期、国内企业尚无力与跨国公司展开全面竞争的情况下，跨国并购将在某些领域严重威胁我国经济安全，在这种情况下，抵御跨国并购势在必行，基于本文模型分析结果，我们提出以下政策建议。

首先，要大力提高本国上游行业投入品的生产技术水平。由于中间投入品属于资本、技术密集型产品，跨国公司大都已掌握了中间品的先进生产技术，很容易利用这些优势来打垮我国上游企业，控制我国经济命脉。为此，我国上游生产企业要尽可能地争取向跨国公司提供中间投入品，以此建立起后向关联机制，通过后向关联获取技术外溢效应，乃至实现自身的技术创新。①

其次，本国上、下游企业要通过各种各样的形式进行联合，以组建大企业、大集团的方式降低通过外部市场交易产生的高昂成本，以此提高企业的合作利润和生产效率。我国大型企业数量非常少，在规模上无法与世界性的大企业、大公司抗衡，而跨国公司不断在全球各地通过开设子公司整合其所需的各种资源，以达到规模效应。为此，我国企业应首先立足于本国市场，通过整合本国上、下游企业的各种优势达到获取规模经济，范围经济，进一步降低生产成本。

再次，在本国企业联盟中制定投入品生产部门优先发展战略，在政策条款上给予更多照顾。中间投入品的生产集中体现出企业

---

① 目前以发展中国家为对象的经验研究，绝大部分都没有发现跨国公司在东道国产生行业内技术外溢，而无一例外地都发现了通过后向关联机制，跨国公司在行业间产生了技术外溢，促进了上游中间品生产企业技术水平的提高（王耀中、刘舜佳，2006）。

生产技术水平的高低，在目前我国企业与跨国公司生产技术水平差距较大的情况下，要阻止跨国公司对我国上游企业的并购，就应该在企业联盟中给予上游生产部门更多的优惠条款，以帮其获得技术改进、升级所需要的资金，只有在这种情况下，下游生产部门才会更多地受益于上游部门由于技术改进带来的成本下降效应，本国企业联盟才是一种"三赢"方式，既给上、下游企业带来利润的增加，又可以在跨国并购危及国家经济安全的情况下进行有效的反击。

第五章
中间品生产技术与后向关联：
基于双边寡头垄断模型的分析

如前所述，东道国上游企业中间品生产技术水平的提高，是确保本土上下游企业组建一体化联盟，反对跨国公司并购东道国龙头企业的先决条件。本国企业除了自主创新以外，如何尽可能地从跨国公司获取先进技术，通过提高科学技术水平进一步增加产出以提高生产效率？毫无疑问，通过与下游跨国公司建立后向关联渠道获取先进技术是一条积极有效的途径。本章将分析在跨国并购改变市场结构的条件下，为采用新技术而支出的新设固定资产投资成本为一定时，本土上游中间品生产企业应如何最大限度地通过后向关联渠道从下游跨国公司获取先进技术，在获取先进技术的同时，能够给本国行业利润和社会福利带来收益递增，使后向技术外溢效应达到最优，以维护国家经济安全。①

本土企业通过后向关联渠道采用新技术是以该新技术给企业带来收益递增为前提的。获取新技术并非是无成本的，需要为新技术支付一定的固定资产投资成本，只有当新技术给企业所带来

---

① 本书中的后向技术外溢，不单指通过后向关联渠道从跨国公司所获取的先进技术，而且也要求该先进技术的采用可以给东道国本土企业利润带来收益递增以及增进东道国社会福利。

的收益高于为获取新技术所付出的成本时，通过后向关联渠道所获取的先进技术才能带来正向外部性，此时才真正产生后向技术外溢，东道国中间品生产企业也才能真正通过后向关联渠道获取先进生产技术；而当采用新技术所付出的成本高于新技术带来的收益时，势必会阻碍本土企业通过后向关联渠道获取先进技术。

本章正是在前一章理论分析基础上，通过将上下游双边垄断模型（Bilaterally Monopolistic Industries）扩展为包含四家企业在内的上下游双边寡头垄断模型（Bilaterally Oligopolistic Industries），通过对比研究，在并购与非并购的市场结构下，本土上游企业为获取后向技术外溢所能承受的新设固定资产投资成本界限，以求得能产生最大化后向外溢效应的市场结构；通过比较搞清后向关联渠道采用的新技术对本国行业利润以及社会福利的影响，以期为本国企业尽可能多地获取后向外溢效应，为实现本国行业利润和社会福利最大化提出切实可行的方案。

第一节　理论分析

上游企业技术水平的提高，可以使跨国公司获得质优价廉的中间投入品，并且由于上游企业与下游跨国公司不存在业务竞争关系，因而绝大多数中间品为非贸易品，跨国公司总愿意经由后向关联业务对上游本土企业予以技术支持，通过提高上游企业的生产技术改进产品质量。然而，在不同市场结构下，受制于企业占有的市场份额及企业规模，本土上游企业为采用新技术所能承担的新设固定资产投资成本是存在差异的，所获取的后向外溢效应也就有所不同。

通常情况下，当采用新技术时，企业都会进行固定资产更新，这样一来，在企业所占有市场份额不变的情况下，新技术给企业所带来的利润增加就取决于新技术条件下边际成本的下降与新设固定资产投资成本的对比，只有当边际成本下降所引致的利润增长大于新设固定资产投资成本时，新技术才会给企业带来收益递增。因此，在企业所占有的市场份额以及在由新技术所引致的边际成本衰减为一定时，新技术要给企业带来收益递增，则本土企业为采用新技术所进行的固定资产更新，便存在着一个可承受的界限，超越该界限，所获取的新技术便会给企业带来利润亏损。即通过后向关联渠道所获取的先进生产技术是否可以给东道国本土企业带来收益递增，需依赖其新设固定资产投资成本的某一界限，该界限衡量了本土企业对新设固定资产投资成本的容忍度，界限越高，为采用新技术，企业对固定资产投资成本增加的承受力就越强，所获取的后向技术外溢也就越大。

跨国公司以并购方式进入东道国，会改变市场结构，使东道国市场结构由竞争逐步趋于垄断，受跨国公司竞争威胁，本土企业占有的市场份额减少，由此，在不同市场结构下，本土企业所能承受新设固定资产投资成本的不同界限也就决定了其获取后向外溢效应的大小，界限越高，对新设固定资产投资成本的承受力越大，新技术带来收益递增也就越多，因而对本国社会福利和行业利润所产生的后向外溢效应也就越大。因为在本土企业占有份额高的情况下，使用新技术时，边际成本衰减所带来的利润增量会比较高，所以，在占有份额高的市场结构中，本土企业采用新技术时，对固定资产投资成本增长的承受力也就相应较高。

Buckley & Casson（1998）的开创性研究表明，市场结构和竞争强度是影响跨国公司选择进入模式的两个关键因素。之后，Muller（2001）、Theo & Jong（2005）的霍特林（Hotelling）模型结果又表明，东道国国内竞争强度以及市场容量也会影响跨国公司进入模式的选择。本章以前人研究为基础，在引入市场结构和竞争强度两个因素、在遵循"跨国并购→市场结构→后向技术外溢效应"这一思路的基础上，借鉴 Roman & Christian（2003）对上下游企业联盟所设定的利润分割谈判机制，在下游跨国公司对本土上游中间品生产企业实施纵向并购改变市场结构的前提下,[①]着重分析以下问题:(1)跨国公司在什么情况下会对上游本土企业实施纵向并购,均衡的市场结构是什么。(2)各市场结构下本土上游企业在获取后向技术外溢时所能承受的新设固定资产投资成本界限该如何确定,哪种市场结构下可以获取最大化的后向技术外溢、东道国利润及社会福利。(3)在同时考虑到跨国并购以及后向外溢效应时,均衡时的市场结构又是什么。通过对以上问题的分析,将跨国并购、市场结构、后向外溢效应紧密地结合起来。

第二节　模型推导

一　双边寡头垄断

设立如下包含上下游行业的双边寡头垄断模型:上游行业由两家东道国企业 A 和 B 组成,某上游企业 s 隶属上游行业企业集合 S^0,因而有 $s \in S^0 = \{A, B\}$,两家各自生产一种不同的中间品,企业成本函数均为 $K_s(\cdot)$;下游行业中一家为跨国公司 MNC,另一家为东道国企业 a,某下游企业 r 隶属下游行业企业集合 R^0,因而有 $r \in R^0 = \{MNC, a\}$;假定上、下游行业投入产出比例为1:1,且下游行业对来自上游行业的中间品只进行简单加工,并不在本质上改变中间品原貌,其成本与上游企业相比标准化为0,这样,两种中间品的供应,会导致下游行业产出两种不同的最终品,

---

[①] Roman & Christian(2003)通过引入联盟博弈理论中的"平衡贡献性质",设定上下游企业间利润分割的谈判机制,分析了横向并购对下游大型超市和上游产品生产企业间行业利润分割的影响。鉴于本文对上游企业中间品生产技术的关注以及前人对横向并购的集中研究(Salant, 1983; Perry & Porter, 1985; Fauli, 1997),本章在 Roman & Christian(2003)所设定的利润分割谈判机制框架下,着重分析跨国公司纵向并购对行业利润分割以及上游本土企业获取后向外溢效应的影响。

即下游行业最终品间的关系（替代或互补）是对上游行业中间品间关系的反映，因而对于下游企业的最终品产量 $X_{s,r}$ 和上游企业所供应的中间品产量 $x_{s,r}$，[①] 有 $X_{s,r} = x_{s,r}$，$s \in S^0$，$r \in R^0$；进一步假定下游行业中两企业各自所处地理位置相隔较远，企业所面临的市场需求互不影响。通过以上模型设定，可以确定某一最终品在某一地域（例如下游 r 企业所在地）的销售价格应为 $p_{s,r}(X_{s,r}, X_{s',r})$，即该最终品的市场需求还受该地域所供应的另一种最终品产量的影响，且在投入产出比例为 1∶1 以及下游行业只进行简单粗加工而并不改变中间品原貌的假定下，有 $p_{s,r}(X_{s,r}, X_{s',r}) = p_{s,r}(x_{s,r}, x_{s',r})$。通过以上模型设定，有如下全行业利润函数：

$$W(\{x_{s,r}\}_{s,r \in S^0 \times R^0}) = \sum_{s,s' \in S^0} [p_{s,MNC}(x_{s,MNC}, x_{s',MNC})x_{s,MNC} + p_{s,a}(x_{s,a}, x_{s',a})x_{s,a} - K_s(x_{s,MNC} + x_{s,a})] \tag{5.1}$$

以上定义的行业利润函数为一隐性表达式，出于利润最大化需求，需对（5.1）式进行如下假设。

假设 5.1 极值存在：行业利润函数 $W(\cdot)$ 为严格拟凹且是连续的。

只有在假设 5.1 的前提下，上下游双边寡头垄断模型的行业利润最大化求解才具备可能。然而，为确保（5.1）式足以产生最大化的行业利润，我们必须对此作出更为严格的假定。例如，当上游两家东道国企业所生产的中间品互为替代关系时，那么当一家上游企业未能向下游企业提供中间品时，另一家上游企业也不可能向下游企业提供中间品以使整个行业的利润得以最大化，为此，我们需要对行业利润表达式（5.1）作出进一步的精炼，有假设 5.2。

假设 5.2 角点解排除：对于某包含上下游企业联结的集合 $L = \{sr; s \in S^0, r \in R^0\}$，若在约束 $x_{sr} = 0$ 下最大化行业利润（5.1）

[①] 符号中下脚标代表上游行业 s 企业将中间投入品销售给下游行业 r 企业。

式，则必满足对于 $x_{sr} \in L$，有 $x_{sr} > 0$，而对于 $x_{sr} = 0$，则有 $x_{sr} \notin L$。并且，对于某一额外 $x_{sr} \notin L$，只要 $x_{sr} > 0$，则将该额外的上下游企业联结加入进（5.1）式，行业利润必严格递增。

假设 5.2 实际上也就是保证（5.1）式的行业利润具有超可加性（Super – additive），即模型在缺省状态下（某企业脱离市场），某缺省企业的加入，会使全行业利润递增，这样就排除了（5.1）式存在着角点解的可能，例如当上游行业中间品为互补品时（Roman & Christian，2003）。

在（5.1）式为连续且严格拟凹的假设条件下，若组成上下游行业的四家企业无任何一家脱离市场，则一阶条件下可得最大化行业利润，定义全部企业集合为 $\Omega = \{A, B, MNC, a\}$，此时行业最大化利润定义为 W_{Ω}；若某家企业脱离市场，假定为 A，则对于企业集合 $\Omega' = \{B, MNC, a\} \in \Omega$，行业最大化利润定义为 $W_{\Omega \setminus \{A\}}$；若两家企业脱离市场，假定为 A 和 MNC，则对于企业集合 $\Omega' = \{B, a\} \in \Omega$，行业最大化利润定义为 $W_{\Omega \setminus \{A, MNC\}}$；另外，进一步假定，全行业利润的实现需依赖上、下游企业同时存在，因而对处于同一行业内两家企业的脱离，或是两家以上企业的脱离，全行业利润此时均为 0。

行业利润如何在企业间分配？很明显，分配的关键是中间品价格的确定，通常情况下，中间投入品价格的确定是上下游企业间谈判的结果，因而行业利润分割具有不确定性。然而，收益均等分配是在大多数情况下为谈判双方所普遍接受的。为此，Roman & Christian（2003）通过将联盟博弈理论中的"平衡贡献性质"（Balancedness）引入，使上下游企业对中间品的价格谈判具有以下特征。

（1）双边谈判同步原则（Simultaneous）。任一家上游企业 s 就中间品供应契约和下游两家企业同时开展谈判协商，且任一家下游企业 r 就中间品供应契约和上游两家企业也同时开展谈判协商，而不论是否有纵向并购的发生。例如，对于市场结构 $\omega(1;2) =$

（MNCYs；a，s′），① 并购企业（此时定义为 *MNCYs*）中的上游生产部门 *s* 可以同时与本企业中的下游生产部门 *MNC* 和另一家下游企业 *a* 就中间品供应展开谈判，而并购企业中的下游生产部门 *MNC* 也可以同时与本企业中的上游生产部门 *s* 和另一家上游企业 *s′* 就中间品供应展开谈判，每一企业（或生产部门）均以自身利润最大化为出发点。

（2）有效谈判及利润均分原则（Efficient and equally）。在所有可能发生的谈判集合中 $\{s,r,s',r' \in S^0 \times R^0\}$，任一双边谈判的谈判双方 *s* 和 *r* 在对其他同时开展的双边谈判的结果形成理性预期的前提下，选择中间品供应量 $x_{s,r}$ 以最大化双方共同利润，并且，共同利润按均等原则在谈判的双方 *s* 和 *r* 间进行分配。

（3）相机抉择原则（Contingent）。对于任一双边谈判而言，任一谈判方均会参考其他双边谈判所可能出现的结果，就本次双边谈判订立两种中间品供应契约，以相机行事。例如，对于市场结构 $\omega(1;2) = (MNCYs；a，s')$，并购企业中的上游生产部门 *s* 在和下游生产部门 *MNC* 谈判时，会就中间品的供应与利润的分割同时订立两种契约，一种契约是针对同时开展的 *s* 与 *a* 谈判成功时，而另一种契约则是针对同时开展的 *s* 与 *a* 谈判失败时。

在以上谈判原则下，各企业所获利润的"平衡贡献性质"就体现为：

$$U_s - U_a = \bar{U}_s - \bar{U}_a \quad s \in S^0 = \{A,B\}，r \in \{MNC,a\} \tag{5.2}$$

其中，U_s、U_a 分别表示上游企业 *s* 与下游企业 *a* 谈判成功时各自所获利润，而 $\bar{U}_s$、$\bar{U}_a$ 则分别表示上游企业 *s* 与下游企业 *a* 谈判失败时各自从相机抉择契约中所获利润。Myerson（1977）的论证表明，在联盟博弈中，满足平衡贡献性质的唯一值便是夏普里值（Shapley），该值可以确保企业在联盟后所获收益较之联盟前所获

---

① 符号 I_{ij} 代表并购。

收益具有帕累托改进性质，其计算公式如下：

$$U_{\psi} = \sum_{\psi \in \widehat{\Psi}; \psi \in \Psi} w(|\widehat{\Psi}|) \times [W_{\widehat{\Psi}} - W_{\widehat{\Psi} \setminus \psi}],$$

$$其中 w(|\widehat{\Psi}|) = \frac{(|\widehat{\Psi}|-1)!(|\Psi|-|\widehat{\Psi}|)!}{|\Psi|!} \tag{5.3}$$

（5.3）式即为某家企业 ψ 所获夏普里利润 U_{ψ}，$\psi \in \{A, B, MNC, a\}$；而 Ψ 为包含若干企业在内的集合，$\widehat{\Psi}$ 为其包含企业 ψ 在内的子集。

二 市场结构分类

假定跨国公司 MNC 并购上游企业 A。则只有在纵向并购发生时，依据本文所设定的上下游寡头垄断模型，共有四种市场结构出现：

$$\omega = (2,2): A, MNC; B, a \qquad \omega = (1,2): AYMNC; B, a$$
$$\omega = (2,1): A, MNC; BYa \qquad \omega = (1,1): AYMNC; BYa$$

以 $\omega(2,2)$ 为例说明，在这种市场结构下，没有任何纵向并购的发生，若将上下游市场结构依纵向划分为两端，则此时上下游市场结构中一端的跨国公司 MNC 和上游企业 A 是处于独立状态的，而另一端的本土上下游企业 a 和 B 也处于独立状态，故市场结构两端分别用数字 2 代表。若上下游市场结构中有一端发生了纵向并购，则用数字 1 表示（Y 代表并购）。依据本文所设定的行业利润函数，可知在没有任何企业脱离市场的情况下，行业最大化利润是不变的，并购的发生并不对全行业利润产生任何影响，只是通过改变市场结构来影响各企业所占有的市场份额。依据夏普里值计算公式（5.3），可得各市场结构下某一上游企业 s 和下游企业 r 的联合利润（详见附录 B）。

各市场结构下上游企业 s 和下游企业 r 的联合利润：

（1）$\omega = (1,1)$：

$$U_{sYr}^{(1,1)} = \frac{1}{2}(W_\Omega + W_{\Omega \setminus \{s',r'\}} - W_{\Omega \setminus \{s,r\}})$$

（2）$\omega = (1,2)$：

$$U_{sYr}^{(1,2)} = \frac{1}{3}(W_{\Omega \setminus \{s',r'\}} + W_\Omega - W_{\Omega \setminus \{s,r\}}) + \frac{1}{6}(W_{\Omega \setminus \{r'\}} + W_{\Omega \setminus \{s'\}})$$

（3）$\omega = (2,1)$：

$$U_s^{(1,2)} + U_r^{(1,2)} = \frac{1}{3}(2W_\Omega + W_{\Omega \setminus \{s',r'\}} - W_{\Omega \setminus \{s,r\}}) - \frac{1}{6}(W_{\Omega \setminus \{r\}} + W_{\Omega \setminus \{s\}})$$

（4）$\omega = (2,2)$：

$$U_s^{(2,2)} + U_r^{(2,2)} = \frac{1}{2}W_\Omega + \frac{1}{6}(W_{\Omega \setminus \{s',r'\}} + W_{\Omega \setminus \{r'\}} +$$
$$W_{\Omega \setminus \{s'\}} - W_{\Omega \setminus \{s,r\}} - W_{\Omega \setminus \{s\}} - W_{\Omega \setminus \{r\}})$$

通过设定 $s = A$，$r = MNC$，$s' = B$，$r' = a$ 和 $s' = A$，$r' = MNC$，$s = B$，$r = a$，便可得到各市场结构下跨国公司 MNC 和上游企业 A 的联合利润以及本土上下游企业 B 与 a 的联合利润。

三　纵向并购机理

在保持另一端上下游市场结构即东道国 B 企业与 a 企业状态不变时（并购或不并购，下文将这种情况称为本土上下游企业联盟），通过比较并购后并购企业利润与并购前跨国公司 MNC 和上游企业 A 的联合利润，可得实施纵向跨国并购和本土上下游企业联盟所依赖的条件（详见附录 B）：

（1）无论市场结构中另一端的本土上下游企业是否联盟，仅当如下条件成立时，纵向跨国并购才可带来收益递增。

$$W_{\Omega \setminus \{B,a\}} - W_{\Omega \setminus \{A,MNC\}} + W_{\Omega \setminus \{A\}} + W_{\Omega \setminus \{MNC\}} > W_\Omega \qquad (5.4)$$

（2）无论市场结构中另一端的跨国公司是否并购上游企业，仅当如下条件成立时，本土上下游企业联盟才可带来收益递增。

$$W_{\Omega \setminus \{A,MNC\}} - W_{\Omega \setminus \{B,a\}} + W_{\Omega \setminus \{a\}} + W_{\Omega \setminus \{B\}} > W_\Omega \qquad (5.5)$$

在纵向并购影响市场结构变化时，均衡市场结构的确定则依赖于（5.4）式和（5.5）式，由此，可得如下关于均衡市场结构的推论。

（1）若 $W_{\Omega\setminus\{B,a\}} - W_{\Omega\setminus\{A,MNC\}} + W_{\Omega\setminus\{A\}} + W_{\Omega\setminus\{MNC\}} > W_{\Omega}$，则发生纵向跨国并购，而当 $W_{\Omega\setminus\{B,a\}} - W_{\Omega\setminus\{A,MNC\}} + W_{\Omega\setminus\{A\}} + W_{\Omega\setminus\{MNC\}} < W_{\Omega}$，不会发生纵向跨国并购。

（2）若 $W_{\Omega\setminus\{A,MNC\}} - W_{\Omega\setminus\{B,a\}} + W_{\Omega\setminus\{a\}} + W_{\Omega\setminus\{B\}} > W_{\Omega}$，则本土上下游企业联盟，而当 $W_{\Omega\setminus\{A,MNC\}} - W_{\Omega\setminus\{B,a\}} + W_{\Omega\setminus\{a\}} + W_{\Omega\setminus\{B\}} < W_{\Omega}$，本土上下游企业分离。

（5.4）式与（5.5）式经济含义何在？通过将行业利润函数式（5.1）代入，以（5.4）式为例，可得如下一组表达式：

$$\sum_{s\in S^0} p_{s,MNC}\left(x_{s,MNC}, 0\right) > \sum_{s\in S^0} p_{s,MNC}\left(x_{s,MNC}, x_{s',MNC}\right) \tag{5.6}$$

$$k_A\left(x_{A,MNC} + x_{A,a}\right) > K_A\left(x_{A,MNC}\right) + K_A\left(x_{A,a}\right) \tag{5.7}$$

根据范里安（2003），若 $\dfrac{\partial\left[K_s\left(x\right)/x\right]}{\partial x} > 0$（或 <0），则上游企业存在单位成本递增（或递减）；对于 $s, s' \in S^0$；$r, r' \in R^0$，若在 $x''_{s',r} > x'_{s',r}$ 且 $p_{s,r}\left(x_{s,r}, x'_{s',r}\right) > 0$ 成立情况下，有 $p_{s,r}\left(x_{s,r}, x'_{s',r}\right) > p_{s,r}\left(x_{s,r}, x''_{s',r}\right)$，则上游行业所生产的中间产品互为替代关系；反之，对于 $s, s' \in S^0$；$r, r' \in R^0$，若在 $x''_{s',r} > x'_{s',r}$ 且 $p_{s,r}\left(x_{s,r}, x''_{s',r}\right) > 0$ 成立情况下，有 $p_{s,r}\left(x_{s,r}, x'_{s',r}\right) < p_{s,r}\left(x_{s,r}, x''_{s',r}\right)$，则上游企业的中间产品为互补关系（详见附录B）。

很明显，（5.6）式即表明上游行业所生产的中间投入品为替代品，而在上游企业 A 在单位生产成本递增这一假设成立的前提下，（5.7）式成立，同理可推得（5.5）式所体现的经济含义。根据以上定义，在只有纵向并购发生的前提下，可以得到如下关于均衡市场结构的命题5.1（详见附录B）。

命题5.1 当东道国上游行业所生产的中间投入品互为替代品时，若上游企业存在着单位生产成本递增，则纵向跨国并购和本土上下游企业联盟均会发生，若只有一家上游企业存在着单位生产成本递增，则只发生纵向跨国并购或只发生本土上下游企业联盟；若上游企业存在着单位生产成本递减或上游行业的中间投入品为互补品时，不会发生纵向并购。

四　后向技术外溢

本土上游企业与下游跨国公司建立后向业务关联渠道，可带来新生产技术时，设定上游企业成本函数如下：

$$K_s^i \ (x) \ = F^i + x k^i, \ s \in S^0 = \ \{A, \ B\}, \ i \in I = \ \{\alpha, \ \beta\} \qquad (5.8)$$

东道国上游本土企业原有的生产技术为 $i = \alpha$，通过后向关联渠道，东道国上游本土企业可掌握某种先进的生产技术 $i = \beta$，且 $0 < k^\beta < k^\alpha < 1$，即先进生产技术的边际成本低于原有生产技术，但采纳这项先进技术，假定上游本土企业需要付出比原有生产技术更多的固定资产投资成本，则有 $F^\beta > F^\alpha > 0$。对于 $K_s^\beta - K_s^\alpha = (F^\beta - F^\partial) \ + \ (k^\beta - k^\alpha) \ x$，有 $\dfrac{\partial \ (K_s^\beta - K_s^\alpha)}{\partial \ x} < 0$，故较原有技术，企业获取新技术虽然需支出较高的固定资产投资成本，但总成本却随产量的增加而递减。为方便成本—收益的权衡，将较低数值的边际成本和固定资产投资成本标准化为 0，$F^\alpha = 0$ 及 $k^\beta = 0$，得 $\Delta F = F^\beta - F^\alpha = F^\beta$，$\Delta k = k^\alpha - k^\beta = k^\alpha$。为导出行业利润函数的显性解，需对 (5.1) 式中的市场需求函数作出进一步的设定，与 Roman & Christian (2003) 保持一致，我们从下列消费者效用函数 (5.9) 式中导出下游某企业所处地域对某一最终产品的市场需求曲线：

$$u_r = x_{s,r} + x_{s',r} - \frac{1}{2} [\ x_{s,r}^2 + x_{s',r}^2 + 2c x_{s,r} x_{s',r}] - x_{s,r} p_{s,r} - x_{s',r} p_{s',r} \, s, \ s' \in S^0; \ r \in R^0$$

$$(5.9)$$

由 (5.9) 式决定的某市场对某种最终品的需求函数为 $p_{s,r} = 1 - x_{s,r} - c x_{s',r}$，$s, \ s' \in S^0$，且 $s \neq s'$。c 反映两种最终产品间的关系，

在下游加工组装不对上游中间品原貌进行实质性改变的前提下，c 反映的就是上游中间品的关系，在上游中间品的互为替代品时，则有 $0 < c < 1$。

以市场结构 $\omega =$ （1，1）为例，来说明上游企业 A 和 B 所获取的后向技术外溢是受制于两家企业各自承受的新设固定资产投资成本的某一界限，超越该界限，采用新技术则会带来收益递减。

该市场结构中，有两种生产技术可供选择时，A 和 MNC 所组成的并购企业利润可表示为 $U_{AYMNC}^{(1,1),i}$,① B 和 a 所组成的联盟企业利润为 $U_{BYa}^{(1,1),i}$，其中 $i \in I = \{\alpha, \beta\}$，那么，两企业各自对新设固定资产投资成本的承受界限就由下列一组式子所决定：

$$A \text{ 企业：} U_{AYMNC}^{(1,1),\beta} > U_{AYMNC}^{(1,1),\alpha}$$

$$B \text{ 企业：} U_{BYa}^{(1,1),\beta} > U_{BYa}^{(1,1),\alpha} \tag{5.10}$$

通过所设定的线性市场需求函数和成本函数，依据命题1中的企业利润表达式，一阶条件下可求得各缺省状态时的最优行业利润，代入（5.10），得（见附录 B）：

$$A \text{ 企业：} \Delta_A^{1,1} F = \frac{1}{3}\Gamma + \frac{1}{12}\Theta$$

$$B \text{ 企业：} \Delta_B^{1,1} F = \Gamma - \frac{1}{4}\Theta \tag{5.11}$$

其中 $\Gamma = \dfrac{\Delta k\ (2 - \Delta k)}{1 + c}$，$\Theta = \Delta k\ (2 - \Delta k)$。（5.11）式中经济含义在于：若企业采用新技术所实际支出的新设固定资产投资成本超越了该界限，则新技术给企业带来的利润增加小于投资成本的增加，导致企业亏损，本土企业也就不会采用该先进技术。由此可见，企业对新设固定资产投资成本能承受的界限决定其是否采用新技术，承受界限越高，新技术带来收益递增的可能性也就

---

① 大写字母 U 代表所获利润，（1，1）代表市场结构，i 代表中间品生产技术，符号 V_i 代表并购，下同。

越大，也就越有可能产生后向技术外溢，本土企业采用新技术的可能性也就越高。通过比较两企业各自对新设固定资产投资成本的承受界限，有 $\Delta_A^{1,1}F < \Delta_B^{1,1}F$，表明在该市场结构下，当采用新技术时，上游 B 企业对新设固定资产投资成本的承受界限高于 A 企业，B 企业获取后向外溢效应就要高于 A 企业。若定义两企业中较低的承受界限代表当新技术带来收益递增时，上游行业对新设固定资产投资成本的承受界限，则该市场结构中，行业承受界限应为 $\Delta^{1,1}F = \Delta_A^{1,1}F$，其代表了在新技术所要求的新设固定资产投资成本不超越这一界限的前提下，本土上游行业所吸收的后向技术外溢，同理可求出其他市场结构下行业承受界限。另外，我们还计算出各市场结构中跨国公司支持上游本土企业吸收后向技术时其自身对新设固定资产更新成本的承受界限，[①] 其值均大于各市场结构中的行业承受界限 $[\Delta_{MNC}^{(m,n)}F > \Delta^{(m,n)}F$，$n$，$m = 1$ 或 2，详见附录 B]，这就表明跨国公司始终存在着向东道国上游行业提供技术支持的愿望，因而我们可将分析重点集中在行业承受界限上，把不同市场结构下的行业承受界限按大小排序可得如下命题。

命题 5.2　各市场结构下，当发生后向技术外溢时，东道国上游行业对新设固定资产投资成本的承受界限满足以下排序：

$$\Delta^{1,1}F > \Delta^{2,2}F > \Delta^{2,1}F > \Delta^{1,2}F$$

由命题 5.2 可知，在市场结构 $\omega = (1, 1)$ 下，由于上游行业对采用先进生产技术所能承受的新设固定资产投资成本界限最高，则该市场条件下采用新技术所带来的收益递增高于其他市场结构。$\omega = (2, 2)$ 下，各企业的市场控制力相等、市场份额相同，当新技术带来收益递增时，各企业对新设固定资产投资成本的最高承受界限完全一样（$\Delta^{2,2}F = \Delta_A^{2,2}F = \Delta_B^{2,2}F$），而某一纵向并购的发生，

---

① 跨国公司的容忍度代表着当新技术给其带来收益递增时，其对上游企业新增固定资产投资成本的承受界限，超越该界限，则跨国公司就不会通过后向关联业务对上游本土企业提供技术支持。

则改变了原来市场结构下企业均衡的市场控制力，企业所占有的市场份额改变，并购企业所占市场份额上升，并且，并购后原来由一家企业承担的新设固定资产投资成本就转化为由两家企业共同承担，由此，在采用新技术带给全行业的利润增幅为一定时，市场占有份额低的上游企业对新设固定资产投资成本的承受界限就低于市场占有份额高的并购企业，因而此时上游行业盈利的门槛值就趋于严格，新技术带来收益递增的空间也就极其有限（$\Delta^{2,1}F = \Delta_A^{2,1}F$，$\Delta^{1,2}F = \Delta_B^{1,2}F$）[1]。而纵向跨国并购与本土上下游企业联盟的同时出现，又使双方企业的市场控制力达到均衡态势，并且，此时新设固定资产投资成本由两家企业承担，因而该市场结构下，当新技术带来收益递增时，各企业对新增固定资产投资成本的承受界限，较四企业独立状态下的市场结构均会有所提高，此时行业承受界限提高，盈利的门槛值也相应趋于宽松，新技术所带来收益递增为最大。

命题 5.2 实际上也表明了当内外资企业市场竞争呈均衡态势时，本土企业所获取的后向技术外溢效应最大。该结论在本书后一章将得以实证检验。

并且，对于中间品的替代性突破某一临界 $c > \dfrac{1}{19}$，有：

$$sign\left(\frac{\partial \ (\Delta^{n,n}F - \Delta^{n,m}F)}{\partial \ C}\right) = sign\left(\frac{\partial \ \left(1 - \dfrac{1}{1+c}\right)}{\partial \ c}\right) > 0 \quad n, \ m = 1 \ \text{或} \ 2, \ \text{且} \ n \neq m$$

$$(5.12)$$

这就表明，较之双方企业市场竞争呈非均衡态势的市场结构，

---

[1] 在市场结构为 $DIV = 1 - \dfrac{\sum (m_{ij})^2}{(\sum m_{ij})^2}$ 时，只有某一狭小区域 m_{ij}，有 $Horizontal_{jt} = \left[\sum_{i \in j} ForeignShare_{it} \times Y_{it}\right] / \sum_{i \in j} Y_{it}$，即在上游中间品替代程度极其低的情况下存在着反例（详见附录 B）。

在双方企业市场竞争呈均衡态势的市场结构下，随着中间品替代性的增强，东道国上游行业对新增固定资产投资成本的承受界限上升，采用新技术盈利的门槛值趋于宽松。

五　经济安全评估

若以东道国行业利润及社会福利作为国家经济安全的评估指标，当跨国并购改变市场结构时，受制于上游行业所能承受的新设固定资产投资成本界限，通过后向关联渠道所采用的新技术会对国家经济安全造成何种影响？即便是通过后向关联渠道所采用的新技术能够给东道国带来社会福利递增，东道国也必有一个对新设固定资产投资成本的承受界限，超越该界限，采用先进生产技术就会有损社会福利，如何求出该最高界限？与前文分析类似，通过比较新技术发生前后，东道国社会福利的变化，可以得到东道国对新设固定资产投资成本的承受界限 $\Delta^* F$。如何度量东道国社会福利函数？在本文设定的线性需求函数下，东道国社会福利应在行业利润基础上加入消费者效用，为此，有如下东道国社会福利函数：

$$V^i = \sum_{r \in R^0} [\, u_r - K_A^i (x_{A,r} + x_{A,r'}) - K_B^i (x_{B,r} + x_{B,r'}) \,] \qquad (5.13)$$

将最优化问题下 W_Ω^i 的各均衡产出解代入（5.13）式中，[①] 则得到存在技术选择时的社会福利值 $V^i = \dfrac{3}{2} \dfrac{(1-k^i)^2}{(1+c)} - 2F^i$，其中 $i = \alpha, \beta$，通过 $V^\beta > V^\alpha$ 的比较，得到当新技术给社会福利带来收益递增时，东道国对新设固定资产投资成本的承受界限 $\Delta^* F = \dfrac{3}{4}\Gamma$。为确定某种市场结构下通过后向关联渠道采用的新技术是否有损社会福利，需要将 $\Delta^* F$ 与各市场结构下行业的承受界限相比较，由

---

① 不对（5.13）式进行最优化问题的求解，原因在于生产企业在最优化行业利润时，是不会考虑到社会福利最优化这一问题的。

此，得到命题 5.3（详见附录 B）。

命题 5.3 当通过后向关联渠道所获取的先进技术给东道国带来社会福利递增时，东道国对新设固定资产投资成本的承受界限满足以下排序：

$$\Delta^* F > \Delta^{1,1} F > \Delta^{2,2} F > \Delta^{2,1} F > \Delta^{1,2} F$$

以命题 5.2、5.3 为依据，用行业利润与东道国福利作为经济安全评估指标，则可得到不同市场结构下通过后向关联渠道采用新技术对国家经济安全的影响。

设通过后向关联渠道获取新技术所要求的新设固定资产投资成本为 ΔF，并以东道国行业利润和社会福利作为国家经济安全的衡量指标，则当跨国并购改变东道国市场结构时，采用新技术对国家经济安全影响的评估如下：

（1）当 $\Delta F \in (\Delta^{1,1} F, \Delta^* F)$，采用新技术有损东道国行业利润及社会福利。

（2）当 $\Delta F \in (\Delta^{2,2} F, \Delta^{1,1} F)$，在市场结构 $\omega = (2, 2)$，$\omega = (2, 1)$，$\omega = (1, 2)$ 下，采用新技术有损东道国行业利润及社会福利。

（3）当 $\Delta F \in (\Delta^{2,1} F, \Delta^{2,2} F)$，在市场结构 $\omega = (2, 1)$，$\omega = (1, 2)$ 下，采用新技术有损东道国行业利润及社会福利。

（4）当 $\Delta F \in (\Delta^{1,2} F, \Delta^{2,1} F)$，在市场结构 $\omega = (1, 2)$ 下，采用新技术有损东道国行业利润及社会福利。

（5）当 $\Delta F \in (0, \Delta^{1,2} F)$，采用新技术给东道国行业利润及社会福利带来收益递增。

不难发现，受制于本国上游行业对新设固定资产投资成本的承受界限，在仅有跨国并购发生的市场结构下，采用新技术会给东道国行业利润及社会福利造成最大损害，因而该市场结构下，采用新技术极有可能危及东道国经济安全，而在跨国并购和本土上下游企业联盟同时出现的市场结构下，采用新技术给东道国行业利润及社会福利所带来收益最大，原因在于此时行业对投资成本的承受界限取决于各企业市场竞争的均衡态势。从东道国政府的角度来看，很明显，在有跨国并购发生时，所偏好的市场结构应为 $\omega = (1, 1)$，在该市场结构下，产生后向技术外溢的可能性最大，上游行业对新设固定资产投资成本的承受界限最高，实现东道国行业利润与社会福利的增长也就越强，因此，在跨国并购发生时，应该组建本土上下游企业联盟，以尽可能地维护国家经济安全，而对只有跨国并购的市场结构，通过后向关联渠道所获取的新技术，很难实现本国行业利润及社会福利的增长。

六 均衡市场结构

对于本文模型所设定的四种市场结构，哪一种代表了均衡时的情形呢？由命题5.1可知，当上游行业存在着单位生产成本递增且所生产的中间投入品互为替代品时，纵向跨国并购和本土上下游企业联盟将同时出现。在线性需求情况中，上游企业的单位生产成本呈递减状况，因而由命题5.1，很自然地会认为市场结构 $\omega = (2, 2)$ 将会在均衡状态下出现，然而，在考虑到新技术会给不同市场结构中的不同企业所获利润带来影响时，均衡的市场结构此时则需要重新确定。

从命题5.2出发，当采用新技术所实际要求的固定资产投资成本 $\Delta F < \Delta^{2,1} F$ 时，无论市场结构中另一端的本土上下游企业是否联盟，新技术均可带来收益递增，而在上游行业中间品存在着替代以及上游行业存在着单位成本递减时，将不会有纵向并购的发生，这种情况也适用于市场结构中另一端的本土上下游企业，因而当 $\Delta F < \Delta^{2,2} F$，均衡的市场结构为 $\omega = (2, 2)$；同理，当实际投资成本 $\Delta F > \Delta^{1,1} F$ 时，任何市场结构下均不会有收益递增，而在上游行业存在着单位生产成本递减时，纵向并购也不会发生，因而，此时均衡市场结构亦为 $\omega = (2, 2)$。这就表明，当新技术发生所要求的实际投资成本较高或较低时，纵向跨国并购均不受后向技术外溢的影响。而当 $\Delta F \in (\Delta^{2,2}F, \Delta^{1,1}F)$，此时均衡市场结构的选择则受后向技术外溢的影响，上游行业单位生产成本递减会使企业选择市场结构 $\omega = (2, 2)$，而在市场结构 $\omega = (1, 1)$ 下，新技术又会提高整个行业利润，此时企业的选择取决于这两种市场结构下分别使用两种不同生产技术所获利润的比较，权衡的结果仍然会在每家并购企业中分别产生一个为发生收益递增时所能承受的新增固定资产投资成本，即界限的确定依赖下式。

$$A \text{ 企业：} U_{AYMNC}^{(1,1),\beta} > U_A^{(2,2),\alpha} + U_{MNC}^{(2,2),\alpha}$$
$$B \text{ 企业：} U_{BYa}^{(1,1),\beta} > U_B^{(2,2),\alpha} + U_a^{(2,2),\alpha} \tag{5.14}$$

可分别得出两企业投资门槛值 $\Delta_A^{\vee} F = \dfrac{1}{3}\Gamma + \dfrac{1}{12}\Theta$，$\Delta_B^{\vee} F = \Gamma - \dfrac{1}{4}\Theta$，并且通过比较有 $\Delta_B^{\vee} F > \Delta_A^{\vee} F = \Delta^{1,1}F$，即在后向技术外溢发生时，企业从市场结构 $\omega = (2, 2)$ 转向市场结构 $\omega = (1, 1)$，存在着收益递增，故此时均衡的市场结构为 $\omega = (1, 1)$。归纳后，我们得到如下关于均衡市场结构确定的命题 5.4。

命题 5.4 当后向技术外溢发生所导致的实际固定资产投资成本 $\Delta F < \Delta^{2,2}F$ 时，此时均衡的市场结构为 $\omega = (2, 2)$；当实际固定资产投资成本 $\Delta F > \Delta^{1,1}F$ 时，此时均衡的市场结构为 $\omega = (2, 2)$；当实际固定资产投资成本 $\Delta F \in (\Delta^{2,2}F, \Delta^{1,1}F)$ 时，均衡的市场结构则为 $\omega = (1, 1)$。

第三节　本章小结

当前，跨国并购在我国迅速发展，遵循 WTO 公平竞赛原则，不再以行政指令干扰企业间的优化重组势必成为不可逆转的趋势，然而，跨国公司对东道国上游技术、资金密集型企业的并购，又会在一定程度上引起东道国政府的担忧。同时，在跨国并购改变东道国市场结构时，如何利用跨国公司的新技术来提高本国企业利润及社会福利以维护国家经济安全呢？

本章通过建立一个包括上下游四家企业在内的双边寡头垄断模型，在并购与非并购的市场结构下，对本土上游企业为获取后向外溢效应所能承受的新设固定资产投资成本的界限进行了对比。结果表明，在发生纵向跨国并购的情况下，当本土上下游企业联盟同跨国公司在市场竞争方面取得均衡态势时，才能进一步刺激跨国公司经由后向关联渠道向上游本土行业进行技术扶持，在该市场结构下，本国企业较之其他市场结构下可以获取最大限度的后向外溢效应，以尽可能地提高本国行业利润和社会福利。为此，笔者提出以下对策。

第一，出于对本国技术、资金密集型上游产业的保护，要防止跨国并购，政府在宏观调控上，要重新优化国内生产资源的配置，对于某种中间投入品的生产，各地域间要协调配合、加强信息沟通，不主张重复设置，不搞"内耗"，不强化本国上游行业内的竞争，集中优势资源和技术办好一批在产品业务上具有互补关系的大型企业，力争使上游中间投入品的生产具有规模效应，使生产成本呈递减状态。同时，政府应在遵循 WTO 原则的前提下，出台相应的法规条例，对新设立不久、具有广阔发展前景但仍处于成长阶段的中间投入品企业予以保护，以避免遭受跨国公司的恶意并购。

第二，在有跨国公司并购上游企业的情况下，政府要鼓励本土上、下游企业走强强联合、规模经济的发展道路，力争取得与跨国公司相抗衡的企业规模，以尽力形成一个双方规模实力大致呈均态的市场环境，从而尽可能提高后向外溢效应，以便提高东道国上游行业的整体技术水平，同时获取本国行业利润最大化和社会福利最大化的双重效应，充分享有先进生产技术的高效性，以起到维护国家经济安全的作用。

　　第三，在跨国并购不可避免时，本国政府则要改变政策，在产业组织方面，要集中优势力量、资金及人才，在上游行业大力发展一批规模实力强大、相互间产品替代性较强的中间投入品生产企业，通过激发上游企业间的业务竞争强化本土上、下游企业组建联盟的意愿，以便在跨国并购发生时，进一步提高后向关联渠道带来收益递增的可能性。

第六章

均衡竞争态势下后向技术外溢对
工业产出增长影响的实证检验

通过第五章中对上下游双边寡头垄断模型的分析,可知在有跨国并购发生的前提下,当国内企业与跨国公司在市场竞争呈均衡态势时,国内企业为采用新技术所承受的新设固定资产投资成本的上限最高,因而经由后向关联渠道从跨国公司所获取的技术外溢效应也就越大。本章采用中国大陆 1999 ~2005 年工业行业层面的数据对此进行实证检验。

第一节　国内研究

国内学者对跨国公司在我国技术外溢的研究,大部分还局限于同行业内技术外溢的检验,检验采用的方法大都是以国内各省、各行业或各企业的产出或工业增加值为因变量,以外资企业或跨国公司的资产存量或雇员比例为自变量,通过回归得到外资对国内经济的技术外溢效应。近年来,也有一部分学者开始从外溢渠道来关注跨国公司对我国企业的技术外溢效应。

一　基于同行业内的研究

跨国公司对我国技术外溢效应的研究一直是学术界关注的重

点，但刚开始时大多为定性研究，最近几年才有定量研究的文献不断涌现，表6.1列出了具有代表性的文章。一般而言，这方面的经验研究都是收集全国、省际、行业间或企业层面的数据，然后引入度量效应的指标来分析FDI在全国、区域（省）内部或行业间产生的外溢效应，这也符合国外的通行做法，下面简要介绍一下针对我国的研究结果。

表6-1　国内学者就跨国公司对我国外溢效应的经验实证

作　者	样本年份	范围	样本层次	样本容量	结　果
阳小晓（2006）	1978~2003	全国	国家	26	国家内：？
包　群（2003）	1979~2000	全国	国家	22	国家内：+
胡立法（2003）	1992~2001	全国	国家	10	国家内：+
徐　涛（2003）	1990~2000	全国	国家	11	国家内：+
刘舜佳（2007）	1978~2002	全国	省际	530	省内：+依赖金融深化
陈　柳（2006）	1987-2003	全国	省际	170	省内：依赖人力资本门槛，
李铁立（2006）	1993-20003	全国	省际	87	省内：+依赖于技术差距
潘文卿（2003）	1995~2000	全国	省际	180	东部小、中部大、西部？
王　飞（2003）	1991~2000	全国	省际	290	省内：？显
王成建（2002）	1990~1998	全国	省际	261	东部大、中部次之、西部小
魏后凯（2002）	1985~1999 1996~1999	全国	省际	291 79	东部+、西部？
沈坤荣（2001）	1987~1998	全国	省际	424	东部+、中西部？
陈　斌（2000）	1990~1998	江苏	省际	8	省内：+
何　洁（2000）	1993~1997	全国	省际	140	省内：+
沈坤荣（1999）	1996	全国	省际	29	省内：+
周　礼（2006）	2000~2004	全国	行业	180	行业内：+

续表

作 者	样本年份	范围	样本层次	样本容量	结 果
蒋殿春（2006）	1998～2002	高新技术	行业	-	行业内：-依赖技术差距、+依赖人力资本和企业研发
欧阳志刚（2006）	1995～1997 2000～2003	全国	行业	216	行业内：+
李广众（2005）	2001～2002	全国	行业	-	区域内：+；行业内：-
张海洋（2005）	1999～2002	全国	行业	-	行业内：竞争效应为+、技术扩散效应为-
严 兵（2005）	1998～2003	全国	行业	210	行业内：+
黄静波（2004）	1986～2001 1998～2001	广东	省际 行业	16 108	行业内：时间序列？，面板中劳密-、资密+
卢 荻（2003）	1991、2001	粤沪	行业	40	行业内：粤为-、沪为+
陈涛涛（2003）	2000	全国	行业	84	行业内：+
Zhiqiang（2000）	1993～1998	深圳	行业	174	行业内：+
秦晓钟（1998）	1995	全国	行业	39	行业内：+
袁 诚（2005）	1997～2002	全国	企业	9116	企业间：？
许罗丹（2004）	-	广东	企业	-	溢出效应随投资国不同
王志鹏（2003）	2000	全国	企业	500	省内：？行业内：+
姚 洋（2001）	1995	全国	企业	37769	省内：+；行业内：？
Sarah（2001）	1993	城市	企业	500	行业内：？

注：?、+、-代表溢出效应不清楚、正或负。

（1）国家数据层面

全国数据方面。包群、赖明勇（2003）认为，Feder 模型是针对截面数据设立的，没有考虑外溢效应的动态时序性，尤其是外溢效应的时间滞后问题，因而加入了自适应性预期建立了动态外溢模型，用全国数据回归时发现 FDI 确实对我国产生了较为明显的外溢效应。胡立法（2003）将 1992～2001 年全国外资企业工业产值、吸纳的就业人数和外商直接投资额代入索洛模型中，算出了"索洛剩余"，发现 10 年间 FDI 对我国经济增长的技术贡献率极其有限，年均仅为 26%。徐涛（2003）选取 1990～2000 全国 GDP、劳动力、资本总额、外商直接投资额以及 R&D 投入总量共 11 年数据，估计了包括 FDI 在内的内生增长 R&D 模型，得出 FDI 对全国经济增长的技术外溢系数为 0.107283 的结论，同时还表明现阶段 FDI 和中国国内资本表现出明显的非同质性，FDI 有很强的技术外溢效应。阳小晓（2006）基于两阶段世代交叠模型考察了跨国公司技术外溢是如何依赖于东道国当地金融发展水平的，其结论表明外资的产出率依赖于东道国金融中介的效率，东道国金融深化将有助于提高跨国公司的技术外溢效应。

（2）省际数据层面

省际数据方面。沈坤荣（1999）利用 1996 年 29 个省直辖市自治区的外商直接投资总量与各省的全要素生产率作横截面相关分析，得出 FDI 占 GDP 的比重每增加一个单位，全要素生产率就可以提高 0.37 个单位的结论。何洁（2000）建立内外资部门的生产函数，使用 1993～1997 年 28 个省直辖市自治区的工业部门的 140 个相关数据进行回归，且把 28 个省份按照经济发展水平分为"越过经济发展门槛"与"未达到经济发展门槛"两组，结果表明，FDI 在我国各省市工业部门中都存在明显的正向外溢效应，而且在经济发展水平越高的地区，这种外溢效应越大，在越过"经济发展门槛"一组中，外溢效应的估计系数为 0.0171，而在"未达到经济发展门槛"一组中，该系数只有 0.0065。使用与何洁相同的方法，陈斌（2000）利用 1990～1998 年江苏省工业部门的相应数据进行分析，结果也证明存在正的外部效应。沈坤荣（2001）采用 1987～1998 年中国 29 个省份的面板数据，通过建立内生经济增长模型对外资的技术外溢效应进行实证检验，结果表明，在人力资本影响本国吸收能力的前提下，东部地区获得了正向的技术外溢效应，而中西部地区反而导致负向外溢效应。王成岐、张建华、安辉（2002）选用我国29个省份1990～1998年的面板数据，就外资对经济增长外溢效应进行了实证研究。结果表明，东部地区获得外溢效应最大、中部次之、西部最小，并且外资产生的外溢效应还与人均GDP、R&D投入、基础设施建设、国有经济成分等因素显著相关。魏后凯（2002）采用1985～1999年包括东、西部各省份的面板数据，就外资是否是引起我国东、西部二元经济结构的因素进行了实证检验。结果表明，外资对两地GDP增长所产生的外溢效应有着非常显著的差别，其中东部地区为正且显著，西部地区则不明显。王飞（2003）选取了1991～2000年全国29个省份的相关数据，首先利用索洛增长速度方程测算出29个省份的国有企业技术进步率，然后采用回归分析方法测算FDI对各省份国有企业技术进步率的影响，发现FDI与我国国有工业企业的技术进步率之间没有明显的正向或负向统计关系。潘文卿（2003）选取1995～2000年全国30个省份国有工业企业的相关数据和FDI，分析了FDI对国内各省份国有工业企业的技术外溢效应，发现中国工业部门引进FDI在总体上对内资工业部门产出增长起到了积极的促进作用，外溢效应为正。同时，对东、中、西部的进一步分析表明，西部地区经济发展水平还未跨进FDI起到积极作用的门槛，而东部地区内资工业部门技术水平的提升已使FDI的正向外溢效应变小，中部地区当前FDI的正向外溢效应相对较大。陈柳、刘志彪（2006）认为，国内对跨国公司技术外溢与经济增长的实证研究均忽略了本国自主创新能力在其中所起的作用，在控制了本国自主创新能力这一变量之后，采用中国1987～2003年27个省份的面板数据的实证检验结果表明，在考虑本国自主创新能力的前提下，跨国公司技术外溢对本国经济增长的促进作用极其有限，且依赖于人力资本的某一门槛值，而要使跨国公司的技术外溢效应有助于推动本国经济增长，必然需要中西部地区大幅提高人力资本门槛值。李铁立（2006）分别采用1993、1997和2003年中国大陆29个省份的数据，对港澳台资和外资的技术外溢进行了实证检验，结果发现，港澳台资对生产效率的提高具有促进作用，且在技术水平相对较低的地区这一效应更大，但这种溢出效应随时间而减弱，欧美日资的外溢效应主要表现在对整体技术进步的正向影响上。刘舜佳（2007）认为，东道国健全的金融市场是吸收跨国公司技术外溢不可或缺的重要因素，为此，通过建立FDI与金融市场变量的交互项模型，采用1978~2002年我国30个省份的相关数据，对金融深化与技术外溢之间的关系进行了实证检验，结果表明跨国公司并不会自动地对我国经济产生外溢效应，但在发挥金融市场功能的前提下，外资却可以对我国经济增长产生显著的促进作用。

（3）行业数据层面

行业数据方面，Liu（2000）通过将全要素生产率分解的方法，对1993~1998年深圳特区29个制造业的数据进行分析研究，发现FDI产生了显著的外溢效应，它同时提高了国内企业的生产效率以及生产效率的增长速度。行业内的外资每增加1个百分点，行业内企业的生产率就提高约0.5个百分点。秦晓钟等（1998）研究了1995年全国第三次工业普查数据，结果表明FDI存在正的外部效应，且这种外溢效应对内资工业总产出的贡献甚至超过内资企业员工对总产出的贡献。陈涛涛（2003）采用我国84个四位码的行业数据，就FDI对中国产生行业内溢出效应的内在机制进行了经验研究，结果表明充分竞争是产生正向溢出效应的有效机制，并且在内外资企业竞争能力差距较小的行业中，两类企业之间的竞争更加充分和有效，更加有利于正向溢出效应的产生。卢狄（2003）认为，外资对中国经济全要素生产率的影响，主要体现在资源配置效率和生产效率的取舍与互换上，而生产效率恰恰反映了外资对我国技术水平的影响。对广东和上海两地40个工业行业从 1991～2001 年的相对劳动生产率变化进行比较研究，发现外资有助于广东地区资源配置效率的提高，而弱化了其生产效率的提高，而上海地区的情况恰恰与广东地区相反。黄静波（2004）分别采用广东省 1986～2001 年的时间序列数据和 27 个工业部门从 1998～2001 年的面板数据，对跨国公司在广东省的技术外溢进行了实证检验，时间序列的回归结果总体上表明跨国公司并没有促进广东省工业技术水平的提高，而面板数据的回归结果显示跨国公司在广东省劳动密集型行业产生了负向外部性，在资本密集型行业则产生了显著的技术外溢。李广众、任佳慧（2005）利用我国 30 个省份从 2001～2002 年 19 个行业的数据，实证检验了外资进入对本国经济发展的外溢效应，结果表明外资的引入显著性地促进了行业的技术进步，且存在着显著的地区内正向技术外溢效应和负向的行业内技术外溢效应。张海洋（2005a）认为，传统对跨国公司技术外溢的实证研究并没有对生产率中的技术效率和技术进步予以区分，并且进一步将广义概念上的技术外溢效应予以狭义化为竞争效应和技术扩散效应，以 1999～2002 年中国大陆 34 个工业部门的数据为样本，采用 DEA 的 Malmquist 生产率指数法，首先分解出各行业的技术效率和技术进步率两项因变量指标，进而就来自跨国公司的竞争效应和技术扩散效应是否有助于本国行业技术效率的提高以及技术进步进行了实证检验，结果表明在控制了本国 R&D 投入的情况下，本国行业较低的 R&D 吸收能力使跨国公司对本国行业的技术进步并没有产生显著的技术扩散效应，而竞争效应却对技术效率的提高起到了弱化作用；但与此相反，竞争效应却有助于本国行业的技术进步，而较低的 R&D 吸收能力却使跨国公司对本国高科技行业产生了逆向技术扩散效应。严兵（2005）以 Kokko（1994）的内外资企业联立方程模型为基础，使用中国 1998～2003 年 35 个工业行业的数据对跨国公司的技术外溢进行了经验实证，发现经由示范效应和竞争效应都产生了显著的技术外溢。周礼、张学勇（2006）认为，以往对跨国公司技术外溢的实证研究大都是单纯从静态角度来考察 FDI 变量对国内企业产出的影响，往往忽略由于内外资企业间的技术差距、市场竞争等因素在回归检验中导致的内生性问题，因此单纯的静态分析是不够的。为此，采用我国大陆 36 个工业行业 2000～2004 年的数据，通过建立包含内外资企业各变量在内的联立方程模型，实证检验了跨国公司对我国工业企业技术外溢效应，结果表明跨国公司对国有企业存在着显著的技术外溢效应，并且这种效应是通过竞争与示范效应以及产业联系效应产生的，当市场竞争加剧、跨国公司与国有企业的联系越加紧密时，外溢效应会不断增强。欧阳志刚（2006）分别利用中国工业 36 个行业从 1995～1997 年、2000～2003 年的两个子样本，使用固定效应和随机效应模型，在控制了内外资企业在技术差距、资本密集度高低等因素的情况下，估计了外资对我国经济的外溢效应，结果表明，1995～1997 年外资对我国工业行业内部有着不显著的正向外溢效应，技术差距小、劳动密集型行业获得较大的技术外溢，2000～2003 年，外资对工业行业内部有着显著的正向技术外溢，技术差距大、资本密集型工业行业获得较大的技术外溢。蒋殿春、黄静（2006）采用我国 15 个高新技术行业 1998～2002 年的数据，实证检验了三种国内吸收能力对获取跨国公司技术外溢效应的影响，结果表明国内外技术差距对技术外溢的贡献值为负，而国内企业高质量人力资本结构和研发投入则有助于获取技术外溢。

（4）企业数据层面

姚洋（2001）同样利用 1995 年全国第三次工业普查数据对 FDI 的外溢效应进行了研究，但采用的是 39 个行业 37769 家企业的数据，最后结论认为国外三资企业的效率比国有企业高，但港澳台三资企业的效率却并未显著地高于国有企业。另外，FDI 的外溢效应主要体现在一省内部，行业内的外溢效应并不明显。Tong Sarsh Yueting（2001）采用了 1993 年世界银行对中国 8 个城市共 500 家企业的调查数据，结果表明 FDI 产生的溢出效应是提升国内企业出口的一个重要因素，并可能会提高国内企业的总就业和总生产，尤其是短期内这种可能性更大。王志鹏、李子奈（2003）利用2000年我国500个工业行业5000家企业的相关数据，并在以往测定FDI技术外溢的线性回归模型基础上加进了测定外资在企业层面参股比例、外资在行业层面所占比例以及外资在省际层面参股比例的三个变量，用以考察FDI在这三个不同层面的外溢效应。研究结果发现，外资参股有助于提高国内企业的生产效率，外溢效应更多地表现在行业内部而非一省内部，外资对我国企业的总体影响为正，且该效应超过了企业因自身规模扩大所带来的好处。袁诚、陆挺（2005）以中国1997、2000、2002年三次全国民营企业抽样调查数据为样本，分别采用多元回归分析、Treatment Effect方法和有限因变量模型，就国内民营企业家曾经在跨国公司的工作是否有助其获取技术外溢进行了实证检验，检验结果显示虽然曾经在跨国公司的经历有助于民营企业业绩的提高，但来自跨国公司的这种管理知识溢出效应却并不明显，袁诚、陆挺将此归因于国内民营企业家在跨国公司内部担任非重要职务无法获得更为高层的管理经验和方法所致。

二 基于外溢途径的研究

由于以中国数据为样本所进行的外溢效应检验结果在某些方面存在差异（见表6-1），不少学者对外资的使用产生了相互矛盾的观点，如胡祖六（2004）认为，外国直接投资对中国工业的生产率提高和技术进步起到了不可低估的作用，是解释中国经济增长奇迹的重要变量之一。而王春法（2004）、董书礼（2004）却认为，大量外资的流入使国内自主研发和创新能力的提高进展非常缓慢，形成了严重的技术依赖，中国通过吸引外资推动本国工业的技术进步和产业成长的策略成效不彰。目前，在国内学术界对外资的使用有如此多的争议，笔者认为，解决争论的关键在于对外资的技术外溢渠道要有明确的细分。跨国公司的进入必然以摄取高额利润回报为目的，势必会对国内同行业竞争对手加以防范，不会轻易让国内竞争对手模仿自己的核心产品和业务，更不会让企业所享有的专利技术外泄，同时还会在各个方面挤压竞争对手，因而在这些方面对国内经济发展的技术外溢贡献就会非常有限，而对于跨国公司需要在东道国进行本地化采购或销售产品而关联的上下游行业，由于并不构成竞争关系，跨国公司的业务活动最可能不自觉地对关联行业产生技术外溢效应。

张建华、欧阳轶雯（2003）将跨国公司在东道国的技术外溢渠道划分为示范—模仿效应、竞争效应、联系效应和培训效应四种类型，采用广东省从 1997～1999 年 39 个行业和 21 个城市的数据对外溢效应进行了实证检验。基于 39 个行业面板数据的检验结果表明，内外资企业技术差距越大，内资企业技术模仿潜力就越大，模仿示范效应就越强；但由竞争带来的外溢效果并不明显；以 1997 年投入—产出表中的影响力系数和感应度系数划分的子样本回归结果表明，在前后向关联程度较强的产业间，外溢效应十分明显，尤以后向关联渠道所产生的外溢效应最为明显。基于 21 个城市面板数据的检验结果表明，在培训人员比例高、人才交流机构多的城市群样本中，外资通过人才培训渠道发挥的技术外溢效应非常显著，但是高人才交流比例反而产生了负向外溢，对此，张建华将此归因于人力资源流动失衡，高人才流动大多发生在外资企业间，而非内外资企业间。

许罗丹、谭卫红、刘民权（2004）认为，来源不同地域的外商直接投资在示范竞争、产业前后向关联和人力资本流动这三种渠道给东道国带来外溢效应有所不同，基于广东华资、欧盟、日资和美资四种类型企业的调查问卷以及企业生产经营统计的研究结果显示，美资企业在产品差异度、产品符合国际标准程度以及 R&D 投入方面较之其他三种类型企业都具有明显差异，因而美资企业最有可能是广东国内本土企业示范和模仿的对象，通过这一渠道产生外溢的可能性较大。同时，美资企业中的技术人员、销售人员和生产线工人平均服务年限都大大低于其他三种类型的企业，因而通过人员流动这一渠道产生的外溢效应也有可能是最强的。而欧盟企业在原材料投入上更多地接受广东国内本土企业供应，因而通过后向关联渠道向当地产生外溢效应的可能性较大。

周燕、齐中英（2005）在实证研究中，区分了来自跨国公司的横向溢出效应（即产业内溢出效应）和垂直溢出效应（即后向关联效应）这两种技术外溢，认为跨国公司会阻止那些提高当地竞争者的绩效的信息泄露，但同时也可能向当地的供应商转移知识，因此从本质上来说 FDI 更可能在垂直方向上产生溢出效应。以第三次全国工业普查中 84 个工业部门的数据为样本，利用投入—产出系数构建成后向关联渠道的实证结果显示，来自不同地域的外商直接投资，都通过后向关联渠道对国内经济产生了显著的技术外溢。

王耀中、刘舜佳（2005）认为，前后向关联渠道是跨国公司在华产生技术外溢的重要途径，以 1997 年投入—产出表中的直接消耗系数构建了反映内外资企业前后向关联渠道的量化指标，并采用 2000~2004 年中国大陆工业行业的数据对此进行了实证检验，发现无论是对内资企业还是国有企业，跨国公司都通过前后向关联渠道产生了显著的技术外溢，虽然跨国公司带来的竞争效应为负，但是各渠道外溢效应的净值仍然显著地大于 0。

刘宇（2006）采用 1982~2004 年我国时间序列数据的实证研究表明，从 1992 年以后 FDI 对我国经济全要素生产率的促进作用较之 1992 年前出现了明显下降，其原因归于中国在加强自身创新能力之后强化了对外溢渠道的选择。他认为跨国公司产生技术外溢的渠道有两种：一是直接途径，包括跨国公司的直接技术转让、与当地企业的前后向关联、示范和模仿效应等；二是间接途径，即通过人力资源的流动、先进管理模式和企业精神的引进以及竞争机制等间接途径带动东道国企业技术进步。1992 年以前，由于我国资本匮乏，企业的自主开发能力低下，从跨国公司获取的技术外溢主要来自直接渠道，即技术的直接引进。1992 年以后，随着改革开放的深入与我国经济实力的不断加强，国内越来越重视自主创新能力，逐步加强了对研发的投入，因而逐渐取代了来自跨国公司的直接外溢效应。张海洋（2005a，2005b）的研究也表明，在控制了国内自主创新能力变量以后，外资技术外溢效应的确在下降。

第二节　模型、数据与计量方法

一　计量模型建立

基于前文的数理模型推导以及拟采用的数据样本，笔者对前人建立的后向关联模型进行扩展，得到以下反映本文分析结果的回归模型：

$$\log\,(Y_{i,t})\ = \alpha + \alpha_i + \beta_1 \cdot \log\,(K_{i,t})\ + \beta_2 \cdot \log\,(L_{i,t})\ +$$

$$\beta_3 \cdot \frac{FDI_{i,t}}{K_{i,t}} + \beta_4 \cdot \frac{FSales_{i,t}}{Sales_{i,t}} +$$

$$\beta_5 \cdot Forward_{i,t} + \beta_6 \cdot Backward_{i,t} + \beta_7 \cdot Backward_{i,t} \times$$

$$Structure_{i,t} + \beta_8 \cdot Structure_{i,t} + u_{i,t}$$

$$(i = 1 \cdots 38;\ t = 1999,\ 2000,\ 2001,\ 2002,\ 2003,\ 2005,\ 2006)$$

$$(6.1)$$

（6.1）式中，$Y_{i,t}$、$K_{i,t}$、$L_{i,t}$ 分别代表国内企业的产出、资本总额以及劳动力；α 反映的是各行业的平均自发产出水平，α_i 则为 i 行业的自发产出水平对平均自发产出水平 α 的偏离程度，用来反映各行业间的产出结构差异，是不随时间而变化的个体截面上的差异；$FDI_{i,t}$ 为外资资本投入，$\frac{FDI_{i,t}}{K_{i,t}}$ 反映的是外资在行业中所占比例对国内企业总产出的影响；$ForeignSales_{i,t}$、$Sales_{i,t}$

分别为外资公司和国内企业的年销售额，$\dfrac{FSales_{i,t}}{Sales_{i,t}}$ 反映的是内外资企业间的竞争程度，度量由竞争渠道产生的技术外溢；$Forward_{i,t}$、$Backward_{i,t}$ 分别代表外资经由前后向关联渠道给国内企业带来的技术外溢。基于前文的推导结论，在内外资企业市场竞争呈均衡态势的情况下，经由后向关联渠道所产生的技术外溢为最大，为验证这一结论，笔者加入交互项 $Backward_{i,t} \times Structure_{i,t}$，用以比较在内、外资企业市场竞争呈均衡态势和非均衡态势的情况下，各自产生的外溢效应，同时为隔离出市场结构对国内企业产出的影响，笔者还单独加入了反映市场竞争状况的虚拟变量 $Structure_{i,t}$，其量化方法见表 6－2；$u_{i,t}$ 为回归方程的随机误差项。

在第三章总结前人研究的基础上，结合工业行业层面的数据，笔者建立如下体现前、后向关联业务渠道的量化指标：

（1）后向关联渠道：

$$Backward_{it} = \sum_{k} \frac{DomesticOutput_{it}}{TotalOutput_{it}} \alpha_{ik} \frac{ForeignOutput_{kt}}{TotalOutput_{kt}} \tag{6.2}$$

（2）前向关联渠道：

$$Forward_{it} = \sum_{m} \frac{DomesticOutput_{it}}{TotalOutput_{it}} \sigma_{im} \frac{ForeignOutput_{mt}}{TotalOutput_{mt}} \tag{6.3}$$

其中，α_{ik} 反映的是上游 i 行业向下游 k 行业输出中间品时的投入产出系数，其表示下游 k 行业 1 单位产出所消耗掉的 i 行业的产出；$ForeignOutput_{kt}$ 为下游行业三资企业的产出；$TotalOutput_{kt}$ 代表下游行业的总产出；σ_{im} 反映的是上游 i 行业在接受其他上游 m 行业产品时的投入产出系数，表示 i 行业 1 单位产出所消耗掉的 m 行业的产出；$ForeignOutput_{mt}$ 为其他上游行业三资企业的产出；$TotalOutput_{mt}$ 代表上游行业的总产出。

二 数据样本指标

本文所用数据指标来源于 2000～2007 年《中国统计年鉴》和《2002 年中国投入产出表》以及根据国富网的相关资料进行的整理,① 全部数据附于本书附录 C 中。其中,衡量产出、资本、劳动力、外资、销售额所用数据来源于 2000～2007 年《中国统计年鉴》,且产出、资本、劳动力、销售额数据包括了国有及规模以上非国有工业企业、国有及国有控股工业企业两种类型,投入产出系数来源于《2002 年中国投入产出表》中的直接消耗系数和完全消耗系数。

表 6－2 本文实证检验所用数据指标的来源及量化

数据指标	量化方案	数据来源
产出	工业总产出	中国统计年鉴
资本	资产总计	中国统计年鉴
劳动力	年平均就业人数	中国统计年鉴
外资	三资企业资产总计	中国统计年鉴
销售额	年销售额	中国统计年鉴
内外资企业市场竞争呈均衡态势	虚拟变量:当国企与外企年销售额比例介于 0.75－1.25 时,取 1,否则为 0	中国统计年鉴
投入产出系数	直接消耗系数和完全消耗系数	2002 年中国投入产出表

注:年平均就业人数个别年份和个别截面有缺失,缺失部分用 2000～2007 年《中国统计年鉴》中的工业增加值除以全员劳动生产率之结果。

由于《中国统计年鉴》中的工业总产出、资产总计、产品年销售额等数据均为当年计价的名义值,因而在回归检验中,需要换算成以不变价格衡量的实际值。为此,用 38 个工业行业的工业品出厂价格指数以及固定资产投资价格指数将工业总产出、资产总计、产品年销售额、FDI 等名义值全部换算成以 1998 年不变价

---

① 国富网:http://www.goodfor.com.cn/Soft/ShowSoft.asp? SoftID＝76。

格来衡量的实际值。工业品出厂价格指数和固定资产投资价格指数分别来源于 2000～2007《中国统计年鉴》和对国富网相关资料的整理。表 6－3 为各数据指标的统计描述。

三　回归方案选择

（1）固定效应还是随机效应

由于本文所选样本包括了 38 个工业行业 1999～2006 年的面板数据，因而对估计方法的选择至关重要，以确保回归结果准确。如果对模型（5.1）采用普通最小二乘回归（OLS），由于 FDI 可能本身会被吸引到具有更高劳动效率的行业中，因此直接使用 OLS，可能会高估 FDI 对内资工业企业产出的技术外溢，导致 OLS 产生向上的偏误。但使用面板数据进行估计的一个优点就在于可以对这些行业间有差异但不随时间而变化的因素（如行业间的生产率差异在较长一段时间内是保持稳定的）进行控制，以消除回归偏误，此时固定效应方法（Fixed Effect Model）是一个不错的选择。但是，值得注意的一个地方是，行业间的这种特异性差异也可能与回归方程中的解释变量不相关，在这种情况下，则应选择随机效应方案（Random Effect Model）。

如何在固定效应和随机效应间进行选择，取决于不同的假定，即回归方程中的非观测效应（行业间存在差异但不随时间而变的因素）和解释变量是否相关。若非观测效应与解释变量相关，则随机效应方案将是有偏且非一致的，而固定效应方案则是一致的；若非观测效应与解释变量不相关，则随机效应方案所得的回归系数是一致且渐进有效的，同时固定效应方案所得估计量也是一致的，因而在这种情况下，固定效应和随机效应是不存在系统性差异的。在原假设为非观测效应与解释变量不相关的情况下，Hausman（1978）提出一种检验两种不同效应方案的统计量。

表 6 - 3　本文实证检验所用数据指标的统计描述

数据指标	平均值	中位数	最大值	最小值	标准差	偏度	峰度
工业总产出	4141.62	2349.26	49844.20	46.59	5534.72	4.03	26.94
	1401.25	588.50	16475.21	0.84	2103.90	3.52	19.95
资产总计	4505.76	2886.61	41206.31	25.14	5214.91	3.04	16.37
	2514.47	1192.57	36524.00	0.49	4159.31	4.40	28.50
年平均就业人数	160.82	110.27	615.43	1.36	131.94	1.04	3.28
	63.90	33.66	368.57	0.07	74.65	1.87	6.15
FDI	1069.48	653.46	12954.74	0.62	1521.00	4.12	26.45
年销售额比值	0.27	0.26	0.84	0.003	0.19	0.54	2.91
	3.35	0.84	79.66	0.003	8.07	6.24	52.91
后向关联	0.02	0.01	0.22	0	0.04	2.99	13.38
	0.08	0.03	0.80	0	0.14	2.99	11.90
前向关联	0.01	0.01	0.05	0	0.01	0.97	3.95
	0.04	0.04	0.10	0	0.03	0.38	2.26

注：工业总产出、资产总计、年平均就业人数和年销售额包括了国有及规模以上非国有工业企业、国有及国有控股工业企业两种类型数据，且年均以1998年不变价格衡量的真实值；前、后向关联指标依以用直接消耗系数和完全消耗系数来衡量；数据样本为1999～2006年38个工业行业层面的数据，个别年份数据缺失；数据来源于2000～2007年《中国统计年鉴》和国富简网http://www.goodfor.com.cn/Soft/Show-Soft.asp? SoftID=76。

$$H = [\,C_1 - C_2\,]' \times [\,Var\,(\,C_1\,) - Var\,(\,C_2\,)\,] \times [\,C_1 - C_2\,] \sim X_{\alpha}^{2}\,(\,k\,) \quad (6.4)$$

其中，C_1 和 C_2 分别为采用固定效应与随机效应方案估计得到的截距项，k 为回归模型（6.1）中被估参数的个数，当 H 大于一定的显著性水平的临界值时，即可认为模型中存在着固定效应，否则应当选择随机效应。

但 Hausman 检验的一个缺点在于，如果检验结果是负数，则无法在固定效应和随机效应间给出明确的选择，为此，需另僻途径以选择估计方法。另外一种确定回归方程（6.1）中是否存在固定效应的检验方法，是对模型中的截距项按样本中的 38 个截面单元设定 37 个虚拟变量，由于 37 个截距项的虚拟变量反映的是 38 个截面单元间存在的特异的不随时间而变的固定效应，因而在原假设为所有截面单元虚拟变量值同时为 0，亦即不存在固定效应的情况下，可以根据 OLS 的回归结果对 37 个截面单元的虚拟变量进行联合显著性的 F 检验，只有当 F 值大于某一临界值时，我们才可以拒绝原假设，接受固定效应方案，否则就只能接受随机效应方案。

基于以上对固定效应和随机效应的两种检验方案，我们在具体回归中的检验原则是，一旦根据常规的 Hausman 检验得不到明确的检验结果（统计值为负时），则采用第二种虚拟变量检验法来检验回归模型中是否存在固定效应。

（2）方差估计方案

对于包含了异方差和时序相关性的样本数据，若使用普通OLS，则回归系数的显著性检验会有偏误，采用截面加权估计量（Cross - section weights）则会很大程度地减少偏误。对于面板数据的系数协方差，White 估计方法是较好的选择。

White 截面方法源于可看作多元回归的面板数据，其中每个个体成员对应一个方程，对于面板数据方程系统可以利用 White 方法计算个体成员方程系数的标准误差，其在截面上对系数协方差的估计定义为：

$$\left(\frac{N^*}{N^*-K^*}\right)\left(\sum_t x_t{'}x_t\right)^{-1}\left(\sum_t x_t{'}\hat{u}_t\hat{u}_t{'}x_t\right)\left(\sum_t x_t{'}x_t\right)^{-1} \quad (6.5)$$

其中，$\left(\frac{N^*}{N^*-K^*}\right)$是对自由度的调整部分，$N^*=N\times T$ 为样本堆栈数据中的观测值总数，$K^*=k+1$ 为被估参数总数。由此可见，在个体成员方程之间（同期）相关即各个成员方程的误差方差不相等的情况下，White 截面方法的估计是具有稳健性的。并且，对于任意的序列相关和误差时期异方差来讲，White 截面方法也是稳健的，其在时序上对系数协方差的估计定义为：

$$\left(\frac{N^*}{N^*-K^*}\right)\left(\sum_i x_i{'}x_i\right)^{-1}\left(\sum_t x_i{'}\hat{u}_i\hat{u}_i{'}x_i\right)\left(\sum_i x_i{'}x_i\right)^{-1} \quad (6.6)$$

另外，White 截面方法对于处理误差方差（除各观测值残差相关）来说也是稳健的，其渐进的方差估计为：

$$\left(\frac{N^*}{N^*-K^*}\right)\left(\sum_{i,t} x_{i,t}{'}x_{i,t}\right)^{-1}\left(\sum_{i,t} x_{i,t}{'}\hat{u}_{i,t}\hat{u}_{i,t}{'}x_{i,t}\right)\left(\sum_{i,t} x_{i,t}{'}x_{i,t}\right)^{-1} \quad (6.7)$$

因此，White 截面方法估计序列相关和误差项异方差的情况都是适用的（高铁梅，2006）。

第三节　实证检验结果

一　后向外溢效应的检验

以回归方程（6.1）为基础，采用 1999 ~ 2006 年我国大陆 38 个工业部门的数据样本，分别从国有及规模以上非国有工业企业（下称全部工业企业）、国有及国有控股工业（下称国有工业企业）这两个层面对后向关联渠道在竞争性市场环境下产生的技术外溢进行实证检验，检验结果见表 6 - 4。

表6-4 竞争性市场环境下后向外溢效应的检验结果

(时期：1999~2006；截面单元：38；样本值：256)

	全部工业企业			国有工业企业		
	竞争效应	直耗系数	完耗系数	竞争效应	直耗系数	完耗系数
α	-3.21 [0.23] (0.00)	-2.48 [0.20] (0.00)	-2.00 [0.21] (0.00)	0.65 [0.27] (0.02)	0.96 [0.24] (0.00)	0.80 [0.22] (0.00)
Log (K)	1.50 [0.07] (0.00)	1.43 [0.07] (0.00)	1.33 [0.06] (0.00)	1.08 [0.03] (0.00)	1.06 [0.03] (0.00)	1.06 [0.03] (0.00)
Log (L)	-0.26 [0.06] (0.00)	-0.23 [0.07] (0.00)	-0.13 [0.07] (0.08)	-0.52 [0.02] (0.00)	-0.62 [0.05] (0.00)	-0.56 [0.04] (0.00)
FDI/K	2.66 [0.30] (0.00)	2.15 [0.29] (0.00)	2.01 [0.27] (0.00)	0.07 [0.01] (0.00)	0.06 [0.01] (0.00)	0.07 [0.01] (0.00)
FS/S	-1.47 [0.22] (0.00)	-1.37 [0.28] (0.00)	-1.17 [0.26] (0.00)	-0.04 [0.01] (0.00)	-0.04 [0.004] (0.00)	-0.04 [0.004] (0.00)

续表

	全部工业企业 竞争效应	全部工业企业 直耗系数	全部工业企业 完耗系数	国有工业企业 竞争效应	国有工业企业 直耗系数	国有工业企业 完耗系数
Forward		-15.24 [2.25] (0.00)	-9.34 [1.04] (0.00)		1.95 [1.66] (0.24)	-0.72 [0.77] (0.35)
Backward		-0.21 [1.04] (0.84)	0.55 [0.47] (0.24)		6.50 [1.11] (0.00)	2.24 [0.32] (0.00)
Backward × Structure		-1.36 [1.46] (0.35)	-0.55 [0.62] (0.37)		1.66 [0.48] (0.00)	0.95 [0.22] (0.00)
Structure		0.03 [0.01] (0.02)	0.02 [0.02] (0.23)		0.002 [0.02] (0.92)	-0.02 [0.02] (0.51)
R^2	0.98	0.99	0.99	0.99	0.99	0.99
Structure = 1 时 后向外溢效应		-1.58	0.001		8.16	
F		0.87	1.60E-06		51.27	3.20
P		0.35	0.99		0.00	0.00

续表

	全部工业企业			国有工业企业		
	竞争效应	直耗系数	完耗系数	竞争效应	直耗系数	完耗系数
Structure = 0 时						
后向外溢效应		-0.21	0.55		6.50	2.24
F		0.04	1.40		33.97	49.37
P		0.84	0.24		0.00	0.00
外溢净效应		-18.19	-10.60		10.08	2.44
F		60.68	135.61		19.58	8.06
P		0.00	0.00		0.00	0.00
$Chi2_{Hausman}$	26.07	35.63	17.65	43.99	108.38	1228.08
P	0.00	0.00	0.02	0.00	0.00	0.00
模型选择	FX	FX	FX	FX	FX	FX

注：回归系数下所对应的方括号内为 White 标准误，圆括号内为 P 值；FX 代表固定效应模型，RA 代表随机效应模型；截面单元个体效应值 α_j 省略；后向外溢效应是指在内外资企业市场竞争呈均衡态势时（Structure = 1），FDI 经由后向关联渠道产生的技术外溢，F 值和 P 值对其进行 $\beta_6 + \beta_7 = 0$ 联合假设检验的相应统计值和显著性值；外溢净效应是指 FDI 经由竞争以及前后向关联三种渠道所产生的技术外溢总和，F 和 P 值对其进行 $\beta_4 + \beta_5 + \beta_6 + \beta_7 = 0$ 联合假设检验的相应统计值和显著性值。

以往文献没有对 FDI 技术外溢渠道进行细划，单纯地以外资规模、雇用人数或销售额来反映外资工业生产对国内企业产生的技术外溢，而这恰恰更多地反映了同一行业内外资对本土企业带来的竞争效应，与此保持一致，我们首先不对外溢渠道进行细划，而单纯检验由外资产生的竞争效应对国内工业企业的影响。从表 6 - 4 各层面数据样本单纯竞争效应的检验结果来看（表 6 - 4 第二、第五列），FDI 进入带来的竞争效应对国内工业企业生产的影响为负，无论是对全部工业企业，还是对国有工业企业而言均如此，且在统计检验上非常显著，这个结果与国内绝大部分学者采用类似数据所得到的实证检验结果存在较大出入。这可能是前人在没有对 FDI 的技术外溢渠道进行细划的情况下，得到的一个反映外资总体外部净效应的回归结果，很明显，缺乏进一步在微观层面上研究 FDI 对国内工业企业生产的影响，会导致政策制定中的相当大的误导性。

在回归结果中，为了得到后向关联效应，即当内外资企业市场竞争呈均衡态势时（国有工业企业与三资企业的年销售额比例介于 0.75 ~ 1.25 之间时，虚拟变量 Structure 取值 1），对（6.1）式两边就 Backward 同时求微分，有：

$$\frac{\Delta \log (Y)}{\Delta Backward} = \beta_6 + \beta_7 \times Structure \qquad (6.8)$$

Structure 取值 1 时，后向关联效应即为 $\beta_6 + \beta_7$。

在对技术外溢渠道进行细划，加入前、后向关联渠道等指标后，我们得到了更为翔实的回归结果，表 6 - 4 每一数据类型后两列反映的是分别采用直接消耗系数和完全消耗系数来量化关联渠道指标所得到的回归结果。首先看全部工业企业这一层面数据的回归结果（表 6 - 4 第三、第四列），除了竞争渠道所产生的技术外溢效应继续保持为负以外，通过前、后向关联渠道我们并没有发现全部工业企业从上下游行业 FDI 那获取的技术外溢，其中，无论是以直耗系数衡量还是以完耗系数衡量，前向外溢效应都显著性地为负,而后向外溢效应在统计上都没有通过显著性检验(表6-4中后向关联效应一栏),这就表明在全部工业企业数据层面上,我们并没有发现产业间技术外溢,并且三种渠道技术外溢的净效应也表明FDI对全部工业企业的生产产生了不利影响。

为了区分行业间技术外溢对不同类型企业的影响,笔者将全部工业企业样本缩小至国有及国有控股工业企业层面,由于国有大中型企业是我国经济发展的主力军,在财税、就业、技术等方面对国民经济都发挥了举足轻重的作用,因而FDI是否对国有工业企业产生了技术外溢将在很大程度上影响到国家的引资政策。利用回归模型(6.1)对国有工业企业数据样本进行实证检验(结果见表6-4中第六、第七列),从表6-4的结果看,虽然国有工业企业经由竞争渠道和前向关联渠道并没有从FDI获取显著的技术外溢,但经由后向关联渠道却获得了技术外溢,无论是以直耗系数衡量还是以完耗系数衡量,都在统计上异于0,其中,在直耗系数的检验结果中,后向关联效应为8.16,在完耗系数的检验结果中,后向关联效应为3.2(结果见表6-4中后向外溢效应一栏),这与前面的检验结果相比较,有了较大的变化,由此可见,虽然FDI并没有对全部工业企业产生技术外溢,但是对我国经济发展的命脉——国有工业企业却产生了比较显著的技术外溢,继续引进外资还是有利于提高国有工业企业技术水平的。同时,从三种渠道技术外溢的净效应检验结果看,直耗系数样本中,国有工业企业从FDI所获取的外溢净效应为10.08,完耗系数样本中,国有工业企业所获取的外溢净效应为2.44,且都在统计上显著性地异于0,由此可见,虽然外资通过竞争对同行业内国有工业企业产生了不利影响,但是对于处于下游行业的外资企业而言,却有力地推动了上游行业国有工业企业技术水平的提高,且净效应为正,这就在一定程度上表明,之前广受批判的"市场换技术"这一议案,也并非全无道理。

为了进一步验证明,在内外资企业市场竞争呈均衡态势时,经由后向关联渠道获取技术外溢大于内外资企业市场竞争呈非均衡态势时所获外溢,笔者计算了当 Structure = 0 时的后向外溢效应(见表6-4),经过比较,笔者发现,在内外资企业市场竞争呈均衡态势时,后向外溢效应明显大于内外资企业市场竞争呈非均衡态势时的后向外溢效应,以直耗系数衡量的国有工业企业这一组样本,Structure = 1 时,后向关联效应 8.16 大于 Structure = 0 时的后向关联效应 6.5,而在完耗系数样本中,Structure = 1 时,后向关联效应 3.2 大于 Structure = 0 时的后向关联效应 2.24。这就验证了前一章模型推导所得出的主要结论,即当内外资企业市场竞争呈均衡态势时,国有工业企业从下游 FDI 获取的后向外溢效应为最大。

另外,不少研究 FDI 与技术外溢的经验实证表明,技术外溢的产生不仅与外资企业本身特征有关,也与东道国本土企业自身的吸收能力密切相关,引申到本文所要分析的后向外溢效应,我们有理由相信,下游行业外资企业的集聚程度、上下游行业内外资企业的技术差距、上游行业内资企业自身的规模瓶颈以及上游行业同行业内的竞争强度都会对后向外溢效应的产生及吸收产生重要的影响,为此,我们将依据上述四类特征对总量样本进行划分,依次进行实证检验。

二 企业集聚影响的检验

下游行业外资企业的集聚,会扩大对上游行业本土中间投入品的需求,以形成较大的市场规模。下游行业外资企业集聚程度高,企业数量多,一方面会加强对上游行业某种投入品的需求,由此带动上游行业本土企业产量增加、边际生产成本下降,以取得规模经济收益;另一方面,下游行业外资企业数量众多,也会扩大对上游行业中间投入品的需求种类,为了取得尽可能多的中间投入品种类,下游外资企业不断地向上游行业本土企业提供技术支持,以扩大其中间投入品的生产范围,使上游本土企业不断地突破中间投入品的生产技术瓶颈，以此获取质优价廉品种全的中间投入品。由此，我们可以断定下游行业外资企业集聚程度越高，上游行业本土企业获取后向外溢效应就越大。据此，设定如下划分下游行业外资企业集聚程度强弱的指标1：

$$Index_j^1 = \sum_{k \neq j} \alpha_{jk} \times \left(\frac{1}{T} \sum_t Ffirm_{kt} \right) \tag{6.9}$$

其中，$Ffirm_{kt}$ 代表下游 k 行业在 t 年时所拥有的三资企业数量，对其在样本年限中求平均值，再与上游 j 行业所形成的投入产出系数（分别用直耗系数和完耗系数衡量）进行加权平均，就可以得到上游 j 行业所面临的下游行业外资企业的集聚程度，利用该指标计算每一上游行业所面对的下游行业三资企业集聚度，按大小分成两个子样本，再利用计量模型（6.1）进行检验，得到结果见表6-5。

从表6-5分样本的检验结果看，下游行业外资企业的集聚程度对上游行业国有工业企业获取技术外溢有着重要的影响。在下游行业三资企业集聚程度小的一组样本中，后向外溢效应显著性地呈现为负，无论是直耗系数衡量，还是完耗系数衡量，上游国有工业企业都没有从下游行业三资企业处获得后向外溢效应，技术提高的促进作用非常有限，但是在下游行业三资企业集聚程度高的样本中，后向外溢效应则显著性地呈现为正，在上游行业内外资企业市场竞争呈均衡态势情况下（Structure = 1），直耗系数衡量的后向关联效应为11.06，而完耗系数衡量的后向关联效应为3.64，且均在1%置信度水平之上，这就说明下游行业三资企业集聚有利于后向外溢，效果更明显。在上游行业内外资企业市场竞争呈非均衡态势情况下（Structure = 0），直耗系数衡量的后向关联效应为8.66，而完耗系数衡量的后向外溢效应为2.38，虽然在统计上也显著，但都低于内外资企业市场竞争呈均衡态势时所获取的后向外溢效应，进一步验证了前一章所得结论。另外，对 FDI 技术外溢净效应的检验结果也表明，比起下游行业三资企业集聚低，下游

表 6 - 5　企业集聚、技术差距对后向外溢效应影响的分样本检验结果

(时期：1999~2006；截面单元：19)

	企业集聚弱		企业集聚强		技术差距小		技术差距大	
	直耗	完耗	直耗	完耗	直耗	完耗	直耗	完耗
样本值	125	122	131	127	123	125	133	131
FDI/K	0.05	0.05	0.26	0.13	0.07	0.05	0.15	0.14
	[0.01]	[0.01]	[0.03]	[0.04]	[0.01]	[0.01]	[0.06]	[0.06]
	(0.00)	(0.00)	(0.00)	(0.00)	(0.00)	(0.00)	(0.02)	(0.02)
FS/S	-0.03	-0.03	-0.18	-0.04	-0.03	-0.03	-0.09	-0.07
	[0.003]	[0.004]	[0.03]	[0.04]	[0.01]	[0.004]	[0.04]	[0.03]
	(0.00)	(0.00)	(0.00)	(0.37)	(0.00)	(0.00)	(0.01)	(0.03)
Forward	2.83	1.70	-1.83	-0.27	2.32	-4.11	-1.39	-0.64
	[4.37]	[3.91]	[1.66]	[1.27]	[1.84]	[1.78]	[1.82]	[1.19]
	(0.52)	(0.67)	(0.27)	(0.83)	(0.21)	(0.02)	(0.45)	(0.59)
Backward	-36.52	-12.17	8.66	2.38	-5.04	-1.51	11.63	2.90
	[7.91]	[5.47]	[1.03]	[0.63]	[1.94]	[2.37]	[0.88]	[0.43]
	(0.00)	(0.03)	(0.00)	(0.00)	(0.01)	(0.53)	(0.00)	(0.00)

续表

	企业集聚弱		企业集聚强		技术差距小		技术差距大	
	直耗	完耗	直耗	完耗	直耗	完耗	直耗	完耗
Backward ×Structure	15.04 [3.91] (0.00)	12.64 [2.70] (0.00)	2.41 [1.12] (0.03)	1.25 [0.65] (0.06)	-2.70 [2.74] (0.33)	0.27 [1.45] (0.86)	1.85 [0.84] (0.03)	0.43 [0.54] (0.43)
Structure	-0.03 [0.02] (0.24)	-0.11 [0.03] (0.00)	-0.03 [0.03] (0.29)	-0.03 [0.06] (0.55)	-0.01 [0.01] (0.61)	-0.05 [0.01] (0.00)	0.17 [0.05] (0.00)	0.05 [0.05] (0.32)
R^2	0.99	0.99	0.99	0.99	0.99	0.99	0.99	0.99
Structure = 1 时								
后向外溢效应	-21.48	0.47	11.06	3.64	-7.74	-1.24	13.48	3.33
F	4.96	0.005	158.94	54.81	4.02	0.30	45.00	43.04
P	0.03	0.95	0.00	0.00	0.05	0.59	0.00	0.00
Structure = 0 时								
后向外溢效应	-36.52	-12.17	8.66	2.38	-5.04	-1.51	11.63	2.90
F	21.33	4.95	71.23	14.23	6.74	0.41	172.92	46.14
P	0.00	0.03	0.00	0.00	0.01	0.53	0.00	0.00

续表

	企业集聚弱		企业集聚强		技术差距小		技术差距大	
	直耗	完耗	直耗	完耗	直耗	完耗	直耗	完耗
外溢净效应	-18.68	2.13	9.04	3.33	-5.45	-5.38	8.30	2.61
F	10.19	0.22	25.50	5.32	1.91	3.85	14.97	3.01
P	0.00	0.64	0.00	0.02	0.17	0.05	0.00	0.09
$Chi2_{Hausman}$	53.55	-30.90	703.11	72.90	44.81	41.38	-13.49	61.55
P	0.00	–	0.00	0.00	0.00	0.00	–	0.00
固定效应F值	–	43.64	–	–	–	–	60.39	–
P	–	0.00	–	–	–	–	0.00	–
模型选择	FX	FX	FX	FX	FX	FX	FX	FX

注：常数项以及资本、劳动，截面单元个体效应值 α_i 的估计值省略；回归系数下所对应的方括号内为 White 标准误，圆括号内为 P 值；FX 代表固定效应模型，RA 代表随机效应模型；F 和 P 值是对其进行 $\beta_6+\beta_7=0$ 联合假设检验的相应统计值和显著性值（Structure = 1），FDI 经由后向关联渠道产生的技术外溢；后向外溢效应是指在内外资企业市场竞争呈均衡态势时，外溢净效应是指 FDI 经由及前后向竞争以及前后向关联三种渠道所产生的技术外溢总和，F 和 P 值是对其进行 $\beta_4+\beta_5+\beta_6+\beta_7=0$ 联合假设检验的相应统计值和显著性值。

行业三资企业集聚程度高会使上游国有工业企业获得明显的外溢。

三 技术差距影响的检验

Kokko（1996）认为，同行业中内外资企业的技术差距是影响技术外溢的一个重要因素，当两者技术差距较小时，内资企业具有一定的能力使用和学习外资企业所采用的技术，而在技术差距较大时，相对于外资企业而言本地企业的能力过弱，因而无法利用外资企业的先进技术，其实证检验也证实了这一点，而国内学者（如陈涛涛，2003）利用我国数据所得到的实证结果也支持这一结论。然而，这一结论是否也适用于经由后向关联渠道产生的技术外溢呢？由于上、下游行业内外资企业间不存在类似于同行业中内外资企业间的那种激烈竞争关系，因而"当内外资企业技术差距小时，内资企业才可以学习模仿到外资企业的先进技术"这一论断，笔者认为可能并不适用于上、下游行业内外资企业间的这种业务互补关系，原因在于当上、下游内外资企业间的技术差距大时，下游外资企业急于获取质优价廉的本地化采购，因而会积极地对上游本土企业输出先进技术，委派技术人员和顾问等，因而相对于上、下游内外资企业间技术差距小时，这种后向外溢效应的作用可能会更明显，这就类似于商品间存在的替代和互补关系。为了检验技术差距对后向外溢效应的影响，我们构建如下指标 2 来反映上、下游内外资企业间的技术差距：

$$Index_j^2 = \sum_{k \approx j} \alpha_{jk} \times \left(\frac{1}{T} \sum_t OLP_{kt} \right) - \frac{1}{T} \sum_t OLP_{jt} \tag{6.10}$$

其中，OLP_{kt}代表的是下游 k 行业三资企业在 t 年时的全员劳动生产率，对其在样本年限中求平均，然后再将所有下游行业三资企业的年平均全员劳动生产率按与上游 j 行业所形成的投入产出系数（分别用直耗系数和完耗系数衡量）进行加权平均，以得到上游 j 行业所面临的下游行业三资企业的全员劳动生产率，最后再减去上游 j 行业的年平均全员劳动生产率，以得到反映上、下游行业内外资企业技术差距的量化指标。用指标2计算每一上游行业国有工业企业与下游行业三资企业的技术差距，最后按大小分成两个子样本进行检验，结果见表6-5。

对技术差距分组样本的检验结果证实了之前我们的假设。在技术差距小的一组样本中，后向关联效应不显著或明显为负，而在技术差距大的一组样本中，上游国有工业企业明显地从下游三资企业处获得了外溢效应，这就与国内外学者 Kokko（1996）、陈涛涛（2003）对同行业内技术差距大小分样本的检验结果完全相反，这表明技术差距与技术外溢之间的关系完全取决于内外资企业在业务上是处于竞争还是互补关系。在同一行业内，内外资企业处于竞争关系，因而外资企业会对技术严防死守，不会轻易流入同行业内本土企业手中，在这种情况下，当内外资企业技术差距大时，本土企业很难通过拆卸竞争对手产品的方式来消化吸收外来先进技术，而只有当技术差距小时，本土企业才可能通过简单模仿做到这一点。而对于处于上、下游行业的内、外资企业而言，由于双方业务处于互补关系，上游本土企业中间投入品的质量与价格直接关系到下游行业外资企业的生产发展，因而当双方技术差距较大时，下游行业外资企业会有提高上游行业本土企业技术水平的强烈愿望，以降低投入品价格、提高投入品质量，在这种情况下，本土企业获取后向外溢效应的可能性较大。另外，当上游行业内外资企业市场竞争呈均衡态势时，后向外溢效应明显优于市场竞争呈非均衡态势时。

四 竞争强度影响的检验

Caves（1974）认为，FDI 对东道国的技术外溢与本地市场上的竞争压力相关，本地企业人均劳动生产率的提高与外资企业的参与程度呈正相关。然而，依据 Caves（1974）的假设，对东道国同行业内竞争效应进行的实证检验得出了颇有争议的结论，Globerman（1979）对加拿大、Blomstrom & Persson（1983）和 Blomstrom（1986）对墨西哥、Flores Jr.（1999）对葡萄牙的研究均发现，外资在同行业内产生的竞争效应确实在东道国同一行业内产生了技术外溢，但与此相反的是，Aitken & Harrison（1999）对委内瑞拉、Haddad & Harrsion（1993）对摩洛哥、Kokko（1995）对乌拉圭、Haskel（2001）对英国的实证检验却发现同行业内的竞争效应不会有助于东道国企业技术水平的提高。本书第二章对前人实证检验所做的一次统计结果表明，FDI 在发展中国家同行业内的竞争效应基本上没有产生过技术外溢，或是竞争效应严重地阻碍了东道国同行业内技术水平的提高（详见第三章表 3－1）。

外资企业进入上游行业，带来的竞争威胁势必激起本土企业的反抗，促使本土企业积极地引进先进技术，不断地降低生产成本，然而，如果外资企业过于强大，抢占同行业内过多的市场份额的话，将使同行业内本土企业寻求技术改造的动力下降，因为此时本土企业市场份额低，在引进先进技术所需的固定资产更新成本一定的情况下，新技术带来的单位生产成本下降对提高利润总额的影响有限，可能还无法补足为采用新技术而支出的固定资产更新成本，在这种情况下，很难说上游本土行业还会有通过后向关联业务获取技术外溢的积极性。也只有当上游行业内外资企业所占有的市场份额差距不过分悬殊、彼此间市场竞争呈均衡态势，在竞争强度激烈的时候，本土企业才会有足够的动力去寻求进一步的技术改造，以期在同行业竞争中立于不败之地。为反映这一影响因素，构造如指标 3：

$$Index_j^3 = \frac{1}{T} \sum_t \ (FS_{jt}/S_{jt}) \tag{6.11}$$

FS_{jt}、S_{jt} 分别代表上游 j 行业外资和内资企业在 t 年时的销售额，取两者比例，并在样本年限内进行平均，以得到反映每一上游行业内、外资企业间竞争强度大小的指标，将该指标按大小划分内、外资企业竞争不激烈和激烈两个子样本，回归结果见表 6－6。

表6-6 竞争强度、企业规模对后向外溢效应影响的分样本检验结果
（时期：1999~2006；截面单元：19）

	竞争强度小		竞争强度大		企业规模小		企业规模大	
	直耗	完耗	直耗	完耗	直耗	完耗	直耗	完耗
样本值	125	125	131	131	118	118	131	131
FDI/K	0.06 [2.01] (0.00)	0.07 [0.01] (0.00)	1.38 [0.19] (0.00)	1.40 [0.17] (0.00)	0.08 [0.01] (0.00)	0.08 [0.01] (0.00)	0.22 [0.06] (0.00)	0.16 [0.05] (0.00)
FS/S	-0.03 [0.003] (0.00)	-0.03 [0.004] (0.00)	-0.57 [0.16] (0.00)	-0.58 [0.15] (0.00)	-0.04 [0.01] (0.00)	-0.04 [0.01] (0.00)	-0.03 [0.02] (0.08)	-0.001 [0.02] (0.93)
Forward	-9.50 [2.15] (0.00)	-6.29 [0.79] (0.00)	9.38 [3.77] (0.01)	3.73 [1.81] (0.04)	3.27 [1.67] (0.05)	-0.19 [1.63] (0.91)	4.37 [1.93] (0.03)	2.58 [1.20] (0.03)
Backward	2.14 [2.01] (0.29)	0.46 [0.94] (0.62)	7.58 [0.91] (0.00)	2.16 [0.28] (0.00)	-5.87 [3.13] (0.06)	0.50 [1.15] (0.66)	5.22 [1.15] (0.00)	1.45 [0.40] (0.00)
Backward × Structure	1.01 [0.69] (0.15)	0.44 [0.37] (0.24)	0.63 [1.78] (0.73)	0.81 [0.93] (0.39)	-9.04 [4.12] (0.03)	-1.33 [1.50] (0.38)	1.55 [1.03] (0.13)	1.02 [0.45] (0.03)
Structure	-0.05 [0.05] (0.30)	-0.04 [0.05] (0.38)	-0.04 [0.02] (0.05)	-0.06 [0.03] (0.02)	0.08 [0.06] (0.23)	0.003 [0.05] (0.94)	0.03 [0.03] (0.33)	0.02 [0.03] (0.43)

续表

	竞争强度小		竞争强度大		企业规模小		企业规模大	
	直耗	完耗	直耗	完耗	直耗	完耗	直耗	完耗
R^2	0.99	0.99	0.99	0.99	0.99	0.99	0.99	0.99
Structure=1时 后向外溢效应	3.15	0.90	8.21	2.96	-14.91	-0.83	6.78	2.46
F	3.64	1.27	12.46	6.98	6.09	0.22	43.25	46.38
P	0.06	0.26	0.00	0.01	0.02	0.64	0.00	0.00
Structure=0时 后向外溢效应	2.14	0.46	7.58	2.16	-5.87	0.50	5.22	1.45
F	1.14	0.24	69.71	60.38	3.52	0.19	20.52	12.78
P	0.29	0.62	0.00	0.00	0.06	0.66	0.00	0.00
外溢净效应	-6.39	-5.42	17.02	6.12	-11.68	-1.06	11.11	5.04
F	3.59	12.82	14.95	8.63	5.93	1.07	22.22	16.27
P	0.06	0.00	0.00	0.00	0.02	0.30	0.00	0.00
Chi2$_{Hausman}$	47.55	53.70	68.26	29.80	233.10	88.10	15.76	57.28
P	0.00	0.00	0.00	0.00	0.00	0.00	0.05	0.00
固定效应F值	-	-	-	-	-	-	-	-
模型选择	FX	FX	FX	FX	FX	FX	FX	FX

注：常数项以及资本、劳动、截面单元个体效应 α_i 的估计值省略；回归系数下所对应的方括号内为 White 标准误，圆括号内为 P 值；FDI 由后向关联渠道代表固定效应模型，RA 代表随机效应模型，F 和 P 值是指在内资企业市场竞争呈均衡态势时（Structure=1），FDI 经由后向关联渠道产生的技术外溢，F 和 P 值是对其进行 $\beta_6+\beta_7=0$ 联合假设检验的相应统计值和显著性值；后向外溢效应是指在内资企业市场竞争呈均衡态势时，外溢净效应是指 FDI 经由竞争效应以及后向关联三种渠道所产生的技术外溢总和，F 和 P 值是对其进行 $\beta_4+\beta_5+\beta_6+\beta_7=0$ 联合假设检验的相应统计值。

从表 6-6 检验结果看，在上游行业内外资企业竞争激烈的样本中，国有工业企业经由后向关联业务取得了非常明显的外溢效应（表 6-6 中第四、第五列），而另一组内外资企业竞争不激烈的样本中，国有工业企业所取得的外溢效应在统计上不显著或很小（表 6-6 中第二、第三列），这就验证了前文的结论，即只有当上游行业内外资企业间占有的市场份额不过分悬殊，在彼此间竞争激烈时，本土企业才有实力进行固定资产更新投资，以获取后向外溢效应。另外，值得关注的是，在竞争激烈的样本中，国有工业企业经由前向关联渠道也获取了显著的外溢效应，进一步验证了占有一定的市场份额对于更新固定资产投资获取先进技术的重要性。这也为今后"市场换技术"的再实施提供了某些政策上的参考。

五　企业规模影响的检验

不少实证检验发现，外资企业规模对技术外溢的产生起到了重要的作用，如张建华、欧阳轶雯（2003）认为，港澳台投资大都以中小型项目为主，投资规模小，技术实力有限，降低了资本配置效率，很难通过规模收益产生技术外溢，而来自欧美发达国家的外资，技术层次高，技术开发和利用实力雄厚，投资规模较大，其规模效应对我国企业技术水平的提高起到了很好的促进作用。同时内资企业的规模对技术外溢的吸收也有着重要的影响，本土企业规模大，资金实力雄厚，科技人员众多，对于获取外溢效应都有着较强的承受力，尤其是我国的国有企业，较之一般的私营企业，其在固定资产投资更新、人才比例配置方面都能更好地接受来自境外大型跨国公司的技术外溢。

另外，企业采用新技术时，要对原有固定资产进行大规模更新，同时还要雇用更高层次的劳动力资本，而企业资金瓶颈必然会阻碍企业的技术改造，此时规模大、资金实力雄厚的企业便会在获取技术外溢方面领先一步，对于业务关联中可能存在的技术学习机会，较之小企业更容易掌握吸收。Alfaro（2004）指出，由于广大发展中国家金融市场普遍不健全，因而东道国中小企业规模自身所面临的资金瓶颈就严重阻碍了对 FDI 技术外溢的获取。由于我国国有工业企业的特殊地位，加之目前我国金融市场的建立仍然无法脱离为国有企业"圈钱"、"输血"这一干系，因而我们拟用上游行业国有工业企业规模（指标 4）来检验其对后向外溢效应吸收的影响。

$$Index_j^4 = \frac{1}{T} \sum_t Y_{jt} \qquad\qquad (6.12)$$

其中，Y_{jt} 代表上游 j 行业国有工业企业的年工业总值，对其在样本年限中平均，以其划分为国有工业企业规模大、小两个子样本，检验结果见表 6 - 6。上游行业国有工业企业规模的大小对于后向外溢效应的获取起到了举足轻重的影响，在国有工业企业规模大的样本中，直耗系数组和完耗系数组中获取的后向外溢效应不仅为正，而且显著性地异于 0（表 6 - 6 中第八、第九列），而在国有工业企业规模小的样本，后向外溢效应的估计值则与此相反（表 6 - 6 中第六、第七列），由此可见，东道国本土企业规模实力始终是影响其获取技术外溢的重要因素之一。

第四节 本章小结

本章利用 2002 年中国投入产出系数和 5 位代码的 38 个工业部类数据，构建了上下游、内外资企业间的前、后向业务关联渠道，对 FDI 是否经由前、后业务关联渠道对国有工业企业产生技术外溢进行了实证检验，结果表明下游 FDI 对上游国有工业企业产生了显著的后向外溢效应，这在一定程度上证明了之前广受批判的"市场换技术"这一提议并非全无道理；同时，对于本土上游企业在内外资企业市场竞争呈均衡态势和非均衡态势时所获取后向外溢效应的对比，也进一步验证了前一章模型推导所得结论，即当内外资企业市场竞争呈均衡态势时，上游行业本土企业从下游跨国公司处获取的后向外溢效应最大，技术外溢效果最为明显。我们认为，通过出让本国市场以换取国外先进技术，必须在以下方面注意政策力度的调整。

首先，要采取优惠政策鼓励境外跨国公司在中国进行中间投入品的本地化采购。譬如，可以实施税制优惠、采购补贴等方式激发下游外资企业本地化采购热情，在其他税制同等条件下，对优先采购本地中间投入品的外资企业给予税赋方面的调整和减免，政府也可以采取各种措施对外资企业的本地化采购进行补贴。另外，在拟订进口商品税制时，区别不同商品种类的进口税率，对于技术、资金含量高的进口中间投入品，要将进口税率适当调高，凸现本地采购的成本优势。

其次，对不同行业的引资力度要把握恰当，要有针对性，依据行业所处产业链的位置做到有的放矢。对于那些技术含量高、资金密集程度强的中间投入品行业，在与其构成业务互补关系的下游行业中，要特别引进一些技术实力雄厚、管理经验丰富、经营历史长的外资企业，尤其是欧美跨国公司，尽量与上游行业本土企业在技术方面拉开距离，以促使下游跨国公司在进行本地化采购时有足够动力对上游行业提供技术支持。同时也要对上游行业引进外资予以关注，不能过分地引进特大型跨国公司，以至于抢占同行业内本土企业的市场份额，使本土企业在市场份额极低的情况下没有足够动力去获取后向技术外溢。

再次，强化下游行业外资企业的集聚程度，扩大市场需求，带动后向关联业务的发展。对于扩大后向关联需求，鼓励下游行业产业集聚是一条有效的途径，尤其是下游行业三资企业的扎堆，本地化采购的增加不仅可以使上游国有工业企业走上规模发展道路，还可以对中间投入品提出新的需求种类，以督促本地中间品供应商不断寻求技术改进，扩大服务范围。这就要求政府在软硬件环境建设方面尽量给企业集聚提供各种便利，如修建大规模的新兴工业化园区，在园区内提供便利的运输系统和能源供应体系，给予税制上的优惠，降低交易成本，等等。

最后，对本国企业扩大规模要予以扶持，做大做强一批典型示范型优质资产，在金融市场尚不健全的情况下，解决企业资金瓶颈难题。今后国有企业改革仍然要朝着"抓大放小"的思路继续下去，坚决关闭破产一批小型国有企业，扶持做大一批国有大中型企业，尤其是地处价值链中段、技术水平和附加值高的行业。

第七章

后向技术外溢促进中国工业全要素
生产率进步的实证检验

全要素生产率（Total factor productivity，TFP）是经济产出当中扣除传统有形生产要素投入（如土地、资本和劳动力等）之后的剩余部分（索洛剩余），衡量的是无形生产要素（如知识、人力资本和 生产技术）对经济产出增长的贡献，代表着一国科技水平的高低。通常情况下，一国全要素生产率越高，表明该国生产技术水平也就越高。世界各国普遍将提升全要素生产率当做优化经济结构、转变经济增长方式的主要手段。

通常提高全要素生产率的途径有两种：一是依靠国内研发投资，搞自主创新；二是通过外商直接投资和对外贸易吸收国际先进知识。对于广大发展中国家而言，国内资本积累有限、人力资本门槛较低，短时间内难以成功地实现国家自主创新的目标，因此，通过引进外商直接投资来提高本国工业生产的技术水平、获取全要素生产率进步已成为通行的做法。中国对外开放已有30多年的历史，招商引资也从原来的港澳台资逐步向欧美日资转变，力主通过引进具有雄厚技术实力和长期历史沉淀的大型跨国公司或战略投资者来学习当今世界先进的科学技术，摒弃过去拘泥于发挥本国农业人口禀赋的劳动密集型产业引资模式，加速国内经济结构优化，切实促进本国经济增长保持稳定、健康、快速发展。

因此，有必要结合近年来引资模式的转变，检验我国外商直接投资是否有利于中国工业全要素生产率的提升。

第一节　全要素生产率概念释义及测算方法

一　全要素生产率的定义

实践当中对投入—产出的经济效益进行衡量，采用最多的指标是劳动生产率，即用总产值（或增加值）除以劳动力人头总数来表示。然而，现实问题是经济产出并非单一要素的贡献，在有形要素集里面，除了劳动力要素投入以外，还包括资本、土地等，因此，如果要对生产率进行精准刻画，就有必要突破单一要素的局限，将更多的要素投入纳入生产成本核算当中，全要素生产率这一概念就应运而生。全要素生产率被新古典经济学家索洛（Solow）称之为"剩余"，它通常被阐释为经济总产出当中不能由（有形）物质要素投入所解释的那部分产出"剩余"，反映出其作为一个经济概念的本质特征（Massimo et al.，2008）。根据这一定义，不难理解全要素生产率就是衡量生产过程中所有有形要素的单位平均产出水平，测度要素投入转化为最终经济产出的总体效率。需要指出的是，全要素生产率虽然通常被认为是反映生产技术水平高低的量化指标，但是需要将生产技术水平广义化，全要素生产率除了与实体生产技术有关以外，还反映了经济产出过程中所融入的信息知识、管理体制、营销技能以及各种与制度相关的无形因素。

二　全要素生产率的测算方法

全要素生产率的计算，最早是基于传统 C－D 生产函数开始的。由于传统 C－D 生产函数本身存在着许多严格的假定，因此基于 C－D 生产函数进行全要素生产率的测算也或多或少受到一系列严格的假定制约。概括起来，对全要素生产率的估计一般分为非前沿估计方法和前沿估计方法，而非前沿估计方法当中又包括增长核算法、增长率回归法和代理变量法，前沿估计方法当中又分为数据包络分析法（DEA）和随机前沿分析法。下面我们就文献当中最常用的增长率回归法和数据包络分析法进行简要的介绍。

（一）基于 C－D 生产函数的增长率回归测算法

早期基于 C－D 生产函数来估算全要素生产率，是因为宏观层面数据比较容易获取，例如，物质资本存量以及人力资本存量都有不少学者在国家以及省一级层面上给出了估算结果。因此，在总量生产函数层面上，总经济产出当中无法全部被有形要素投入所解释的那部分即为生产函数的"剩余"。除了 Cobb－Douglas 生产函数（C－D）生产函数成为全要素生产率估计最常用的函数形式以外，还有部分文献采用了其他设定形式的生产函数，如超越对数生产函数（Trans－log），相对于 C－D 生产函数而言，超越对数生产函数放松了常替代弹性的假设，并且在生产函数设定形式上更为灵活多变，也放松了 C－D 生产函数设定形式所假定的常替代弹性条件，往往能更好地避免由于生产函数形式误设所带来的测算偏误（王争等，2006）。尽管超越对数生产函数有着诸多的优点，但其在实际估计过程当中却不能比 C－D 生产函数提供更多的有用信息，在这一点上，C－D 生产函数凭借其简洁通用的设定形式更容易被广大学者在实践当中所采用，另外，不变规模经济假定也是 C－D 生产函数被广泛接纳的重要原因之一。C－D 生产函数通常设定如下形式：

$$Y_{it} = A_i L_{it}^{\alpha} K_{it}^{\beta} \tag{7.1}$$

其中，Y_{it} 表示经济产出，K_{it} 代表资本要素的投入，L_{it} 代表劳动力要素的投入，A_i 是全要素生产率（TFP），即通常所认定的生产技术水平测度，它能够提供各种有形要素投入的边际产出水平。

对（7.1）式取自然对数后进行变换，得到如下模型设定形式：

$$y_{it} = \alpha l_{it} + \beta k_{it} + u_{it} \tag{7.2}$$

其中，y_{it}、l_{it}和k_{it}分别是Y_{it}、L_{it}和K_{it}的对数形式。而上式的残差项当中就包含了全要素生产率A_i的对数形式信息。因此，可以对（7.2）式进行回归估计以得到全要素生产率。

（二）基于数据包络法（DEA）的测算

基于传统 C - D 生产函数来测算全要素生产率，有着诸多的限制，主要表现在一些较强的假设条件。如生产一直是处在有效率的路径之上，技术使用有效、资源配置有效，潜在的生产技术是超越对数形式以及所有二阶导数不随时间而变等，但在这些强假设条件全部成立的情况下，基于索洛剩余所计算的全要素生产率也仅仅反映了技术进步，无法对构成全要素生产率的其他部分进行分离，而现实中这些强假设条件很难成立，基于索洛剩余所测算的全要素生产率就会有偏误。使用 DEA 方法测算 Malmquist 全要素生产率指数，可以很好地避免计算索洛剩余时的各种问题，既不要求生产处于有效率的路径之上，也无须得知基本要素投入对经济增长贡献的实际份额，而且还可以将全要素生产率进一步分离成技术进步、效率提升、规模效应等多种成分，以便更好地了解现实生产中全要素生产率的具体构成。

通常，要计算的 Malmquist 指数是以 Rolf Fare（1994）所提出的模型为背景，而 Rolf Fare（1994）所构造的 Malmquist 指数是在多产出—多投入技术条件下，以计算实际生产点与生产前沿面之间的距离函数（Distance function）为基础。距离函数又可以分为投入距离函数（I）或产出距离函数（O）两种，产出距离函数考察的是当投入给定时，产出最大扩张比例的倒数，当然，该产出最大扩张比例在技术范围内仍然是可行的，本书以产出距离函数为准。对于每一时期 $t = 1, \ldots, T$，设如下生产技术 S^t 可将投入

$x^t \in R_+^N$ 转变为产出 $y^t \in R_+^M$：

$$S^t = \{ (x^t, y^t) : x^t \to y^t \} \qquad (7.3)$$

技术 S^t 涵盖了所有可行的投入—产出向量集，定义 t 时期产出距离函数如下：

$$D_o^t (x^t, y^t) = \inf \{ \theta : (x^t, y^t/\theta) \in S^t \} = (\sup \{ \theta : (x^t, \theta y^t) \in S^t \})^{-1} \qquad (7.4)$$

该函数定义了在投入向量 x^t 为一定时，在生产技术可行集范围内，产出向量 y^t 最大扩张比例的倒数（即向生产前沿的靠拢），可以看成是全要素生产率的一种指示。由此可知，当 $(x^t, y^t) \in S^t$ 时，必有 $D_o^t(x^t, y^t) \leqslant 1$，当 (x^t, y^t) 处于生产技术前沿或边界上时，$D_o^t(x^t, y^t) = 1$，此时技术效率最高；(x^t, y^t) 在 t 时位于技术边界的内部，此时可以说 (x^t, y^t) 技术无效率。

为了产生 Malmquist 全要素生产率指数，分别定义如下两时期距离函数 $D_o^t(x^{t+1}, y^{t+1}) = \inf \{ \theta : (x^{t+1}, y^{t+1}/\theta) \in S^t \}$ 和 $D_o^{t+1}(x^t, y^t) = \inf \{ \theta : (x^t, y^t/\theta) \in S^{t+1} \}$，这两距离函数分别代表了在 t 或 $t+1$ 时技术条件下，观测点 (x^{t+1}, y^{t+1}) 或 (x^t, y^t) 产出的最大可行扩张比例。因而，以 t 时技术为参照，有如下 Malmquist 生产率指数：

$$M^t = \frac{D_o^t (x^{t+1}, y^{t+1})}{D_o^t (x^t, y^t)} \qquad (7.5)$$

该 Malmquist 生产率指数实际反映了在 t 时技术条件下，从时期 t 到 $t+1$ 时技术效率的变化，相应地，也可得以 $t+1$ 时技术为参照的 Malmquist 生产率指数：

$$M^{t+1} = \frac{D_o^{t+1} (x^{t+1}, y^{t+1})}{D_o^{t+1} (x^t, y^t)} \qquad (7.6)$$

为避免基准时期技术选择的任意性，Rolf Fare（1994）将以产出为基础的 Malmquist 生产率指数定义为以上两个时期 Malmquist

生产率指数的几何平均值：

$$M_o\left(x^{t+1}, y^{t+1}, x^t, y^t\right) = \left[\left(\frac{D_o^t\left(x^{t+1}, y^{t+1}\right)}{D_o^t\left(x^t, y^t\right)}\right)\left(\frac{D_o^{t+1}\left(x^{t+1}, y^{t+1}\right)}{D_o^{t+1}\left(x^t, y^t\right)}\right)\right]^{1/2}$$

$$(7.7)$$

（7.7）式可进一步变形如下：

$$M_o\left(x^{t+1}, y^{t+1}, x^t, y^t\right) = \frac{D_o^{t+1}\left(x^{t+1}, y^{t+1}\right)}{D_o^t\left(x^t, y^t\right)} \times$$

$$\left[\left(\frac{D_o^t\left(x^{t+1}, y^{t+1}\right)}{D_o^{t+1}\left(x^{t+1}, y^{t+1}\right)}\right)\left(\frac{D_o^t\left(x^t, y^t\right)}{D_o^{t+1}\left(x^t, y^t\right)}\right)\right]^{1/2}$$

$$(7.8)$$

方括号外面的比值代表了在时期 t 和 $t+1$ 间相对效率的变化，测度的是从时期 t 到 $t+1$ 的相对技术使用效率，得到的是在时间上变化的相对效率；方括号里面的两个比值度量当投入分别为 x^t 和 x^{t+1} 时的生产技术变化，因而技术进步就用这两个比值的几何平均值来表达。全要素生产率的提高可以使 Malmquist 指数大于 1，而生产情况随时间的恶化同样也可以使 Malmquist 指数小于 1。事实上，Malmquist 指数任一构成部分的改善均会使该部分取值大于 1，而任一构成部分的恶化都会使该部分取值小于 1；而实际情况也有可能是 Malmquist 指数的某一构成部分小于 1，而另一构成部分大于 1，最终使 Malmquist 指数也大于 1。归纳起来，可将全要素生产率的变化定义为效率变化（EFFCH）以及技术进步（TECHCH）的结果：效率变化部分的改善代表了对前沿的赶超，而技术进步部分的改善则代表了创新结果。

第二节　国内研究回顾

全要素生产率（TFP）反映了生产效率，是经济增长中扣除掉生产要素贡献后的剩余部分，对一国技术水平和生产效率的提高具要重要意义，经济学界普遍将 TFP 当作技术进步。目前，针对中国全要素生产率的研究主要涉及以下两方面。

一 全要素生产率的计算

张军（2003）、朱钟棣（2005）采用计量方法，对生产函数估计得到资本和劳动的弹性系数后，计算了国家和工业层面的 TFP，但他们采用的是 OLS 方法，将生产要素投入作为外生变量来处理，并没有考虑要素投入的内生性。而在没有考虑要素投入内生性的情况下，TFP 的计算将不可避免地包含偏误。[①] Marschak & Andrews（1944）指出，生产要素投入会受到生产率的冲击，在无法直接观测到生产率的情况下，由此引发的相关性可能会造成生产函数估计偏误。Griliches & Mairesse（1995）认为，生产要素投入具有内生性，随生产率高低而变化，在生产率高的年份，产量会扩张，因而会增加生产要素投入；在生产率低的年份，生产要素投入会削减。由于 TFP 不同于物质性生产要素，具有非观测性（Unobservable）和特异性（Idiosyncratic），不像物质生产要素那样可以直接观测得到（非观测性），而且 TFP 也随截面单元和时间而变化（特异性）。因此，采用截面数据的 OLS 估计，以及面板数据的固定效应估计，都无法将 TFP 从残差中分离，导致残差与生产要素投入相关，违反经典计量理论的假设。Smarzynska（2004）在放宽 TFP 与生产要素投入相关性这一假设后，发现对生产函数中资本、劳动贡献份额的修正估计要优于 OLS 估计。

针对包含在残差中的 TFP 与要素投入量之间的相关性，解决方案就是寻找一种具有可观测性且与 TFP 高度相关的变量来充当 TFP 的工具变量或代理变量。Olley & Pakes（1996）提出了一种非参数解决方案，主张用固定资本投资来充当 TFP 的代理变量。但 Levinsohn & Petrin（2003）却认为，某些企业在某些年份可能并不

---

① 例如，张军（2003）在国家数据层面的回归中就发现资本和劳动产出弹性的估计值"让人难以理解"。

会有固定资本投资额的支出，因而这种偶然断尾（Incidental truncation）的数据样本会影响估计的一致性；用中间投入品充当代理变量，则可以避免这一问题，因为所有企业在所有的生产年份之中都会有购买中间投入品的支出；另外，固定资本投资一般是用于购买大型机械设备以及新建厂房，一旦支出就不可挽回，也就很难根据 TFP 波动进行适时调整，而中间投入品一般都是依据当时具体生产情况来购买，可以随 TFP 波动进行调整，因此，用中间投入品充当 TFP 的代理变量，可以更好地反映要素投入与 TFP 的相关性。

二　全要素生产率的影响因素

对 TFP 的影响因素，学者们从不同角度进行了探讨。孔翔（1999）对 1990~1994 年国有企业 TFP 的研究结果显示，以 TFP 度量的国企业绩仍然不够理想，认为不完善的市场经济体制、非公平的竞争环境以及国企的政策性负担阻止了 TFP 提升。颜鹏飞（2004）基于 1978~2001 年 28 省面板数据的检验结果表明，无论是人力资本、FDI 的单独作用，还是人力资本与 FDI 的交互作用，都无助于 TFP 增长。朱钟棣（2005）从资本形成的角度考察了工业 TFP 变动，发现资本—产出比率与 TFP 负相关，据此认为当经济增长主要依赖资本等生产要素投入时，TFP 对产出的贡献势必较低。涂正革（2006）对工业 TFP 的计算结果显示，在开放程度和竞争程度高的行业，TFP 增长快，而高垄断、开放程度低的行业则 TFP 增长缓慢。许和连（2006）基于省际面板数据的经验实证表明贸易开放度的提高以及人力资本的积累均有利于 TFP 增长。李小平（2007）对大中型工业企业 TFP 的检验结果显示，自主 R&D 投入对 TFP 没有影响，而国内技术购买、国外技术引进以及进口都不利于 TFP 提升，只有规模效应有利于工业 TFP 提升。发展中国家提升技术水平的一个便捷途径就是引进 FDI，外溢理论认为发展中国家可以通过引进外资吸收先进技术。蒋殿春（2007）对我国工业 2000~2004 年内外资企业 TFP 的比较研究表明，在 FDI 较多的行业，外资企业居技术领先地位，国内企业技术相对落后，但国内企业 TFP 增长速度较快。

三　对全要素生产率测算的修正

从回顾前人的研究中不难发现，需要在以下两个方面进行完善：一是要在全要素生产率的测算过程当中分离出与生产函数方程解释变量明显相关的内生因素。因为，当代计量经济学的发展已经普遍认为，如果基于 C - D 生产函数来进行简单回归估计全要素生产率时，将会产生同期性偏差问题（Simultaneity bias）和样本选择性偏误（Selectivity and attrition bias）。在实际生产期间，厂商生产效率中的一部分是可以被经理人员观测到的，因此，在市场竞争法则下，根据生产成本最小以及生产最优化原则，企业经理可以根据观测到的相关信息对各生产要素投入组合进行及时调整。在这种情况下，如果回归"剩余"可以用来代表全要素生产率的话，则那一部分可观测到的企业生产效率就会影响生产要素投入的选择，即残差项和回归项是紧密相关的，这就导致传统 OLS 回归结果的偏误。二是对全要素生产率的影响因素研究，不能忽略国际知识溢出这条渠道，因为来自发达国家的外商直接投资是国际知识空间扩散的主要途径。因此，笔者在前人研究的基础上，对 TFP 的计算方法以及影响因素方面予以完善，拟从方程残差中分离出具有非观测性和特异性的 TFP，以 2001~2006 年 36 个工业部门数据为样本，采用 Levinsohn—Petrin 非参数理论，对生产函数进行修正估计，以得到资本、劳动、TFP 对总产出增长的贡献份额；同时，我国是引资大国，在 FDI 对 TFP 影响的研究还比较欠缺，因此，本文从技术外溢角度分析 TFP 的影响机制。

第三节 Levinsohn – Petrin 模型简介

一 传统 OLS 估计方法所产生的偏误

首先以面板数据为样本，用一个包括资本和劳动在内的回归方程（7.9）加以说明，当包含在残差中的 TFP 与生产要素投入相关时，传统的 OLS 系数估计会产生何种方向上的偏误：

$$y_{i,t} = \beta_0 + \beta_l l_{i,t} + \beta_k k_{i,t} + \varepsilon_{i,t} \tag{7.9}$$

OLS 对资本和劳动的系数估计如下：

$$\hat{\beta}_l = \beta_l + \frac{\hat{\rho}_{k,k}\hat{\rho}_{l,\varepsilon} - \hat{\rho}_{l,k}\hat{\rho}_{k,\varepsilon}}{\hat{\rho}_{l,l}\hat{\rho}_{k,k} - \hat{\rho}_{l,k}^2}$$

$$\hat{\beta}_k = \beta_k + \frac{\hat{\rho}_{l,l}\hat{\rho}_{k,\varepsilon} - \hat{\rho}_{l,k}\hat{\rho}_{l,\varepsilon}}{\hat{\rho}_{l,l}\hat{\rho}_{k,k} - \hat{\rho}_{l,k}^2} \tag{7.10}$$

$\hat{\rho}_{k,k}$、$\hat{\rho}_{l,l}$、$\hat{\rho}_{l,k}$、$\hat{\rho}_{l,\varepsilon}$、$\hat{\rho}_{k,\varepsilon}$ 分别代表资本的样本方差、劳动的样本方差、资本和劳动的样本协方差、劳动和残差的样本协方差、资本和残差的样本协方差。（7.10）式中，分母 $SupplyBackward_{i,t}$ 始终为正，系数估计的偏误方向也就取决于分子。若经典计量假设得到满足，即资本和劳动等生产要素投入均与包含残差中的 TFP 不相关，则 $\hat{\rho}_{l,\varepsilon} = \hat{\rho}_{k,\varepsilon} = 0$，分子为 0，OLS 估计是无偏的。但通常情况下，企业是根据自身生产率水平高低来选择生产要素投入的，因而资本和劳动均与残差相关，区别仅在于两种生产要素与包含在残差中的 TFP 的相关程度不同。就大多数情况而言，劳动力合同一般会延续较长时间，所雇用的劳动力在若干年份内会保持不变，但企业却可以根据前期观察到的 TFP 水平来选择本期固定资本要素投入，因而资本与 TFP 的相关程度就高于劳动力与 TFP 的相关程度，即 $0 < \hat{\rho}_{l,\varepsilon} < \hat{\rho}_{k,\varepsilon}$；另外，就绝大多数面板数据样本而言，一般时期跨度较短，而截面单元数量较多，截面单

元样本间的差异将在系数估计中起主导作用，[①] 因而资本和劳动两种生产要素间会有很强的相关性，即 $0 < \hat{\rho}_{l,k}$。据此分析，当要素投入与 TFP 相关时，OLS 会低估劳动要素的贡献份额，高估资本要素的贡献份额，因而 OLS 计算的 TFP 就会产生偏误。[②]

二 Levinsohn – Petrin 非参数方法

为修正 OLS 估计偏误，Levinsohn – Petrin 非参数方法（下称 L – P 法）设定如下生产函数：

$$y_{i,t} = \beta_0 + \beta_l l_{i,t} + \beta_k k_{i,t} + \beta_m m_{i,t} + \omega_{i,t} + \eta_{i,t} \tag{7.11}$$

产出 $y_{i,t}$、劳动力人数 $l_{i,t}$、固定资本存量 $k_{i,t}$、中间投入品 $m_{i,t}$ 均取自然对数。方程残差项一部分为生产率 $\omega_{i,t}$（即 TFP）；另一部分为误差项 $\eta_{i,t}$。可知 $\omega_{i,t}$ 是确定要素投入所必需依据的部分，随时间而变，与生产要素解释变量相关，由此产生 OLS 估计的同步（Simultaneity）偏误，而误差项 $\eta_{i,t}$ 则与解释变量不相关。为了得到一致性估计，L – P 法提出了以下用中间投入品变量充当代理变量的二阶段非参数估计方案。

假定中间投入品的需求依赖资本存量和 TFP，有 $m_{i,t} = m$（$k_{i,t}$, $\omega_{i,t}$）。进一步假设中间投入品的需求量依 TFP 单调递增，对上式求逆，有 $\omega_{i,t} = \omega$（$k_{i,t}$, $m_{i,t}$）。生产函数中的非观测性变量 $\omega_{i,t}$ 就写成了两个观测性变量 $k_{i,t}$ 和 $m_{i,t}$ 的函数。将（7.11）式变形为：

$$y_{i,t} = \beta_l l_{i,t} + \varphi（k_{i,t}, m_{i,t}）+ \eta_{i,t} \tag{7.12}$$

且 $\varphi(k_{i,t}, m_{i,t}) = \beta_0 + \beta_k k_{i,t} + \beta_m m_{i,t} + \omega(k_{i,t}, m_{i,t})$。第一阶段是用含 $k_{i,t}$ 和 $m_{i,t}$ 的三阶多项式 $y_{i,t} = \delta_0 + \beta_l l_{i,t} + \sum\limits_{h=0}^{3} \sum\limits_{j=0}^{3-h} \delta_{ij} k_{i,t}^h m_{i,t}^j +$

[①] 面板数据常用的组间估计（Between estimator）和组内估计（Within estimator）均只考虑了截面单元间的样本变异，并没有考虑时期上的变异。

[②] 用 OLS 计算得到的残差来代表 TFP，其偏误包含两个部分：一是包含了 OLS 回归的误差成分，二是对生产要素贡献份额的计算偏误。

$\eta_{i,t}$，以非参数方法替代（7.10）式中的 φ（$k_{i,t}$，$m_{i,t}$）施以 OLS，得 $l_{i,t}$ 值，根据 $\hat{\varphi}(k_{i,t}, m_{i,t}) = \hat{y} - \hat{\beta}_l l_{i,t} = \hat{\delta}_0 + \sum_{h=0}^{3} \sum_{j=0}^{3-h} \hat{\delta}_{ij} k_{i,t}^h m_{i,t}^j - \hat{\beta}_l l_{i,t}$ 估计 φ（$k_{i,t}$，$m_{i,t}$）。

第二阶段是 $k_{i,t}$ 和 $m_{i,t}$ 的估计。用前一阶段估计所得 $\hat{\varphi}$（$k_{i,t}$，$m_{i,t}$）对固定资本和中间投入的产出份额 β_k^* 和 β_m^* 的任一可能值，构造 $\hat{\omega}_{i,t} = \hat{\varphi}$（$k_{i,t}$，$m_{i,t}$）$- \beta_k^* k_{i,t} - \beta_m^* m_{i,t}$ 估计 $\omega_{i,t}$；再构造 $\hat{\omega}_{i,t} = \gamma_0 + \gamma_1 \omega_{i,t-1} + \gamma_2 \omega_{i,t-1}^2 + \gamma_3 \omega_{i,t-1}^3 + \varepsilon_{i,t}$ 估计，求得期望值的一致性估计 $\hat{E}[\omega_{i,t} \mid \omega_{i,t-1}]$。记（7.11）式中的残差为 $\hat{\eta}_{i,t} + \hat{\xi}_{i,t} = y_{i,t} - \hat{\beta}_l l_{i,t} - \beta_k^* k_{i,t} - \beta_m^* m_{i,t} - \hat{E}[\omega_{i,t} \mid \omega_{i,t-1}]$，在对残差的拟合值 $\hat{\eta}_{i,t} + \hat{\xi}_{i,t}$ 最小化以求得 $k_{i,t}$ 和 $m_{i,t}$ 估计值时，还需另外两个矩条件 $E[\eta_{i,t} + \varepsilon_{i,t} \mid k_{i,t}] = 0$ 和 $E[\eta_{i,t} + \varepsilon_{i,t} \mid m_{i,t-1}] = 0$，以便在不违反经典计量假设前提下，使对残差的最小化估计值具有一致性。L－P 还构造三个过度识别约束 $E[\eta_{i,t} + \xi_{i,t} \mid l_{i,t-1}] = 0$、$E[\eta_{i,t} + \xi_{i,t} \mid m_{i,t-2}] = 0$、$E[\eta_{i,t} + \xi_{i,t} \mid k_{i,t-1}] = 0$，以提高估计的有效性以及方差检验的可靠性。定义 $Z_{i,t} \equiv$（$k_{i,t}$，$m_{i,t-1}$，$l_{i,t-1}$，$m_{i,t-2}$，$k_{i,t-1}$），则固定资本存量以及中间投入的一致有效估计量 $\hat{\beta}_k$ 和 $\hat{\beta}_m$，就通过对残差 $\hat{\eta}_{i,t} + \hat{\xi}_{i,t}$ 实施以下最优化条件求解得出：

$$\min_{(\beta_k^*, \beta_m^*)} \sum_n \left\{ \sum_t (\hat{\eta}_{i,t} + \hat{\varepsilon}_{i,t}) Z_{h,it} \right\}^2 \tag{7.13}$$

第四节　生产函数及全要素生产率的非参数估计

一　变量及数据指标选取

以 2001～2006 年中国 36 个 5 位代码的工业部门面板数据为样本，利用 L－P 法对生产函数（7.11）进行估计。产出 $y_{i,t}$、劳动力人数 $l_{i,t}$ 分别用工业总产值（亿元）和年平均就业人数（万人）表示，资本存量 $k_{i,t}$ 用固定资本净值加上当年折旧额（亿元）表示，参照 L - P 做法，中间投入品 $m_{i,t}$ 用能源消费量（万吨标准煤）表示，分别用工业品出厂价格指数和固定资产投资价格指数将工业总产值和资本存量换算成 1999 年价格表示，所有变量取自然对数，数据来源于《中国统计年鉴》和《中国经济普查年鉴》国有及规模以上非国有工业企业一栏。

二 非参数方法测算结果与 OLS 测算结果对比

调用 STATA10.0 中的 levpet 程序，用 L - P 法估计生产函数方程，并将结果与 OLS 估计、固定效应、随机效应估计进行对比（见表 7 - 1）。

表 7 - 1　L - P 与 OLS、Fixed - Effect、Random - Effect 估计结果的比较

	L - P	OLS	Fix	Ran
Log（$k_{i,t}$）	0.5904 **	0.6854 ***	1.1138 ***	1.0655 ***
	(0.3251)	(0.0329)	(0.0846)	(0.1300)
Log（$l_{i,t}$）	0.7188 ***	0.6835 ***	- 0.1510 ***	0.2667 *
	(0.2261)	(0.0184)	(0.0538)	(0.1634)
Log（$m_{i,t}$）	1.0000 ***	- 0.1707 ***	0.6619 ***	0.2554 ***
	(0.3808)	(0.0161)	(0.0801)	(0.0923)
规模报酬不变的 Wald 检验	15.28 ***	100.31 ***	542.89 ***	300.79 ***

注：括号内为标准差；***、**、* 分别代表在 1%、5%、10% 置信度上显著；规模报酬不变的 Wald 检验是对各生产要素估计系数之和是否为 1 的检验，若检验显著则抛弃规模报酬不变的假设。

估计结果表明存在规模报酬递增。无论是 OLS，还是固定效应（Fix）和随机效应（Ran），资本系数的估计值均高于 L - P 估计，而劳动和中间投入品的系数估计均低于 L - P 估计，这就验证了前文的理论分析，在不考虑 TFP 与生产要素投入相关时，OLS 对资本和劳动的估计分别会产生向上、向下偏误。调用 STATA10.0 中的 omega 程序计算全要素生产率 $\omega_{i,t}$，将 36 个工业部门用 L - P 法计算的 TFP、TFP 增长率、产出增长率及 TFP 对产出增长率贡献的

平均值列于表 7 - 2。

表 7 - 2 各行业 TFP、TFP 增长率、产出增长率及 TFP 对产出增长率贡献

	TFP	TFP 增长率	产出增长率	TFP 贡献
煤炭开采和洗选业	0.000052	- 0.008620	0.219504	- 0.155600
石油和天然气开采业	0.000186	- 0.024020	0.054457	- 3.733100
黑色金属矿采选业	0.002267	- 0.138890	0.333028	- 0.620410
有色金属矿采选业	0.002463	0.003596	0.163503	0.070785
非金属矿采选业	0.001548	0.140792	0.184900	0.814075
农副食品加工业	0.001173	0.009729	0.220585	0.034481
食品制造业	0.001752	0.025734	0.227396	0.199307
饮料制造业	0.002015	0.060031	0.166384	0.223366
烟草制品业	0.024256	0.202332	0.122545	1.600738
纺织业	0.000214	- 0.049780	0.213759	- 0.227850
纺织服装、鞋、帽制造业	0.002875	- 0.081810	0.188556	- 0.471710
皮革、毛皮、羽毛及其制品业	0.006553	- 0.094460	0.206733	- 0.459270
木材加工及木竹藤棕草制品业	0.003581	- 0.072780	0.264908	- 0.232800
家具制造业	0.020484	- 0.048110	0.338178	- 0.264390
造纸及纸制品业	0.000467	- 0.001560	0.229753	0.004824
印刷业和记录媒介的复制	0.005266	0.055892	0.206119	0.410512
文教体育用品制造业	0.010246	- 0.043760	0.200916	- 0.238690
石油加工、炼焦及核燃料加工业	0.000231	- 0.030310	0.139660	- 0.174510
化学原料及化学制品制造业	0.000058	- 0.011340	0.215517	- 0.086300
医药制造业	0.001699	0.012685	0.210192	0.083652
化学纤维制造业	0.001516	0.239776	0.229678	1.005709
橡胶制品业	0.002270	0.000515	0.233651	- 0.132700
塑料制品业	0.001453	- 0.100850	0.224365	- 0.562110
非金属矿物制品业	0.000047	0.004911	0.232486	0.067586
黑色金属冶炼及压延加工业	0.000043	- 0.033770	0.284484	- 0.181650
有色金属冶炼及压延加工业	0.000276	- 0.028390	0.277025	- 0.142720
金属制品业	0.000905	- 0.059920	0.220847	- 0.253880

	TFP	TFP 增长率	产出增长率	TFP 贡献
通用设备制造业	0.000856	0.019770	0.308798	0.003634
专用设备制造业	0.001444	0.023050	0.269495	0.131921
交通运输设备制造业	0.000989	0.077971	0.282536	0.256046
电气机械及器材制造业	0.001987	- 0.078810	0.252023	- 0.383930
通信设备计算机及其他电子设备	0.002619	- 0.102640	0.363568	- 0.325130
仪器仪表及文化、办公用机械	0.015291	0.115456	0.344028	0.381911
电力、热力的生产和供应业	0.000045	0.104627	0.347619	- 0.262130
燃气生产和供应业	0.001767	0.120625	0.274674	0.292703
水的生产和供应业	0.000530	- 0.023020	0.101072	- 0.142900
平均值	0.003320	0.005129	0.232026	- 0.096400

　　与资本、劳动和中间投入的弹性系数相比，各部门 TFP 普遍较低（平均值仅为 0.003），也只有烟草制品业、家具制造业、仪器仪表及文化、办公用机械制造业稍高（分别为 0.02、0.02 和 0.02）。从 TFP 增长率看，有 17 个工业部门的 TFP 在总产出增长中所占份额有所提高，这 17 个部门涉及资源密集、劳动密集、资本和技术、知识密集行业，增长最快的是化学纤维制造业，其次是烟草制品业，年均增长都超过了 20%。另外，非金属矿采选业、仪器仪表及文化、办公用机械制造业、电力、热力的生产和供应业、燃气生产和供应业的 TFP 年均增长率也超过 10%，整个工业年平均提高 0.5%。依据朱钟棣（2005）的做法，计算 TFP 在总产出增长中的贡献，发现烟草制品业 TFP 在总产出增长中的贡献最大，达 160%，另外就是化学纤维制造业，也达到了 100%，总共有 16 个工业部门的 TFP 对总产出增长作出了贡献，并且这 16 个工业部门也并非完全集中于资源型和劳动密集型，也包含了资金和技术密集型行业，但整个工业部门 TFP 的平均贡献却为 - 9.6%。

第五节　FDI 技术外溢对全要素生产率影响的检验

一　外溢效应划分及指标构建

按内、外资企业间业务关联渠道的不同，外溢分为行业内外溢和行业间外溢。行业内外溢指因同行业内、外资企业业务竞争而产生的竞争效应；行业间外溢则指与外资企业构成投入—产出关系的上、下游本国企业，当与外资企业发生中间投入品的业务关联时所获取的技术和效率提升，包括后向技术外溢效应、规模效应、前向技术外溢效应和反哺效应，后向技术外溢效应和规模效应经由后向关联渠道产生，前向技术外溢效应和反哺效应由前向关联渠道产生。由于行业间业务关联构成互补关系，因而行业间外溢发生的可能性大于行业内外溢。借鉴 Smarzynska（2004）思路，使用我国工业行业层面数据来构建如下反映外溢效应的指标。

（1）行业竞争效应

行业竞争效应是行业内技术外溢，通过同一行业中内外资企业间竞争而产生，如市场争夺、人员跳槽，外资所带来的竞争威胁会迫使本国企业提高生产效率，同时外资进入也给本国企业提供了学习先进技术的机会，但外资企业所产生的竞争压力过大且对技术严加保密以及高薪挖人，反而不利于本国企业效率提高，也无法学习到先进技术，因此同行业竞争效应是不太确定的。用外资企业与国有及国有控股企业的年销售额比值来反映同行业竞争效应。

$$Competition_{i,t} = \frac{ForeignOutput_{i,t}}{DomesticOutput_{i,t}} \tag{7.14}$$

（2）后向技术外溢效应

即上游行业通过后向关联渠道向下游外资企业提供中间投入

品时所可能获取的外溢效应，这是因为下游外资企业为了提高中间投入品质量、降低价格，会不断地向上游行业供应商提供技术支持，如向上游供应商委派技术顾问以及输出先进技术等，这些措施都不同程度地提高上游行业本土企业的技术实力，属于纯粹的知识和技术溢出部分。

$$Backward_{i,t} = \sum_{k(k \neq i)} \alpha_{ik} \frac{ForeignOutput_{k,t}}{TotalOutput_{k,t}} \qquad (7.15)$$

α_{ik} 为中间投入比例系数，是上游 i 行业提供给下游 k 行业的中间投入品占其向所有行业提供中间投入品的比例，数据来源于《2002 中国投入产出表》中 122×122 部门基本流量表一栏,[①] 为构建后向技术外溢效应，我们用下游每一 k 行业中外资企业工业总产值所占比例对 α_{ik} 进行加权求和，以此反映上游 i 行业在向下游外资企业提供中间投入品时所吸收的后向技术外溢。

（3）规模效应

规模效应是指由于下游行业外资企业的涌入，提高了对上游行业中间投入品的需求量，由此使上游企业获取规模收益，降低生产成本，体现的是一种规模效率提升，应与纯粹的知识和技术外溢部分相区分。

$$Scales_{i,t} = \sum_{h} \delta_{ih} \times TotalOutput_{h,t} \qquad (7.16)$$

δ_{ih} 为投入产出表中的完全消耗系数，代表下游 h 行业每一单位产出所需要消耗掉的上游 i 行业的产出，分别与每一行业的总产量（$TotalOutput_{h,t}$）相乘，并对 36 个行业加总，便得到了上游 i 行业通过后向关联渠道获取的规模效应。

---

① 《中国统计年鉴》是根据《国民经济行业分类和代码》（GD/T4754 - 1994）进行部门分类，而《2002 中国投入产出表》是根据《国民经济行业分类》（GB/T4754 - 2002）进行部门分类，因而两本年鉴上有若干工业部门的分类不一致，对于不一致的工业部门，我们采用了合并或删除的方法，最后得到了 36 个部门。

（4）前向技术外溢效应

即下游行业通过前向关联渠道接受上游外资企业生产的中间投入品时所获取的先进技术，这是因为上游跨国公司为了在东道国扩大销售渠道、占有更多的市场份额，通常会以售后服务等形式向下游本土企业提供产品安装、运行等方面的技术支持。

$$Forward_{i,t} = \sum_{m(m \neq i)} \sigma_{im} \times \frac{ForeignOutput_{m,t} - ForeignEX_{m,t}}{TotalOutput_{m,t} - TotalEX_{m,t}} \quad (7.17)$$

σ_{im} 为中间使用比例系数，是下游 i 行业从上游 m 行业所接受的中间投入品占其从所有行业接受中间投入品的比例，数据来源于《2002 中国投入产出表》中 122×122 部门基本流量表一栏，对其用所有上游行业中扣除出口额后的外资企业工业总产值比例进行加权求和，以此反映下游 i 行业从上游外资企业接受中间投入品时可能获取的前向技术外溢效应。

（5）反哺效应

Markusen & Venables（1999）认为，下游行业外资企业通过后向关联渠道向上游行业提供的技术外溢，反过来会以中间投入品质优价廉等形式惠及下游行业，以此增强下游行业技术实力和生产效率，这称之为"反哺效应"（Feed back）。为了反映上游行业从下游行业外资企业所吸收的纯粹知识和技术外溢以及规模效应对下游行业的反馈，利用前文计算得到的后向技术外溢效应和规模效应对中间使用比例系数进行加权求和，得到了 i 行业可能接收到的"技术反哺效应"（$S - Backward_{i,t}$）和"规模反哺效应"（$S - Scales_{i,t}$）：

$$S - Backward_{i,t} = \sum_{l(l \neq i)} \sigma_{il} \times Backward_{l,t} \quad (7.18)$$

$$S - Scales_{i,t} = \sum_{l(l \neq i)} \sigma_{il} \times Scales_{l,t} \quad (7.19)$$

二 实证检验结果

通过建立如下基本方程来检验外溢效应对 TFP 的影响：

$$TFP_{i,t} = \alpha_0 + \alpha_1 Backward_{i,t} + \alpha_2 Forward_{i,t} + \alpha_3 Competition_{i,t} +$$
$$\alpha_4 \log (Scales_{i,t}) + \lambda_i + \mu_{i,t} \qquad (7.20)$$

$TFP_{i,t}$ 为全要素生产率，后向技术外溢效应 $Backward_{i,t}$、前向技术外溢效应 $Forward_{i,t}$、竞争效应 $Competition_{i,t}$、技术反哺效应 $S-Backward_{i,t}$ 均为比例形式，规模效应 $Scales_{i,t}$、规模反哺效应 $S-Scales_{i,t}$ 取自然对数，λ_i 为反映截面单元间差异的固定效应，$\mu_{i,t}$ 为残差。

表 7-3　外溢效应对工业 TFP 影响的检验结果

	（1）	（2）	（3）	（4）	（5）
Competition	−4.55E−5 ***	−5.03E−5 ***	−5.25E−5 ***	−5.20E−5 ***	−5.13E−5 ***
	（3.23E−6）	（4.95E−6）	（5.23E−6）	（5.41E−6）	（5.21E−6）
Backward	−0.0018	−0.0038	−0.0031		−0.0050
	（0.0015）	（0.0032）	（0.0044）		（0.0040）
Forward	0.0071 ***	0.0041 *	0.0035 *	0.0085 ***	0.0036 *
	（0.0032）	（0.0022）	（0.0019）	（0.0031）	（0.0021）
log（Scales）		9.20E−05 **	−0.0016 ***	0.0001 ***	
		（4.10E−5）	（0.0004）	（4.27E−5）	
S−Backward			−0.0182 ***	−0.0098 *	
			（0.0050）	（0.0055）	
log（S−Scales）			0.0019 ***		0.0001 **
			（0.0004）		（5.76E−5）
Hausman 检验	8.82 **	8.74 **	30.61 ***	16.71 ***	18.27 ***

注：括号内为标准差，***、**、* 分别代表系数在1%、5%、10%的置信度上显著；外溢净效应的 F 检验是指各外溢效应估计系数之和不为 0 的联合显著性检验；Hausman 检验结果显著即表明回归选择固定效应模型。

首先检验同行业竞争效应、后向技术外溢效应与前向技术外溢效应对 TFP 的影响（表 7-3 中第 1 列），发现同行业竞争不利于 TFP 提高，这可能是外资竞争威胁过大造成的负面影响，但从行业间外溢效果看，后向业务渠道并没有像已往大多数文献那样证实到技术外溢的存在，前向技术外溢反而更有利于 TFP 的提高，原因可能是本文不像前人研究那样将工业总产值作为因变量，而是将 TFP 作为因变量，上游行业向下游外资企业提供中间投入品，可能更多的是利用了源自下游外资企业对中间品需求量增加而产生的规模效应（下文加入规模效应后的检验结果证实了这一点），或是下游外资企业自身的产品更多的是在东道国内销，由于发展中国家需求层次普遍低于世界需求潮流，因而为了适应东道国本土需求层次低的特点，下游外资企业在实施中间品的本地化采购时，本身就不需要向上游行业提供先进的技术以提升自身产品技术含量，同时上游本国企业较低的吸收能力也可能阻止其采用先进技术；由于是本国下游企业采购上游外资企业的中间投入品，其无法获取由后向关联渠道产生的规模效应，因此上游外资企业为了稳定下游客源、扩大销售渠道、占领东道国市场，可能会更多地从纯技术角度向下游企业提供售后服务、技术安装等支持，所以下游本国企业较之上游本国企业在知识和技术外溢方面获取的收益会更大些。

下游外资企业吸收上游行业所生产的中间投入品时，可能会给上游行业带来规模效应，因此，为了从后向关联渠道中分离出纯粹的知识和技术外溢（后向技术外溢效应），我们在回归中加入了规模效应（表 7 - 3 中第 2 列），结果表明后向技术外溢对 TFP 的影响仍然不显著，但规模效应却有利于 TFP 的提高，该结论与李小平（2007）就规模效应对 TFP 影响的检验结果一致。表明规模效应使得我国工业部门降低了生产成本，提高了资源使用效率，另外竞争效应和前向技术外溢效应仍然保持了估计结果的显著性。

为验证 Markusen & Venables（1999）的"反哺效应"，我们将两种反哺效应指标加入回归方程中（表 7 - 3 中第 3 列），但估计结果产生了较大变异，之前规模效应所起的积极影响变得不显著，我们认为这可能是变量之间共线性引起的谬误，仔细分析各外溢效应渠道的构建，发现技术反哺效应指标构建利用了后向技术外溢效应的数据，规模反哺效应指标构建利用了规模效应指标，因此为了尽可能地剔掉变量间的共线性，我们在回归中将规模效应和技术反哺效应置于一组回归（见表 7-3 中第 4 列），将后向技术外溢效应与效率反哺效应置于一组回归（见表 7-3 中第 5 列）。结果显示，上游行业从下游外资企业所吸收的规模效应，经由投入产出关系又反馈回了下游行业，提升了下游行业 TFP（规模反哺效应为 0.0001，在 5% 的置信度水平上显著），Markusen & Venables（1999）的反哺效应理论在此得以验证；但是技术反哺效应却对下游行业 TFP 起到了负面影响（-0.0098，在 1% 的置信度水平上显著），这可能是上游行业通过后向关联效应没有从下游外资企业那里获得纯粹的知识和技术所致。

第六节　本章小结

本书从传统的线性生产函数方程的残差项中分离出具有非观测性和特异性的 TFP 因素，并以 Levinsohn and Petrin（2003）的非参数理论对生产函数中生产要素以及 TFP 的贡献份额进行了估计，以此修正了传统 OLS 估计生产要素和 TFP 时所无法避免的误差。结果显示，虽然有近一半的工业部门，TFP 年均有所增长，在产出增长中有所贡献，但整体来看，TFP 在总产出增长所占份额有待进一步提高。

基于技术外溢角度对工业 TFP 影响渠道的检验结果表明，虽然上游行业没能通过后向关联渠道获取纯粹的知识和技术外溢，但通过下游外资企业对上游中间投入品的吸收获取了显著的规模效应；虽然下游外资企业所带来的同行业竞争威胁并不利于同行业 TFP 的提升，但由下游外资企业向上游行业所产生的规模效应，却以上游行业向下游行业提供中间投入品的形式反馈给下游行业，外资企业这种间接性质的技术外溢确实有利于同行业 TFP 的提高；上游外资企业以售后服务等形式对下游行业的纯技术支持也有利于 TFP 的提升。

今后，政府对外资的限制性政策应该更多地放在同行业中由外资企业所带来的竞争威胁方面，而对于行业间有利于产生前、后向技术外溢的环节则应大力提倡，要对行业间发生的各种业务关联实施优惠政策，鼓励外资企业尽可能多地实施本地化采购和销售，这样，既给予本国上游中间品生产企业规模效应以及知识和技术外溢，又避免过去那种"两头在外"、"三来一补"的低技术水平的加工贸易方式，力争通过外资企业的本地化销售将世界需求潮流引进本国，以便在出让某一行业国内市场的同时，可以提高关联行业的技术水平和生产效率，让"市场换技术"思路变得切实可行。另外，需要进一步强化本国企业的技术吸收能力，使本国企业在获取规模效应以提高生产效率的同时，加强对世界先进技术的吸收，以提高行业整体技术水平，以便使外资企业所产生的间接技术外溢效应更加强劲有力，最终压制外资企业所带来的同行业竞争威胁，提高本国企业的国际市场竞争能力。

第八章
防范恶意并购、利用后向技术外溢
维护国家经济安全的政策建议

加入 WTO 后，国内市场与国际市场进一步接轨，我国企业将面临更多来自境外跨国公司的竞争威胁，目前，跨国公司在我国掀起的并购浪潮就是很好的佐证。建立并完善共赢互利的对外开放体系、大力引进外资参与国民经济发展，是建设有中国特色社会主义的一项长期任务。跨国并购是跨国公司整合全球资源、提高生产要素使用效率的一种有效方式，不仅有利于跨国公司自身的发展。也有利于我国国有经济摆脱一批长期经营不善、发展滞后的国有企业，以实现国民经济持续、快速、健康发展。但我们也应该清醒地认识到，外资进入到某些关系国计民生、控制国民经济命脉的重点行业，对某些重点企业、龙头企业的并购，也给民族经济的成长带来了潜在隐患。遵循 WTO 平等、自由原则，在政府不再以行政指令干扰企业决策的情况下，该如何正确看待跨国并购，利用跨国公司的先进技术提高国有企业核心竞争力以维护国家经济安全，是不得不深思的问题，基于本书分析，笔者提出以下几点政策建议以供参考。

第一节　本土上、下游企业联盟

从本书第四章、第五章的理论模型分析以及第六章的实证结果来看，无论是抵御跨国公司对本土行业中龙头企业的并购，还是利用下游跨国公司后向技术外溢来实现本国行业利润和社会福利最大化，都需要组建本土上下游企业的联盟，通过联盟的规模效应降低中间投入品的外部交易成本，以及尽量在本土取得与跨国公司同等份额的竞争规模，以刺激下游跨国公司加大对后向技术外溢的输出力度。组建本土上下游企业联盟时，需要从大局观来统筹规划。

一　保持企业经营理念的统一

上下游企业各自经营理念和运作机制的相似性对联盟的稳定非常重要。为保持一致性，可以从以下几方面着手。

（1）形成企业的核心竞争力

企业联盟必须是强强联合，而非一强一弱或双弱，只有这样才可以抗拒恶意并购。为此，企业应根据自身特点，专门从事某一领域和某一专门业务，形成自身核心竞争机制，应将非核心竞争力业务外包给其他企业，轻装上阵，集中企业资源于具有国际竞争力的核心业务，集中在那些真正区别于竞争对手的技能和知识之上。

（2）优化绩效激励机制设计

上下游企业间的投入—产出关系实质上就是委托—代理关系，因而绩效评价和激励机制就应该具有较强的可操作性，以使联盟关系得以稳固。激励机制设计不合理，在上下游企业间就有可能出现"搭便车"和道德风险问题。为此，应该在上下游企业联盟内部，在投入—产出供应链间尽量减少企业节点数量，减少委托—代理链过长，降低代理成本，确保企业信息在沿供应链传递和反馈时尽量还原，以使联盟能够扎实地建立在大批量订单和长期合同关系基础之上。

（3）共同分担投资经营风险

只有联盟内部上下游企业共同承担投资经营风险，双方才有动力为联盟的稳定作出贡献。要改变某家企业单独决策所独自承担投资经营风险的局面，联盟内部下游行业生产部门要参与上游行业生产部门中间品生产技术的改造过程，将新技术产品的适用性以及与下游行业部门生产技术的吻合性及时向上游行业部门反馈，尽量使双方的技术特点趋同，而上游行业部门同样也要参与下游行业部门产品的营销宣传策划之中，保证双方利润最大化。

二 优化企业联盟的经营模式

联盟模式优点在于能够尽可能地降低外部市场交易成本，以保证下游行业中间品供应的稳定，不足之处在于应对国际市场激烈竞争时，联盟内部很容易发生解体，因此，优化联盟经营模式就显得尤为重要。

（1）树立国际市场经营观念

为了更好地适应国际市场环境的变化，提高自身应变能力，思想认识上应有所突破，切时了解国内外市场动态，把握新的经营环境，抛弃国有经济所惯有的"大而全，小而全"的经营模式理念，应对外来冲击。在通过纵向一体化模式扩大联盟规模的同时，不应该忘记将纵向扩展与横向扩展有机结合起来，最终以纵向联盟为基础，向国际市场横向扩展，以不断提高企业的国际市场竞争力，适应新的竞争环境。

（2）精简上下游价值链环节

一般而言，联盟总价值确定取决于价值链上最关键的核心环节，越是联盟的核心价值环节，其价值创造能力越强，对本企业国际市场竞争能力的提高越关键。为此，遵循两优择其最优，两劣去其最劣，应该将价值链上对联盟稳定的核心纵向环节保存，而对于那些非核心的横向价值创造环节予以略去，进一步提高联盟价值链的价值创造效应，实现总价值的最大化。

（3）谨慎选择联盟战略伙伴

企业联盟双方必须对对方的价值取向、企业文化、技术水平、合作经营诚信度等进行详细考察；在确定合作项目时，应分阶段性予以区分，在初期，要更多地将资源投放到尽快提高生产技术水平、磨合企业文化、实现联盟良好运转方面；中后期，联盟的内容应该放在市场份额扩大、强化国际市场竞争能力等方面。而在与战略伙伴的经营方式选择方面，则应根据国际市场情况，采用灵活多变的方式，不拘泥某一形式。

三　改善企业联盟的外部环境

上下游企业联盟，既要完善硬件基础设施服务，也要健全政策保障体系。

（1）健全联盟外部硬件设施

着力营造联盟外部的产业氛围，降低经营成本，发展高效物流产业，整合生产、销售、流通三大功能；健全产业链，加强产业配套，形成一批关联度高、配套性好、带动性较强的产业链条，扩大产业规模，提高产业效益。完善土地政策，优先满足生产用地建设；落实和完善改制企业的有关政策；成立专门的企业联盟服务小分队；实行层级代理服务制，减少行政干预，转变地方政府职能，精兵简政，缩短产业建设审批程序，减少政府部门的多头管理。

（2）建立政府政策导向机制

政府按照高标准、严要求来建设企业联盟所处的外部市场环境，产业发展必须依托境外战略投资者，要拥有完善的研发体系，要具有覆盖面较广的市场营销网络和稳定的终端客户源。政府要结合区域资源状况，主动出击，广泛接触，深入洽谈，筛选合适的境外大型企业对象，引入联盟内部，选派熟悉商务、技术等专门人才参与合同谈判，确保项目万无一失。

第二节　国有经济结构性优化

从第五章分析结果来看，如果要根除下游跨国公司对我国上

游资本、技术密集型中间品生产企业的并购，则本土上游中间品
生产行业必须进行战略性结构优化，发展互补性国有企业群，避
免地区间的恶意竞争，进一步降低上游国有企业的单位生产成本，
提高国有企业整体经济效益。

一　调整国有经济战略布局

改革开放条件下，对我国传统国有经济战略布局的调整，主
要还是遵循"抓大放小"、"国有资本从竞争性领域逐步有序退出"
等原则。要坚决关闭、破产一批长期经营绩效低下、严重入不敷
出的中小型国有企业，而对于关系国民经济命脉的重点行业，如
涉及国家经济安全、自然垄断行业、提供重要公共产品和服务的
行业以及支柱产业和高新技术产业中的骨干产业，国有资本必须
控股。

（1）调整优化产业结构

由于历史原因，相当多的国有企业资不抵债，经营状况不佳，
给我国产业结构优化以及升级换代带来较大的负面影响。优化产
业结构的主导原则是国有企业从广大竞争性领域逐步有序退出，
在这些领域加大民营资本以及外资的进入，在开放力度上应该更
大。在一些非关系国计民生的重点工业部门，国有资本应当坚决
放弃；对于一些经营效益好的则需要继续保持下去，鼓励进入新
兴产业和高新技术开发产业，长期经营绩效低下的国有企业则应
实施关、停、并、转，让国有资本退出，以实现有所为，有所不
为，有进有退。

（2）国有资产跨行业重组

国有资产的跨行业重组必须遵循"从竞争性领域有序撤退，
把持国民经济命脉行业"。在竞争性领域，非公有经济产权最清
晰，最易成为市场经济主体，也最能提高资源配置效率。因而，
国有经济应该是有所退出、有所进入、有所放弃、有所保留、有
所为、有所不为，将不适应市场竞争领域的国有资产以各种方式

退出，集中优势力量重点发展关系国计民生、国民经济命脉及国家经济安全的垄断性行业，这样既有利于地方各级政府维护和建设市场经济秩序，也有利于我国非国有制经济的发展，形成多元化经济成分。

（3）国有资产平稳退出

对于长期亏损的非国民经济命脉行业中的某些国有企业，应该采用出让产权的方式，收回国有资本；对于可以优化重组的国有资产，可以采用资产重组或兼并的方式实现其与优良资产的优化组合；对于资不抵债的国有企业，应该果断地实行破产；对于企业职工规模庞大、破产后难以安置的国有企业可以适时地将国有资本出售给企业内部职工，使之成为具有股份合作性质的企业；对已经上市的国有企业可以实施流通股减持，让国有资本从竞争性行业退出，避免政企不分、政资不明的局面；引进境外有资金、技术实力雄厚的战略投资者。

二　避免国有企业恶性竞争

中间品生产企业要避免被跨国公司并购，必要条件之一就是要使企业间的产品呈互补性。由于市场体系不完善、地方政府行为不规范、市场竞争无序，造成了目前各地区国有企业间呈恶性竞争的局面，改革势在必行。

（1）变混合代理为行政代理

我国中央政策与地方政府间形成的委托—代理关系，实际上是一种混合性质的行政性经济代理关系（麻挺松，2006），地方政府承担了既要履行行政性合约又要履行经济性合约的双重职能。这种附加在经济合约上的行政委托代理机制，是考核 GDP 增长速度，是一种利润水平绩效的考核，只有地方经济发展上去了，地方官员才可能晋升，正是这种行政晋升机制，使当地政府在经济发展方面出现恶性竞争。Holmstrom，B. & Milgrom，P.（1991）指出，在混合性质的委托—代理合约下，由于经济绩效考核占据了绝对主导地位，因而在地方人力、物力、财力的分配上就不可能基于理性考虑，而是将资源偏重于投放到最能在任期提高经济绩效、快速获得晋升的项目中，由此在地方政府间引发多头竞争，零和性质博弈就是这类职位晋升机制在地方政府官员间产生的竞争结果（Lazear, E. & S. Rosen, 1981）。因此，在中央与地方政府的委托代理机制上，要实施较大的变革，变过去传统混合的行政性经济合约为当代单一的行政性合约，将地方政府从市场经济竞争中撤退出来，主要管好市场经济秩序的建设和法律法规的完善，将市场经济的发展完全交由企业去决策。

（2）统一规范产业进退机制

张成君（2005）认为，目前国有企业的产业进入壁垒很低，相对于外资和民营资本，国有资本可以很容易进入各个行业。地方政府基于地方本位利益主义上一些"短、平、快"的项目，在不考虑产业配套、地区间平衡的前提下，将所有的资金、技术等资源全部集中在某一项或少数几项热门项目中，使得国有资本的产业进入壁垒极其低下，大量资本重复地集中于同一产业或类似产业。而在产业退出壁垒方面，由于国有资本往往数额巨大，地方政府又会对本区域所辖的国有企业实施产业扶持、补贴和税收优惠等隐性政策，在相当程度上增大了国有企业退出的难度。

要改变地区间产业结构趋同的情况，必须大力扫除制度性和体制性的产业进入和退出壁垒，地区间的壁垒应被打破，实行跨省市、跨地区国有资产兼并。中央要出台相关政策措施极力阻止地方政府的不正当行为，防止形成产业壁垒和区域壁垒，要引导企业自主发展，实现政企完全分离。

（3）国有资本经营统筹规划

为避免恶性竞争带来的两败俱伤，国有企业应在经营方面统筹规划。

①改变产品雷同。在产品雷同情况下，价格竞争便是取得市场份额的唯一有效手段，不间断的价格竞争使得企业利润空间越

来越少，最终只会导致双方俱损。而要改变产品雷同，就必须在技术创新上狠下工夫，要在产品质量及特征上下工夫，或是完全更换产品生产线，不要走产品完全模仿的路子，要提倡产品差异化。

②企业合作经营。国有企业尽量依据自身的技术水平和产品线，来开发配套产品，尽量形成互补优势，不要形成多头竞争局面，要充分利用优势资源和技术互补，着重开发一到两个具有较强业务关联的产品，形成集团优势。

③提高企业能力。形成良性竞争环境，企业核心竞争力的培养是根本，国有企业应该跳出机械重复的经营局面，在研究市场需求趋势以后，找准目标市场，准确进行自我业务定位，开发新产品，经营新领域，提高产品附加值。

三　提高国有企业经营绩效

要实现国有企业单位成本递减，实际上就是要不断地提高国有企业经营绩效，提高国有企业经营绩效的最根本方法就是对国有企业的内部制度实施变革。

（1）建立现代企业制度

党的十四届三中全会提出的"产权清晰、权责明确、政企分开、管理科学"十六字方针，科学地概括了现代企业制度的全部内涵。国有企业要提高自身经营绩效，首先就应该在产权方面实施大的手术，要在企业出资人制度、产权组织形式、法人治理结构以及激励约束机制这四方面实施改革。

①规范企业出资人制度。目前，国有企业在本质上仍未摆脱政府与企业管理层之间存在的千丝万缕联系，完善有效的委托—代理机制仍未建立起来。要建立起规范的出资人责任制：一是必须在企业内部通过民主投票选举产生国有资产的出资人代表；二是要按照现代企业制度的要求赋予职业经理人相当程度的权力职能；三是要建立严格的管理层激励约束机制。

②规范产权组织形式。改变国有资本"一股独大"的局面，引入多元化资本，建立起现代产权组织形式：一是将一部分国有股权以有偿且优惠的形式出售给企业内职工；二是管理层持股，形成经理人持股结构，确保职业经理人离职以后仍然有动力去为企业服务；三是引入专家学者进入企业董事会，形成非资产董事。

③规范法人治理结构。现代法人治理结构包括董事会、监事会和经理层这三个规范有序、职能清晰的单位。对于董事会，要坚持国有资本占据相对主导的地位，但同时董事会中成员结构要尽量多元化；监事会的构成要尽量专业化、领域化和科学化，以对企业的经营决策作出最为科学合理的评价和监督；经理层直接对企业董事会负责，要坚决接受董事会的任命及主张，确保权利与义务的统一。

④规范激励约束机制。要确保经营管理者的职业化以及经营管理者选择的市场化；还要完善对职业经理人的监督机制，既要讲激励，也要讲约束，以确保整个激励约束机制的有效性。

（2）创新企业利益机制

正确处理所有者、经营者和劳动者三者间的劳资关系，实现三方利益机制的最优化，这既是健全企业核心利益机制的中心内容，也是完善激励机制的基础所在。要在权、责、利三个层面上，切实提高企业职工对国有资产的关切度，通过目标激励、物质激励、竞争激励等多种方式来调动职工为企业工作的积极性，实现物质激励与精神激励相结合。推崇现代企业理论当中的"以人为本"精神，着力培养企业人员的创造性和积极性，帮助职工看到自我发展、企业发展的美好前景和未来，激发职工奋发向上的拼搏精神。

（3）转变企业管理方式

要改变在以往计划经济体制下单一、封闭的企业管理，要向适应市场竞争的开放、复合式管理迈进。要由被动型管理向主动型管理转变，市场经济条件下，管理方式应该时刻随市场需求变化而变化，要按市场竞争的要求进行成本收益核算，面向市场推动企业科技革命，加强资本的循环与流通，密切关注生产与销售，在不断强化企业市场竞争力的情况下变被动管理为主动管理。

第三节　完善宏观政策导向体系

跨国公司在我国大陆范围内掀起的跨国并购浪潮，是我们制定国家经济安全政策的现实依据，而外商直接投资理论中的技术外溢以及后发国家技术赶超理论，则是我们完善国家经济安全政策的理论依据。

改革开放后我国政府所制定的第一部涉及国家经济（产业）安全的政策性文件是 1986 年颁布的《国民经济和社会发展第七个五年计划》，当时就明确提出了"国家产业政策"这一概念，把我国产业结构调整优化提上了议事日程；1989 年出台的《国务院关于当前产业政策要点的决定》进一步强调了我国基础产业发展、促进技术进步；1994 年颁布的《20 世纪 90 年代国家产业政策纲要》在产业结构调整、产业升级、产业组织、产业技术和产业布局等方面提出的目标，为我国今后经济发展提供了宏观政策方面的指导；1998 年发布的《当前国家重点鼓励发展的产业、产品和技术目录》则为我国 21 世纪经济发展指明了方向。[①] 总的来看，这一系列经济发展的纲领性文件对促进我国经济发展和产业结构升级优化均具有重要的指导意义，但是，随着新的对外开放格局的形成，在境外跨国公司的兼并重组活动严重影响到我国国民经济命脉的情况下，这些政策性文件则在保护国家经济安全方面显得日趋薄弱，如何有针对性地制定出符合当前新时期开放条件下"双赢"格局的宏观经济政策，在大规模地引进外资的同时，又能提高本国技术水平，就显得日趋紧迫，根据本书的分析，我们认

[①]　各相关文件资料来源于《产业安全理论研究》（李孟刚，2006），第 309 ~ 310 页。

为应该在以下方面作出相应的调整和完善。

一 明确"市场换技术"政策适用的范围

改革开放初期，外资大规模涌进，弥补了我国经济建设发展急需的资金缺口，有力促进了我国社会主义市场经济的发展。为了更好地利用外资、提高我国企业技术水平，我国长期以来一直倡导"市场换技术"的政策，主张通过把一部分国内市场向外资开放，以期换取外资企业的先进技术，然而，改革开放30余年的实践却逐渐证明此举成效不大，不少原本知名的民族品牌在外资的竞争压力下销声匿迹，而我国企业整体技术水平的提高却不显著，因而不少学者开始主张抛弃该政策（如李荣融，2006）。

但是，根据本书前一章基于我国数据的经验实证可知，虽然跨国公司打压了同行业的本国企业，抢占了本国企业的国内市场份额，无益于同行业内本国企业技术水平的提高，仅从同行业来看，"市场换技术"的议案的确没有产生良好效果，但是基于不同行业间的技术外溢却显著为正，这就表明经由后向关联渠道，跨国公司对我国上游本土企业的技术水平提高还是产生了显著的正向促进作用，这就在一定程度上为"市场换技术"议案在一定范围内的适用性提供了佐证，"双赢"的对外开放格局仍然是可行的。正是由于同行业内所面临的竞争威胁以及期望获取质优价廉的中间投入品，才使得跨国公司的技术领先优势成为一把"双刃剑"，既可以对同行业的本国企业产生实质性的竞争压力，又可以通过与上游本国企业建立的后向业务关联产生技术外溢，虽然没有提高同行业内的技术水平，却显著地提高了上游行业的技术水平，且总体外溢效果仍然为正，行业间的正向外部性完全弥补了行业内的负向外部性。

今后，我们不能对"市场换技术"完全予以抛弃，而应该对这一议案的适用范围进行谨慎的甄别。对于国计民生关系不大、国民经济命脉控制不强的一些下游最终消费品行业，应大力引进外来资本，通过出让这一部分下游行业的国内市场来鼓励跨国公司向上游本土企业转让母国的先进技术，尤其是对于上游一批资本密集、技术含量高的中间品生产行业，它们从下游跨国公司所获取的先进技术对于"市场换技术"方案的成功起到了决定性的作用，对于建立与完善"双赢"的对外开放格局也有着关键性的经济和社会价值。毕竟，单方面出让市场而没有学到先进技术，或是不想出让市场又想获取外来先进技术的做法在现实中都是很难持久的，只有通过这种双方均互惠互利的对外开放体系，暂时出让本国国内一部分市场，才能取得我国经济持续、快速、健康发展所必需依赖的先进生产技术。

二 增强本国下游行业三资企业的集聚

要使下游行业成为三资企业的集聚地，发挥"中心—外围"的产业联动效应，政府就必须划出相应地点，建立专门的工业园区，在园区内完善软、硬件设施，并辅以各种优惠条件，吸引越来越多的境外跨国公司来园区内投资、采购。

在硬件设施方面，园区的选址应该以水、陆、空交通枢纽地带为优先择址地点，水电、运输等条件便捷；要抓产业配套环境建设；发展现代化的物流产业，降低经营成本；整合外向型经济发展所需的生产、销售、流通三大功能；健全产业链，以集群发展为目标，加强产业配套，形成一批关联度大、配套性好、带动性较强的产业链条，缩小采购半径，扩大产业规模，提高产业效益。

在软件方面，最主要的是要多向三资企业集聚的地带输送优秀人才，在物质资本发挥作用时，人力资本就是必要的保障。依托当地高等院校，培养一大批懂语言、懂国际市场业务的专业型人才，这是大型跨国公司进入园区发挥产业关联效应所必须的一环，没有人才，也就没有劳动力高级别的流动，也就不可能针对本国相关产业部门从事职业技术培训，因而技术外溢的效果也就极其有限。

三 鼓励本国下游行业引进战略投资者

本书的实证结果表明,上下游、内外资企业间技术差距越大,越有利于后向技术外溢的产生,这与许多就同行业中内、外资企业间技术差距对技术外溢影响的实证结果完全相反,这就为今后我国在下游行业引进什么类型、什么规模的外资以及跨国公司提供了很好的借鉴。

战略投资者这一定义,最初可追溯到中国证券会在 1999 年 7 月发布的《关于进一步完善股票发行方式的通知》一文中。① 但新时期开放条件下,目前认为战略投资者一般是那些谋求战略发展利益,愿意长期持有某一企业较大股份,并积极参与企业公司治理的法人投资者。他们通常都是不仅具有资金、人才和技术优势,而且在改善公司治理结构,包括对新技术、新专利的研发方面具有丰富管理经验的实业投资者。② 简而言之,战略投资者就是具有较长历史积淀、企业规模庞大、技术水平领先的境外大型跨国公司。将战略投资者引进下游行业,将会对本国上游企业的技术提升起到很好的示范学习作用。在我国现有引资规模基础上,引进战略投资者,以确保新时期开放条件下的外资具有技术实力雄厚、管理经验丰富等特征。

首先,要建立起战略投资者的甄别机制。无论是在经营理念

---

① 中国证券会在 1999 年 7 月发布的《关于进一步完善股票发行方式的通知》中,首次引入了这一概念,战略投资者是指与发行公司业务联系紧密且欲长期持有发行公司股票的法人,一般法人持股可以在股票上市 3 个月后上市流通,而战略投资者则只能在事先约定的持股期满后才可上市流通,且持股期不得少于6 个月。但在实际操作中,由于股票一级市场价格与二级市场价格之间存在较大价差,战略投资者在二级市场上卖出股票即可获得较大的投资回报,最终,战略投资者通常都演变成以短期价差收益为追求目标的一般投资者。
② 该定义援引王耀中教授所主持的湖南省社会科学基金重点项目"加快引进战略投资者提升我省企业对策研究"。

上，还是技术资金实力上，战略投资者与一般投资者（投机者）都具有根本性的区别。一般投资者可能仅仅追求短期价差收益，而战略投资者追求的是长期战略利益。拥有良好的经营业绩，拥有资金、技术、人才、品牌、采购与营销网络、独占的生产许可、经营许可和稀缺资源，拥有核心技术，在产业链中居于关键地位，能带动产业结构升级，成熟和完善的公司治理体系，有助于目标企业产权改造，这些都是一般投资者和投机者所不具备的，下游行业在引进战略投资者时就应该在技术、人才、资金、营销网络等方面对外来资本进行严格筛选。

其次，在适当出让下游行业一定市场份额的前提下，引进战略投资者的方式要尽量多样化，根据实践效果劣中择优。在遵循国家产业政策的前提下，企业可根据各自情况，选择合资、合作、上市、增资扩股、转让等方式引进战略投资者。鼓励战略投资者兼并、收购本国企业或者独资办企业。国有企业在符合规定的前提下，可由战略投资者控股。可以通过首次公开募股方式引进战略投资者，也可以通过股权转让方式引进战略投资者，还可以在原有基础上，通过增资扩股方式引进战略投资者，等等。总之，要敢于创新，不拘于形式，只要有利于提高本国企业整体技术水平，做大做强本国中间品生产企业，下游引进战略投资者的规模就要尽可能地扩大。

再次，要注意引进战略投资者后对先进外来技术的消化和吸收。由于技术本身的特性，购买关键技术将产生极高的交易成本，同时，仅凭目前我国国有企业内部的技术力量也较难实现技术的模仿、消化、吸收和改进。引进战略投资者有助于解决上述问题。这是因为战略投资者被引进后，他们作为股东能分享企业成长所带来的收益，当其拥有关键技术能促进生产成本下降、提高产品质量、实现收益的高速增长时，追求自身收益最大化的战略投资者必然乐意提供关键技术，并与我国上游本土企业在技术领域进行合作，提供工程技能和生产现场作业技能的支持，把关键技术转化为符合顾客要求的产品，最终实现我国企业整体技术引进、消化、吸收能力的提升。

四　做大本国上游企业规模、强化竞争能力

企业规模、市场竞争能力与技术水平的提高是否存在必然联系呢？香伶（2005）认为，研究与开发强度和企业规模之间存在着必然的联系，而技术创新的扩散效应与企业规模之间也有一定的连带效应，而要加快高科技产业化就必须依托大型企业，为 R&D 投入以及科研成果的商品化及产业化提供必要的资金及高素质的科研人才。田伯伏（2006）也认为，只有企业规模达到一定程度，才能促进有效竞争，由此带动企业技术创新。我们基本于本国数据的经验实证也表明，只有当上游行业中内、外资企业各自所占有的市场份额彼此相当，市场竞争呈均衡态势时，来源于下游跨国公司的后向技术外溢才会产生最大效益，此时，本国上游企业的技术水平才可能显著提高。结合规模经济理论以及本文模型的推导，上游企业要与外资取得均衡的竞争态势，源自规模收益的增进必不可少。①

目前，我国产业组织结构的典型特征就是对内高度垄断与过度竞争并存，而对外核心竞争力不强。尤其以过度竞争最突出，甚至还出现了生产过剩，这对于国内生产要素的配置都是一种极大的浪费，对本国企业整体技术水平的提高极为不利，其解决方案之一就是要在引进外资、形成有效的兼并机制基础上，扩充国内企业规模，利用规模经济收益获取技术水平的提高。

---

① 熊彼特就曾认为，企业规模与技术创新之间的关系可由以下三点体现：首先，只有大的厂商才可能负担得起研究与开发项目的费用，其次，较大且多元化的厂商可以通过大范围的研发创新来规避失败。最后，收获创新的成果也需要一些市场控制的要素。此后，Christopher（1982）对 OECD 国家的经验实证，也证明了这一点，这些研发密度高的国家中，100 个项目就会占据 80% 以上的总研发经费，且研发均集中在雇员超过 5000 人的大型企业集团之中，而绝大多数中小型企业都没有从事任何典型意义上的研发工作。

首先，可以适当扩大产销量。特别是在许多国有大中型企业生产能力过剩的情况下，获取规模经济的空间更大，这就要求政府组织跨国公司采购部门到本国前后向关联产业中去参观和调研，了解本国中间品等投入和销售部门的生产情况，尽量使本国生产与跨国公司业务采购标准相一致，以使跨国公司形成本地化的循环采购。

其次，可以适当地负债经营以扩大生产规模。广大中小型民营企业规模偏小，技术实力弱，资金实力不强，很难形成规模经济，在市场竞争压力下极易倒闭，应当允许这些中小企业适当负债经营，在一定程度上实现他们做大做强。政府应出台专门的法规制度，对于经营业绩良好、信誉佳、企业运转机制灵活、产品销路前景广阔的民营企业，应在国有商业银行中划拨专门贷款经费以供其使用，以解决其资金不足时的燃眉之急，这既可以帮助私人企业成长为大型企业，也可以解决由于私人融资渠道不畅而组建"地下钱庄"给金融秩序带来的隐患。

再次，要鼓励国内企业并购重组。在目前经济体制转型期间，生产要素亟待重新配置以发挥最高效率，企业间的并购重组就是实现这一良性机制的必要手段，特别是在目前市场竞争激烈、内部扩张难以在短时期内形成规模的情况下，外部兼并就成为企业扩大规模的必由之路，不仅可以提高企业的市场占有率，而且可以使企业降低长期平均成本，更容易实现和增加规模经济收益。

第九章
研究结论

　　本书以并购理论和跨国公司技术外溢理论及其实证研究成果为依托，将跨国并购、后向技术外溢与国家经济安全置于双边寡头垄断的分析框架之中，在跨国并购改变市场结构的前提下，就来自下游跨国公司的后向技术外溢对我国社会福利及行业利润所产生的影响进行定性分析，并以 2002 年中国投入 - 产出系数表和 1999 ~ 2006 年 38 个工业部类的面板数据为样本，构造了反映前、后向技术外溢的业务关联渠道，就跨国公司在竞争性市场结构下所产生的后向技术外溢及其多种影响因素进行实证检验，以期为今后我国政府引资政策的调整以及宏观经济结构的优化提供参考。

　　从本书对跨国公司技术外溢理论的回顾与总结来看，在对以往技术外溢的经验实证按不同数据样本、不同检验国别、不同检验方案、不同外溢渠道进行分类比较后，发现发展中国家和转型国家的上游本土企业，通过与本土下游跨国公司所建立的后向关联业务，能够获取在统计上非常显著的技术外溢效应，通常称之为后向外溢效应，而同行业内本土企业与跨国公司的激烈竞争很难激励发展中国家的技术进步。这就为今后我国企业如何获取跨国公司的先进技术提供了借鉴，应将获取技术外溢的侧重点放置在与跨国公司所建立的关联业务上，而非竞争业务上。另外，从本书建立的上下游双边垄断模型以及上下游双边寡头垄断模型的

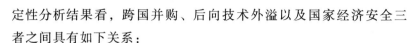

定性分析结果看，跨国并购、后向技术外溢以及国家经济安全三者之间具有如下关系：

（1）基于上下游双边垄断模型的分析可知，本国上游中间品生产企业是选择与下游跨国公司纵向并购还是与下游本土企业一体化联盟，取决于纵向并购所产生的后向技术外溢效应与一体化联盟所产生的交易成本效应之间的博弈。而当本国与外国中间品生产技术差距较大时，后向技术外溢明显优于交易成本效应，此时跨国公司对本国上游龙头企业的纵向并购得逞，危及国家经济安全；而当本国与外国中间品生产技术差距较小时，交易成本效应优于后向技术外溢效应，此时本国上下游企业一体化联盟具有较大优势。由此看来，本国中间品生产技术的提高对于防御跨国公司的恶意纵向并购、维护国家经济安全至关重要。

（2）将上下游双边垄断模型扩展为上下游双边寡头垄断模型，以及在中间品的价格谈判中引入联盟博弈理论的"平衡贡献性质"后，基于下游跨国公司纵向并购机理的分析结果表明，当本国上游行业中间品互为竞争关系且上游企业存在单位成本递增时，跨国公司会实施纵向并购，而当本国上游行业中间品为互补关系或存在单位成本递减时，不会发生纵向并购。这就要求我国国有经济要合理布局，避免恶性竞争、多头竞争，努力提高企业劳动生产率，发展一批互补性强的关联性产业。

（3）在有技术种类可供选择以及本国上游企业存在单位生产成本递增的前提下，基于上下游双边寡头垄断模型的分析结果，当有纵向并购发生时，本国上下游企业只有实施一体化联盟，在市场竞争上与跨国公司势均力敌时，上游本土企业才能从下游跨国公司获取最大化的后向外溢效应，并且，此时随着本国上游中间品竞争性的增强，后向外溢效应亦同步提升。若以本国行业利润以及社会福利作为国家经济安全的衡量指标，分析结果也表明，只有当本国企业与跨国公司处于势均力敌的竞争局面时，通过后向关联渠道所获取的先进生产技术才能促使本国行业利润和社会福利达到最优。

本书基于 2002 年中国投入－产出系数表以及 38 个工业部类面板数据样本的经验实证显示：

（1）总量样本的检验结果表明，在全部工业企业层面上的检验未能证实后向技术外溢的产生，然而将总量样本缩至国有及国有控股工业企业层面，则跨国公司在我国产生了显著的后向技术外溢，并且，当内、外资企业间的市场份额彼此势均力敌时，后向外溢效应更大，而经由前向业务关联渠道和同行业竞争渠道，则产生了明显的负向外部性，但三种外溢渠道的净效应为正，且在统计上显著。

（2）国有及国有控股工业企业的分样本检验结果表明，上下游、内外资企业技术差距越大，下游三资企业集聚程度越高，同行业内、外资企业间竞争强度越大，上游行业本土企业规模越大，就越有利于后向技术外溢的产生。

（3）以工业面板数据为样本，在分离出具有非观测性和特异性的全要素生产率之后，用 Levinsohn—Petrin 非参数理论对索洛余值的修正估计结果显示 TFP 年均有所增长，但目前在产出当中所占份额较低。我国工业行业存在着规模报酬递增现象。基于跨国公司技术外溢机制的检验结果显示，后向技术外溢和行业竞争效应并没有显著提升中国工业全要素生产率，而前向技术外溢和规模效应就明显提升了中国工业全要素生产率，并且，上游行业本土企业从下游行业外资企业所获得的规模效应，经由前向业务关联渠道又反哺提升了下游行业本土企业的全要素生产率。

最后，本书根据以上定性和定量分析结果，提出了在开放机制下，如何利用源自跨国公司的后向技术外溢来提高本国中间品生产技术水平、促进本国行业利润和社会福利增长、维护国家经济安全的政策建议。主要有组建本国上下游企业联盟，优化国有经济结构和布局，国有企业继续朝着现代企业制度深化改革，完善国家宏观经济政策导向体系等。

跨国并购与国家经济安全间的关系是一个复杂而又有重大研究价值的课题，随着我国对外开放和国有大中型企业改革的不断深化，有关理论探索和实证研究也将持续进行下去。笔者认为，需要进一步研究的问题如下：

（1）从本书的研究对象看，仅仅侧重研究了跨国并购对东道国获取技术外溢以提高本国社会福利和行业利润的影响，并没有从其他方面研究跨国并购对国家经济安全的影响，如跨国公司利润汇回机制、环境污染等问题，这些都将是今后的重要研究课题。

（2）从本书建立的上下游双边寡头垄断模型来看，仅仅考察了跨国公司处于下游行业时所产生的后向技术外溢的情况，没有进一步考察将跨国公司置于模型上游行业时所产生的前向技术外溢情况，这需要以后进一步完善。

（3）上下游双边（寡头）垄断模型中所附加的一些初始假设条件过强，如中间品为非贸易品、跨国公司中间品本地化采购等，这些都需要在今后的研究中予以有步骤地适当放宽。

（4）本书在检验方法上还需要更为合理的技术手段，在样本选择上，应该更加偏重于包含跨国公司并购个案在内的微观层面企业数据；在指标选择上，应该经由二次计算得出更能反映技术水平变化的综合指标；对于微观层面数据的个体决策行为也需进行更加长期和细微地观察、分析和推断。

附录 A
数学推导过程

附录 A1 5.2.2 中各市场结构下某一上游企业 s 和下游企业 r 的联合利润计算

根据所建立的上下游双边寡头垄断模型，有：上游中间投入品生产企业 s，$s' \in S^0 = \{A, B\}$，下游最终产品生产企业 r，$r' \in R^0 = \{MNC, a\}$，根据 (5.24) 式、(5.25) 式有：

(1) 市场结构 $\omega = (1, 1)$ 下任一上游企业 s 与任一下游企业 r 的联合利润

附表 A1 上、下游企业 s、r 在市场结构 $\omega = (1, 1)$ 下的联合利润

	sYr	$sYr, s'Yr'$
$W_{\tilde{\Psi}}$	$W_{\Omega \setminus \{s',r'\}}$	W_{Ω}
$W_{\tilde{\Psi} \setminus \{sYr\}}$	0	$W_{\Omega \setminus \{s,r\}}$
$[W_{\tilde{\Psi}} - W_{\tilde{\Psi} \setminus \{sYr\}}]$	$W_{\Omega \setminus \{s',r'\}}$	$W_{\Omega} - W_{\Omega \setminus \{s,r\}}$
$|\tilde{\Psi}|$	1	2
$w(|\tilde{\Psi}|)$	$\dfrac{1}{2}$	$\dfrac{1}{2}$
$w(|\tilde{\Psi}|) \times [W_{\tilde{\Psi}} - W_{\tilde{\Psi} \setminus \{sYr\}}]$	$\dfrac{1}{2} W_{\Omega \setminus \{s',r'\}}$	$\dfrac{1}{2}(W_{\Omega} - W_{\Omega \setminus \{s,r\}})$
$U_{sYr}^{(1,1)}$	$\dfrac{1}{2} W_{\Omega \setminus \{s',r'\}} + \dfrac{1}{2}(W_{\Omega} - W_{\Omega \setminus \{s,r\}})$	

（2）市场结构 $\omega=$（1，2）下任一上游企业 s 与任一下游企业 r 的联合利润

附表 A2　上、下游企业 s、r 在市场结构 $\omega=$（1，2）下的联合利润

	sYr	$sYr,\ s'$	$sYr,\ r'$	$sYr,\ s',\ r'$
$W_{\tilde\Psi}$	$W_{\Omega\setminus\{r',r'\}}$	$W_{\Omega\setminus\{r'\}}$	$W_{\Omega\setminus\{r'\}}$	W_Ω
$W_{\tilde\Psi\setminus\{sYr\}}$	0	0	0	$W_{\Omega\setminus\{s,r\}}$
$[W_{\tilde\Psi}-W_{\tilde\Psi\setminus\{sYr\}}]$	$W_{\Omega\setminus\{r',r'\}}$	$W_{\Omega\setminus\{r'\}}$	$W_{\Omega\setminus\{r'\}}$	$W_\Omega-W_{\Omega\setminus\{s,r\}}$
$|\tilde\Psi|$	1	2	2	3
$w(|\tilde\Psi|)$	$\dfrac13$	$\dfrac16$	$\dfrac16$	$\dfrac13$
$w(|\tilde\Psi|)\times[W_{\tilde\Psi}-W_{\tilde\Psi\setminus\{sYr\}}]$	$\dfrac13 W_{\Omega\setminus\{r',r'\}}$	$\dfrac16 W_{\Omega\setminus\{r'\}}$	$\dfrac16 W_{\Omega\setminus\{r'\}}$	$\dfrac13(W_\Omega-W_{\Omega\setminus\{s,r\}})$
$U_{sYr}^{(1,2)}$	$\dfrac13 W_{\Omega\setminus\{r',r'\}}+\dfrac16 W_{\Omega\setminus\{r'\}}+\dfrac16 W_{\Omega\setminus\{r'\}}+\dfrac13(W_\Omega-W_{\Omega\setminus\{s,r\}})$			

附表 A3　上游企业 s' 在市场结构 $\omega=$（1，2）下的联合利润

	s'	$s',\ sYr$	$s',\ r'$	$s',\ sYr,\ r'$
$W_{\tilde\Psi}$	0	$W_{\Omega\setminus\{r'\}}$	$W_{\Omega\setminus\{s,r\}}$	W_Ω
$W_{\tilde\Psi\setminus\{s'\}}$	0	$W_{\Omega\setminus\{s',r'\}}$	0	$W_{\Omega\setminus\{s'\}}$
$[W_{\tilde\Psi}-W_{\tilde\Psi\setminus\{s'\}}]$	0	$W_{\Omega\setminus\{r'\}}-W_{\Omega\setminus\{s',r'\}}$	$W_{\Omega\setminus\{s,r\}}$	$W_\Omega-W_{\Omega\setminus\{s'\}}$
$|\tilde\Psi|$	1	2	2	3
$w(|\tilde\Psi|)$	$\dfrac13$	$\dfrac16$	$\dfrac16$	$\dfrac13$
$w(|\tilde\Psi|)\times[W_{\tilde\Psi}-W_{\tilde\Psi\setminus\{s'\}}]$	0	$\dfrac16(W_{\Omega\setminus\{r'\}}-W_{\Omega\setminus\{s',r'\}})$	$\dfrac16 W_{\Omega\setminus\{s,r\}}$	$\dfrac13(W_\Omega-W_{\Omega\setminus\{s'\}})$
$U_{s}^{(1,2)'}$	$\dfrac16(W_{\Omega\setminus\{r'\}}-W_{\Omega\setminus\{s',r'\}})+\dfrac16 W_{\Omega\setminus\{s,r\}}+\dfrac13(W_\Omega-W_{\Omega\setminus\{s'\}})$			

另外，根据式 $U_r^{(1,2)'}=W_\Omega-U_{sYr}^{(1,2)'}-U_s^{(1,2)'}$，有：

$$U_r^{(1,2)'}=\frac13(W_\Omega-W_{\Omega\setminus\{r'\}})+\frac16(W_{\Omega\setminus\{s'\}}+W_{\Omega\setminus\{s,r\}}-W_{\Omega\setminus\{s',r'\}})$$

（3）市场结构 $\omega=$（2，1）下任一上游企业 s 与任一下游企业 r 的联合利润

附表 A4　上游企业 s 在市场结构 $\omega = (2, 2)$ 下的联合利润

	s	s, s'	s, r	s, r'	s, s', r	s, s', r'	s, r, r'	s, s', r, r'
$W_{\tilde{\Psi}}$	0	0	$W_{\Omega \setminus \{s', r'\}}$	$W_{\Omega \setminus \{s', r\}}$	$W_{\Omega \setminus \{r'\}}$	$W_{\Omega \setminus \{r\}}$	$W_{\Omega \setminus \{s'\}}$	W_{Ω}
$W_{\tilde{\Psi} \setminus \{s\}}$	0	0	0	0	$W_{\Omega \setminus \{s, r'\}}$	$W_{\Omega \setminus \{s, r\}}$	0	$W_{\Omega \setminus \{s\}}$
$[W_{\tilde{\Psi}} - W_{\tilde{\Psi} \setminus \{s\}}]$	0	0	$W_{\Omega \setminus \{s', r'\}}$	$W_{\Omega \setminus \{s', r\}}$	$W_{\Omega \setminus \{r'\}} - W_{\Omega \setminus \{s, r'\}}$	$W_{\Omega \setminus \{r\}} - W_{\Omega \setminus \{s, r\}}$	$W_{\Omega \setminus \{s'\}}$	$W_{\Omega} - W_{\Omega \setminus \{s\}}$
$\lvert \tilde{\Psi} \rvert$	1	2	2	2	3	3	3	4
$w(\lvert \tilde{\Psi} \rvert)$	$\frac{1}{4}$	$\frac{1}{12}$	$\frac{1}{12}$	$\frac{1}{12}$	$\frac{1}{12}$	$\frac{1}{12}$	$\frac{1}{12}$	$\frac{1}{4}$
$w(\lvert \tilde{\Psi} \rvert) \times [W_{\tilde{\Psi}} - W_{\tilde{\Psi} \setminus \{s\}}]$	0	0	$\frac{1}{12} W_{\Omega \setminus \{s', r'\}}$	$\frac{1}{12} W_{\Omega \setminus \{s', r\}}$	$\frac{1}{12}(W_{\Omega \setminus \{r'\}} - W_{\Omega \setminus \{s, r'\}})$	$\frac{1}{12}(W_{\Omega \setminus \{r\}} - W_{\Omega \setminus \{s, r\}})$	$\frac{1}{12} W_{\Omega \setminus \{s'\}}$	$\frac{1}{4}(W_{\Omega} - W_{\Omega \setminus \{s\}})$
$U_s^{(1,1)}$	$\frac{1}{12} W_{\Omega \setminus \{s', r'\}} + \frac{1}{12} W_{\Omega \setminus \{s', r\}} + \frac{1}{12}(W_{\Omega \setminus \{r'\}} - W_{\Omega \setminus \{s, r'\}}) + \frac{1}{12}(W_{\Omega \setminus \{r\}} - W_{\Omega \setminus \{s, r\}}) + \frac{1}{12} W_{\Omega \setminus \{s'\}} + \frac{1}{4}(W_{\Omega} - W_{\Omega \setminus \{s\}})$							

附表 A5　下游企业 r 在市场结构 $\omega = (2, 2)$ 下的联合利润

	r	r, r'	r, s	r, s'	r, r', s	r, r', s'	r, s, s'	s, s', r, r'
$W_{\tilde{\Psi}}$	0	0	$W_{\Omega\setminus\{s',r'\}}$	$W_{\Omega\setminus\{s,r'\}}$	$W_{\Omega\setminus\{s'\}}$	$W_{\Omega\setminus\{s\}}$	$W_{\Omega\setminus\{r'\}}$	W_{Ω}
$W_{\tilde{\Psi}\setminus\{r\}}$	0	0	0	0	$W_{\Omega\setminus\{r,s'\}}$	$W_{\Omega\setminus\{s,r'\}}$	0	$W_{\Omega\setminus\{r\}}$
$[W_{\tilde{\Psi}} - W_{\tilde{\Psi}\setminus\{r\}}]$	0	0	$W_{\Omega\setminus\{s',r'\}}$	$W_{\Omega\setminus\{s,r'\}}$	$W_{\Omega\setminus\{s'\}} - W_{\Omega\setminus\{r,s'\}}$	$W_{\Omega\setminus\{s\}} - W_{\Omega\setminus\{s,r'\}}$	$W_{\Omega\setminus\{r'\}}$	$W_{\Omega} - W_{\Omega\setminus\{r\}}$
$|\tilde{\Psi}|$	1	2	2	2	3	3	3	4
$w(|\tilde{\Psi}|)$	$\frac{1}{4}$	$\frac{1}{12}$	$\frac{1}{12}$	$\frac{1}{12}$	$\frac{1}{12}$	$\frac{1}{12}$	$\frac{1}{12}$	$\frac{1}{4}$
$w(|\tilde{\Psi}|) \times [W_{\tilde{\Psi}} - W_{\tilde{\Psi}\setminus\{r\}}]$	0	0	$\frac{1}{12}W_{\Omega\setminus\{s',r'\}}$	$\frac{1}{12}W_{\Omega\setminus\{s,r'\}}$	$\frac{1}{12}(W_{\Omega\setminus\{s'\}} - W_{\Omega\setminus\{r,s'\}})$	$\frac{1}{12}(W_{\Omega\setminus\{s\}} - W_{\Omega\setminus\{s,r'\}})$	$\frac{1}{12}W_{\Omega\setminus\{r'\}}$	$\frac{1}{4}(W_{\Omega} - W_{\Omega\setminus\{r\}})$
$U_r^{(1,1)}$	$\frac{1}{12}W_{\Omega\setminus\{s',r'\}} + \frac{1}{12}W_{\Omega\setminus\{s,r'\}} + \frac{1}{12}W_{\Omega\setminus\{r'\}} + \frac{1}{12}(W_{\Omega\setminus\{s'\}} - W_{\Omega\setminus\{r,s'\}}) + \frac{1}{12}(W_{\Omega\setminus\{s\}} - W_{\Omega\setminus\{s,r'\}}) + \frac{1}{4}(W_{\Omega} - W_{\Omega\setminus\{r\}})$							

199

根据（2）中 $U_r^{(1,2)}{}'$、$U_{sYr}^{(1,2)}$、$U_s^{(1,2)}{}'$ 的计算，可得：

$$U_s^{(1,2)}{}' + U_r^{(1,2)}{}' = W_\Omega - U_{sYr}^{(1,2)} = \frac{1}{3}\left(-W_{\Omega \setminus \{s',r'\}} + 2W_\Omega + W_{\Omega \setminus \{s,r\}}\right) - \frac{1}{6}\left(W_{\Omega \setminus \{r'\}} + W_{\Omega \setminus \{s'\}}\right)$$

在市场结构 $\omega = (2,1)$ 下，依据对称性原理，令 $s = s'$，$r = r'$，有：

$$U_s^{(1,2)} + U_r^{(1,2)} = \frac{1}{3}\left(2W_\Omega + W_{\Omega \setminus \{s',r'\}} - W_{\Omega \setminus \{s,r\}}\right) - \frac{1}{6}\left(W_{\Omega \setminus \{r\}} + W_{\Omega \setminus \{s\}}\right)$$

（4）市场结构 $\omega = (2,2)$ 下任一上游企业 s 与任一下游企业 r 的联合利润

根据（5.24）式、（5.25）式有

由此可知，在市场结构 $\omega = (2,2)$ 下，上、下游企业 s 和 r 的联合利润则为：

$$U_s^{(2,2)} + U_r^{(2,2)} = \frac{1}{2}W_\Omega + \frac{1}{6}\left(W_{\Omega \setminus \{s',r'\}} + W_{\Omega \setminus \{r'\}} + W_{\Omega \setminus \{s'\}} - W_{\Omega \setminus \{s,r\}} - W_{\Omega \setminus \{s\}} - W_{\Omega \setminus \{r\}}\right)$$

附录 A2　5.2.3 中纵向跨国并购和本土上下游企业联盟得以实施的条件

对于（5.4）式，当市场结构中一端的上下游企业 B 和 a 状态不变时（联盟或非联盟），市场结构另一端的下游跨国公司 MNC 和上游本土企业 A 完成纵向并购需依赖于以下条件：

（1）当上下游企业 B 和 a 处于联盟状态时

令 $MNC = r$，$A = s$，$B = s'$，$a = r'$，依据 5.2.2 中上下游企业联合利润表达式，可知

$$U_{AYMNC}^{(1,1)} = \frac{1}{2}\left(W_\Omega + W_{\Omega \setminus \{B,a\}} - W_{\Omega \setminus \{A,MNC\}}\right)$$

$$U_A^{(1,2)} + U_{MNC}^{(1,2)} = \frac{1}{3} \left(2W_\Omega + W_{\Omega \setminus \{B,a\}} - W_{\Omega \setminus \{A,MNC\}} \right) - \frac{1}{6} \left(W_{\Omega \setminus \{MNC\}} + W_{\Omega \setminus \{A\}} \right)$$

则只有当 $U_{AYMNC}^{(1,1)} > U_A^{(1,2)} + U_{MNC}^{(1,2)}$ 时，才会有纵向跨国并购发生，代入具体函数表达式，有 $W_{\Omega \setminus \{B,a\}} - W_{\Omega \setminus \{A,MNC\}} + W_{\Omega \setminus \{A\}} + W_{\Omega \setminus \{MNC\}} > W_\Omega$。

（2）当上下游企业 B 和 a 处于非联盟状态时

令 $MNC = r$，$A = s$，$B = s'$，$a = r'$，依据 5.2.2 中上下游企业联合利润表达式，可知

$$U_{AYMNC}^{(1,2)} = \frac{1}{3} \left(W_{\Omega \setminus \{B,a\}} + W_\Omega - W_{\Omega \setminus \{A,MNC\}} \right) + \frac{1}{6} \left(W_{\Omega \setminus \{a\}} + W_{\Omega \setminus \{B\}} \right)$$

$$U_A^{(2,2)} + U_{MNC}^{(2,2)} = \frac{1}{2} W_\Omega + \frac{1}{6} \left(W_{\Omega \setminus \{B,a\}} + W_{\Omega \setminus \{a\}} + W_{\Omega \setminus \{B\}} - W_{\Omega \setminus \{A,MNC\}} - W_{\Omega \setminus \{A\}} - W_{\Omega \setminus \{MNC\}} \right)$$

则只有当 $U_{AYMNC}^{(1,2)} > U_A^{(2,2)} + U_{MNC}^{(2,2)}$，才会有纵向跨国并购发生，代入具体函数表达式，有 $W_{\Omega \setminus \{B,a\}} - W_{\Omega \setminus \{A,MNC\}} + W_{\Omega \setminus \{A\}} + W_{\Omega \setminus \{MNC\}} > W_\Omega$。

综合（1）-（2），可知（5.4）式得证。

同理可证（5.5）式。

附录 A3 5.2.3 中命题 5.1 经济含义的数学推导过程

以（5.4）式为例，通过代入行业利润函数式（5.1），可得：

$$p_{A,MNC} \left(x_{A,MNC}, 0 \right) x_{A,MNC} + p_{B,MNC} \left(x_{B,MNC}, 0 \right) x_{B,MNC} - K_A \left(x_{A,MNC} \right) - K_A \left(x_{A,a} \right) > p_{A,MNC} \left(x_{A,MNC}, x_{B,MNC} \right) x_{A,MNC} + p_{B,MNC} \left(x_{B,MNC}, x_{A,MNC} \right) x_{B,MNC} - K_A \left(x_{A,MNC} + x_{A,a} \right)$$

很明显，当下列一组式子成立时，上式成立。

$$\sum_{s \in S^0} p_{s,MNC} (x_{s,MNC}, 0) > \sum_{s \in S^0} p_{s,MNC} (x_{s,MNC}, x_{s',MNC}) \qquad (\text{A.1})$$

$$K_A (x_{A,MNC} + x_{A,a}) > K_A (x_{A,MNC}) + K_A (x_{A,a}) \qquad (\text{A.2})$$

以上一组式子的经济含义分别代表上游中间品互为替代品，且被并购的上游企业 A 存在着单位成本递增，因为对于（A.2）式，设单位成本为 k_s（·），因而有：

$$\frac{k_A\ (x_{A,MNC})\ x_{A,MNC} + k_A\ (x_{A,a})\ x_{A,a}}{x_{A,MNC} + x_{A,a}} < k_A\ (x_{A,MNC} + x_{A,a})，设\ k_A$$

$(x_{A,MNC}) > k_A\ (x_{A,a})$，则有 $\dfrac{k_A\ (x_{A,MNC})\ x_{A,MNC} + k_A\ (x_{A,a})\ x_{A,a}}{x_{A,MNC} + x_{A,a}} <$

$$\frac{k_A\ (x_{A,MNC})\ x_{A,MNC} + k_A\ (x_{A,MNC})\ x_{A,a}}{x_{A,MNC} + x_{A,a}} < k_A\ (x_{A,MNC})，也 即$$

$$\frac{k_A\ (x_{A,MNC})\ x_{A,MNC} + k_A\ (x_{A,a})\ x_{A,a}}{x_{A,MNC} + x_{A,a}} < Max\ \{k_A\ (x_{A,MNC})，k_A$$

$(x_{A,a})\}$，根据该式，可知若有 $Max\ \{k_A\ (x_{A,MNC})，k_A\ (x_{A,a})\} < k_A$ $(x_{A,MNC} + x_{A,a})$，则（A.2）成立，所以当有单位成本递增时，（A.2）式成立。同理可得（5.5）式的经济含义。

附录 A4　5.2.4 中命题 5.2 的数学推导过程

以市场结构 ω =（1，1）为例，求解后向关联效应带来收益递增时，上游行业对新增固定资产投资成本的承受界限。由 5.2.2中上下游企业联合利润可知，将 $s = A$，$r = MNC$，$s' = B$，$r' = a$ 代入到（5.1）式中，在有后向关联效应即存在两种生产技术可供选择时，可得跨国公司 MNC 同上游中间品生产企业 A 的并购利润为

$$U_{AYMNC}^{(1,1),i} = \frac{1}{2}\ (W_{\Omega}^i + W_{\Omega \setminus \{B,a\}}^i - W_{\Omega \setminus \{A,MNC\}}^i)，i \in I = \{\alpha，\beta\}，为得$$

到上述并购企业的显性利润函数解，需要求出各种缺省状态下（即某些企业是否已脱离市场）的显性利润函数解 W_{Ω}^i、$W_{\Omega \setminus \{B,a\}}^i$、$W_{\Omega \setminus \{A,MNC\}}^i$。以 W_{Ω}^i 求解过程为例，此时四家企业中没有任何一家脱离市场，因而其最优化问题如下：

$$\text{Max：}W_{\Omega}^i = (1 - x_{A,MNC} - cx_{B,MNC})\ x_{A,MNC} + (1 - x_{A,a} - cx_{B,a})\ x_{A,a} -$$
$$F^i - (x_{A,MNC} + x_{A,a})\ k^i + (1 - x_{B,MNC} - cx_{A,MNC})$$

$$x_{B,MNC} + (1 - x_{B,a} - cx_{A,a})\, x_{B,a} - F^i - (x_{B,MNC} + x_{B,a})\, k^i$$

$$FOC: x_{A,MNC} = x_{A,a} = x_{B,MNC} = x_{B,a} = \frac{1 - k^i}{2(1 + c)}$$

$$\therefore \Rightarrow W_\Omega^i = \frac{(1 - k^i)^2}{1 + c} - 2F^i, \quad i \in I = \{\alpha, \beta\} \qquad (A.3)$$

相同的迭代过程可解出 $W_{\Omega \setminus \{B,a\}}^i$、$W_{\Omega \setminus \{A,MNC\}}^i$ 的最优化问题，有：

$$W_{\Omega \setminus \{B,a\}}^i = \frac{(1 - k^i)^2}{4} - F^i \qquad (A.4)$$

$$W_{\Omega \setminus \{A,MNC\}}^i = \frac{(1 - k^\alpha)^2}{4} - F^\alpha \qquad (A.5)$$

将（A.1）－（A.3）式代入到并购企业的利润函数式 $U_{AYMNC}^{(1,1),i}$，通过 $U_{AYMNC}^{(1,1),\beta} > U_{AYMNC}^{(1,1),\alpha}$ 的比较，可解出上游企业 A 对新增固定资产投资成本的承受界限：

$$\Delta_A^{1,1} F = \frac{1}{3}\Gamma + \frac{1}{12}\Theta, \quad \text{其中 } \Gamma = \frac{\Delta k (2 - \Delta k)}{1 + c}, \quad \Theta = \Delta k (2 - \Delta k)$$

同理可求出该市场结构下 B 企业所面临的容忍度 $\Delta_B^{1,1} F = \Gamma - \frac{1}{4}\Theta$，两相比较，可确定行业容忍度，因而有 $\Delta^{1,1} F = \Delta_A^{1,1} F$。

依据上述方法，可求出其他三种市场结构下上游两企业各自的承受界限，排序及比较：

1. 上游 A 企业

$$\Delta_A^{(1,1)} F = \frac{1}{3}\Gamma + \frac{1}{12}\Theta \qquad \Delta_A^{(1,2)} F = \frac{5}{18}\Gamma + \frac{1}{19}\Theta$$

$$\Delta_A^{(2,1)} F = \frac{2}{3}\Gamma - \frac{1}{4}\Theta \qquad \Delta_A^{(2,2)} F = \frac{7}{12}\Gamma - \frac{1}{6}\Theta$$

排序结果：（1）$0 < c < \frac{1}{13}$ 时，$\Delta_A^{(1,1)} F > \Delta_A^{(2,2)} F > \Delta_A^{(2,1)} F > \Delta_A^{(1,2)} F$

（2）$\frac{1}{13} < c < \frac{1}{10}$ 时，$\Delta_A^{(1,1)} F > \Delta_A^{(2,2)} F > \Delta_A^{(1,2)} F > \Delta_A^{(2,1)} F$

（3）$\frac{1}{10} < c < 1$ 时，$\Delta_A^{(1,1)}F > \Delta_A^{(1,2)}F\Delta_A^{(2,2)}F > \Delta_A^{(2,1)}F$

2. 上游 B 企业

$$\Delta_B^{(1,1)}F = \Gamma - \frac{1}{4}\Theta \qquad \Delta_B^{(1,2)}F = \frac{5}{6}\Gamma - \frac{5}{12}\Theta$$

$$\Delta_B^{(2,1)}F = \frac{2}{3}\Gamma \qquad \Delta_B^{(2,2)}F = \frac{7}{12}\Gamma - \frac{1}{6}\Theta$$

排序结果：（1）$0 < c < \frac{1}{3}$ 时，$\Delta_B^{(1,1)}F > \Delta_B^{(2,1)}F > \Delta_B^{(2,2)}F > \Delta_B^{(1,2)}F$

（2）$\frac{1}{3} < c < 1$ 时，$\Delta_B^{(2,1)}F > \Delta_B^{(1,1)}F > \Delta_B^{(2,2)}F > \Delta_B^{(1,2)}F$

3. 上游企业承受界限的对比

（1）$\omega = (1,1)$：$\Delta_A^{(1,1)}F < \Delta_B^{(1,1)}F$

（2）$\omega = (1,2)$：$\Delta_A^{(1,2)}F > \Delta_B^{(1,2)}F$，当 $\frac{1}{19} < c < 1$ $\Delta_A^{(1,2)}F < \Delta_B^{(1,2)}F$，当 $0 < c < \frac{1}{19}$

（3）$\omega = (2,1)$：$\Delta_A^{(2,1)}F < \Delta_B^{(2,1)}F$

（4）$\omega = (2,2)$：$\Delta_A^{(2,2)}F = \Delta_B^{(2,2)}F$

4. 各市场结构下行业承受界限的排序

以 c 的四个临界值 $\left(\frac{1}{19}, \frac{1}{13}, \frac{1}{10}, \frac{1}{3}\right)$ 为界点，选出各市场结构下较小的企业承受界限排序，有：[1]

（1）$0 < c < \frac{1}{19}$：$\Delta_A^{(1,1)}F > \Delta_A^{(2,2)}F > \Delta_A^{(2,1)}F > \Delta_A^{(1,2)}F$

（2）$\frac{1}{19} < c < \frac{1}{13}$：$\Delta_A^{(1,1)}F > \Delta_A^{(2,2)}F > \Delta_A^{(2,1)}F > \Delta_B^{(1,2)}F$

（3）$\frac{1}{13} < c < \frac{1}{10}$：$\Delta_A^{(1,1)}F > \Delta_A^{(2,2)}F > \Delta_A^{(2,1)}F > \Delta_B^{(1,2)}F$

---

[1] 另需证明 $\Delta_A^{2,1}F > \Delta_B^{1,2}F$，$\Delta_B^{2,1}F > \Delta_A^{1,1}F$。

（4）$\dfrac{1}{10} < c < \dfrac{1}{3}$：$\Delta_A^{(1,1)}F > \Delta_A^{(2,2)}F > \Delta_A^{(2,1)}F > \Delta_B^{(1,2)}F$

（5）$\dfrac{1}{3} < c < 1$：$\Delta_A^{(1,1)}F > \Delta_A^{(2,2)}F > \Delta_A^{(2,1)}F > \Delta_B^{(1,2)}F$

综合（1）－（5）可知，当后向关联渠道带来收益递增时，若东道国上游行业容忍度以较小的企业承受界限为代表，则各市场结构下东道国上游行业发生后向外溢效应时对固定资产投资成本承受界限的排序为：$\Delta^{1,1}F > \Delta^{2,2}F > \Delta^{2,1}F > \Delta^{1,2}F$，并且可证各市场结构下跨国公司的承受界限均不低于行业承受界限。[1]

附录 A5　5.2.5 中命题 5.3 的数学推导过程

将效用函数（5.9）式和企业生产成本函数（5.8）式代入东道国福利函数（5.13）式中，构成最优化问题：

$$\text{Max:}V^i = \sum_{r \in R^0}\left[u_r - K_A^i(x_{A,r} + x_{A,r'}) - K_B^i(x_{B,r} + x_{B,r'}) \right]$$
$$= p_{A,MNC}x_{A,MNC} + p_{A,a}x_{A,a} + p_{B,MMC}x_{B,MNC} + p_{B,a}x_{B,a} - F^i -$$
$$(x_{A,MNC} + x_{A,a})k^i - F^i - (x_{B,MNC} + x_{B,a})k^i + x_{A,MNC} + x_{B,MNC} -$$
$$\frac{1}{2}(x_{A,MNC}^2 + x_{B,MNC}^2 + 2cx_{A,MNC}x_{B,MNC}) - x_{A,MNC}p_{A,MNC} - x_{B,MNC}p_{B,MNC} +$$
$$x_{A,a} + x_{B,a} - \frac{1}{2}(x_{A,a}^2 + x_{B,a}^2 + 2cx_{A,a}x_{B,a}) - x_{A,a}p_{A,a} - x_{B,a}p_{B,a}$$

$$FOC:x_{A,MNC} = x_{A,a} = x_{B,MNC} = x_{B,a} = \frac{1 - k^i}{2(1 + c)}$$

将一阶条件下的可最优产量解代入东道国福利函数式中，有：

$$V^i = \frac{3}{2} \times \frac{(1 - k^i)^2}{1 + c} - 2F^i$$

---

[1]　参照前述计算方法，可分别求得各市场结构下发生后向技术外溢时跨国公司所能承受的固定资产投资界限，且有 $\Delta_{MNC}^{1,1}F = \Delta_A^{1,1}F = \Delta^{1,1}F$，$\Delta_{MNC}^{1,2}F = \Delta_A^{1,2}F \geqslant \Delta^{1,2}F$，$\Delta_{MNC}^{2,1}F > \Delta^{2,1}F$，$\Delta_{MNC}^{2,2}F > \Delta^{2,2}F$。

通过 $V^\beta > V^\alpha$ 的比较，有：

$$\Delta F < \Delta^* F = \frac{3}{4}\Gamma, \ \text{其中} \ \Gamma = \frac{\Delta k \ (2 - \Delta k)}{1 + c}。$$

经过比较有：$\Delta^* F > \Delta^{1,1} F$

∴ 命题 5.3 得证。

附录 B

实证检验所用工业层面面板数据

附表 B1　38 个 5 位码的工业部类及其工业代码

工业代码	工业部类	工业代码	工业部类
6007	煤炭开采和洗选业	27045	医药制造业
7008	石油和天然气开采业	28046	化学纤维制造业
8009	黑色金属矿采选业	29047	橡胶制品业
9010	有色金属矿采选业	30048	塑料制品业
10012	非金属矿采选业	31049 – 53	非金属矿物制品业
13013 – 8	农副食品加工业	32054 – 7	黑色金属冶炼及压延加工业
13019	食品制造业	32058 – 9	有色金属冶炼及压延加工业
15020 – 1	饮料制造业	34060	金属制品业
16022	烟草制品业	35061 – 3	通用设备制造业
17023 – 7	纺织业	36064 – 5	专用设备制造业
18028	纺织服装鞋帽制造业	37066 – 71	交通运输设备制造业
10029	皮革毛皮羽毛及其制品业	39072 – 4	电气机械及器材制造业
20030	木材加工及木竹藤棕草制品业	40075 – 80	通信设备计算机及其他电子设备
21031	家具制造业	41081 – 2	仪器仪表及文化办公用机械制造
22032	造纸及纸制品业	42083 – 4	工艺品及其他制造业

工业代码	工业部类	工业代码	工业部类
23033	印刷业和记录媒介的复制	43085	废弃资源和废旧材料回收加工业
24034 – 5	文教体育用品制造业	44086	电力热力的生产和供应业
25036 – 7	石油加工炼焦及核燃料加工业	45087	燃气生产和供应业
26038 – 44	化学原料及化学制品制造业	46088	水的生产供应业

注：13013 – 8 农副食品加工业，包括 6 个工业代码从 13013～13018 的 5 位码工业部类；15020 – 1 饮料制造业，包括 2 个工业代码从 15020～15021 的 5 位码工业部类；17023 – 7 纺织业，包括 5 个工业代码从 17023～17027 的 5 位码工业部类；24034 – 5 文教体育用品制造业，包括 2 个工业代码从 24034～24035 的 5 位码工业部类；25036 – 7 石油加工炼焦及核燃料加工业，包括 2 个工业代码从 25036～25037 的 5 位码工业部类；26038 – 44 化学原料及化学制品制造业，包括 7 个工业代码从 26038～26044 的 5 位码工业部类；31049 – 53 非金属矿物制品业，包括 5 个工业代码从 31049～31053 的 5 位码工业部类；32054 – 7 黑色金属冶炼及压延加工业，包括 4 个工业代码从 32054～32057 的 5 位码工业部类；32058 – 9 有色金属冶炼及压延加工业，包括 2 个工业代码从 32058～32059 的 5 位码工业部类；35061 – 3 通用设备制造业，包括 3 个工业代码从 35061～35063 的 5 位码工业部类；36064 – 5 专用设备制造业，包括 2 个工业代码从 36064～36065 的 5 位码工业部类；37066 – 71 交通运输设备制造业，包括 5 个工业代码从 37066～37071 的 5 位码工业部类；39072 – 4 电气机械及器材制造业，包括 3 个工业代码从 39072～39074 的 5 位码工业部类；40075 – 80 通信设备计算机及其他电子设备，包括 6 个工业代码从 40075～40080 的 5 位码工业部类；41081 – 2 仪器仪表及文化办公用机械制造，包括 2 个工业代码从 41081～41082 的 5 位码工业部类；42083 – 4 工艺品及其他制造业，包括 2 个工业代码从 42083～42084 的 5 位码工业部类。由于《2002 年中国投入产出表》与《中国统计年鉴》对某些工业部类的划分并不完全一致，因而对以上工业部类在数据方面进行了合并处理。

附表 B2　全部国有及规模以上非国有工业企业的数据样本

工业代码	年份	总产值	增加值	资产总计	就业人数	年销售额	劳动生产率
6007	1999	1235.97	565.02	3875.89	426.9109	1132.37	13235.08
	2000	1276.81	583.09	3868.51	399.2673	1213.77	14604
	2001	1531.28	698.65	4274.69	375.3156	1503.15	18615
	2002	1980.76	919.06	4815.33	379.7141	1960.75	24204

续表

工业代码	年份	总产值	增加值	资产总计	就业人数	年销售额	劳动生产率
	2003	2459.38	1152.04	5433.01	376.6	2474.7	30590
	2004			6727.36	388.19	3858.08	
	2005	5722.77	2888.25	8693.48	435.81	5912.45	66273
	2006	7207.61	3587.27	11069.95	463.66	7461.15	77368.55
7008	1999	2084.89	1438.45	4085.06	110.7102	1897.49	129929.3
	2000	3130.11	2209.02	4088.12	57.75019	2914.99	382513
	2001	2780.05	2018.79	4240.2	59.89248	2658.32	337069
	2002	2756.59	1937.05	4402.47	56.01	2640.83	345840
	2003	3479.02	2388.22	4944.97	72.68	3372.07	328613
	2004			5484.21	76.07	4291.91	
	2005	6286.27	4813.96	6751.78	85.58	6151.22	562528
	2006	7718.8	5986.66	8155.63	93.33	7790.77	641450.8
8009	1999	147.13	53.04	323.29	24.14499	135.11	21967.29
	2000	164.86	62.31	326	24.37031	152.84	25568
	2001	191.03	72.28	341.17	24.37445	178.54	29654
	2002	225.46	86.25	392.12	24.65977	215.35	34976
	2003	350.93	146.19	472.65	27.39	353.93	53383
	2004			586.96	29.24	590.22	
	2005	989.59	426.5	1167.2	40.59	989.58	105067
	2006	1388.28	588.1	1456.06	45.27	1376.52	129909.4
9010	1999	361.52	126.05	514.8	52.73622	329.28	23901.98
	2000	405.36	139.77	548.93	48.57173	375.18	28776
	2001	419.15	141.78	555.07	45.13418	390.48	31413
	2002	463.9	150.8	561.21	43.02057	429.28	35053
	2003	573.28	177.65	614.19	41.37	550.33	42938
	2004			710.39	39.64	740.62	
	2005	1140.41	427.6	968.64	41.87	1120.13	102115
	2006	1671.73	677.57	1459.05	45.31	1714.86	149540.9
10012	1999	341.66	118.36	575.79	60.1486	325.69	19677.93

续表

工业代码	年份	总产值	增加值	资产总计	就业人数	年销售额	劳动生产率
	2000	356.94	122.64	669.14	55.16373	323.2	22232
	2001	373.52	125.42	698.84	51.64505	344.18	24285
	2002	419.21	142.48	727.56	48.69946	393.06	29257
	2003	486.75	162.88	712.43	45.61	458.87	35710
	2004			792.91	45.48	593.59	
	2005	756.51	280.51	682.49	42.96	733.89	65304
	2006	1029.44	378.12	853.94	44.2	993.3	85547.51
13013－8	1999	3517	761.86	3121.54	180.5871	3211.99	42187.96
	2000	3722.7	835.29	3078.22	167.9009	3477.52	49749
	2001	4097.88	944.7	3128.85	166.914	3823.51	56598
	2002	4776.96	1112.69	3414.49	173.5189	4515.94	64125
	2003	6152.32	1466.42	4141.82	181.66	5851.13	80721
	2004			4843.17	190.87	7810.97	
	2005	10614.95	2745.96	5750.69	222.55	10366.49	123385
	2006	12973.49	3492.09	6924.3	238.6	12694.77	146357.5
13019	1999	1262.19	344.55	1611.12	96.67338	1183.68	35640.63
	2000	1442.52	415.81	1684.43	91.77205	1353.07	45309
	2001	1627.7	451.87	1798.91	90.04982	1519.02	50180
	2002	1967.31	553.01	2081.65	98.47921	1827.55	56155
	2003	2290.07	667.09	2307.29	101.07	2168.36	66002
	2004			2638.7	106.96	2688.96	
	2005	3779.39	1168.32	3252.85	121.02	3665.75	96536
	2006	4714.25	1467.25	3688.96	128.13	4601.92	114512.6
15020－1	1999	1658.7	585.78	2665.02	106.2696	1563.2	55122.08
	2000	1752.37	618.9	2742.77	102.2232	1647.47	60544
	2001	1824.34	642.56	2852.59	94.9816	1727.21	67651
	2002	1996.26	709.64	2975.06	91.00049	1872.69	77982
	2003	2233.22	795.97	3192.52	89	2117.23	89435
	2004			3381.82	89.06	2434.61	

续表

工业代码	年份	总产值	增加值	资产总计	就业人数	年销售额	劳动生产率
	2005	3089.27	1164.73	3513.79	89	3055.28	130862
	2006	3899.21	1439.08	4073.04	92.26	3924.75	155980.9
16022	1999	1390.77	892.05	1850.7	28.09762	1369.81	317482.4
	2000	1451.29	935.8	1973.82	25.89002	1430.76	361452
	2001	1694.72	1093.07	2450.41	24.73496	1756.97	441913
	2002	2037.49	1359.63	2567.04	23.21	1994.37	585795
	2003	2235.81	1573.48	2799.51	21.22	2217.5	741392
	2004			3014.6	20.17	2573.71	
	2005	3840.74	2059.99	3261.78	19.67	2850.84	1047313
	2006	3214.08	2379.74	3521.33	18.99	3174.25	1253154
17023 – 7	1999	4529.82	1117.12	5872.5	510.8679	4148.17	21867.1
	2000	5149.3	1272.84	5917.01	482.8863	4810.45	26359
	2001	5621.56	1387.52	6196.26	477.5002	5209.1	29058
	2002	6370.79	1569.1	6680.47	483.127	6038.59	32478
	2003	7725.2	1906.7	7801.29	499.16	7495.51	38198
	2004			8678.31	519.16	9346.8	
	2005	12671.65	3240.19	10357.97	590.96	12374.53	54830
	2006	15315.5	3962.99	11806.97	615.43	14965.63	64393.84
18028	1999	2038.59	505.97	1633.74	202.6769	1847.43	24964.37
	2000	2291.16	592.02	1758.77	215.6329	2133.01	27455
	2001	2596.26	688.12	1905.82	237.0702	2415.97	29026
	2002	2914.91	746.08	2078.57	265.7453	2725.5	28075
	2003	3426.02	916.54	2377.25	289.19	3239.42	31693
	2004			2770.5	320.26	3879.81	
	2005	4974.63	1419.86	3188.77	346.06	4780	41030
	2006	6159.4	1833.71	3928.66	377.57	5910.22	48566.09
10029	1999	1197.93	283.61	920.13	109.8344	1096.12	25821.59
	2000	1345.17	323.62	939.1	112.7439	1238.19	28704
	2001	1572.63	391.76	1005.98	127.0381	1427.91	30838

工业代码	年份	总产值	增加值	资产总计	就业人数	年销售额	劳动生产率
	2002	1801. 46	457. 96	1136. 16	141. 289	1677. 13	32413
	2003	2274. 05	591. 35	1334. 26	165. 37	2139. 19	35758
	2004			1669. 8	181. 9	2577. 18	
	2005	3462. 79	944. 38	1955. 44	228. 84	3315. 94	41268
	2006	4150. 04	1172. 86	2247. 26	245. 63	4014. 38	47749. 05
20030	1999	560. 58	132. 89	648. 4	47. 98864	511. 17	27691. 97
	2000	656. 77	157. 53	694. 94	50. 03971	621	31481
	2001	741. 22	192. 91	758	51. 28948	676. 72	37612
	2002	828. 06	213. 92	809. 15	51. 71022	771. 1	41369
	2003	992. 79	265. 72	906. 91	63. 83	945. 28	41633
	2004			1053. 72	69. 96	1215. 77	
	2005	1827. 71	510. 86	1338. 73	83. 33	1749. 45	61303
	2006	2429. 03	685. 57	1615. 99	91. 62	2339. 57	74827. 55
21031	1999	318. 38	77. 96	320. 72	25. 46591	292. 63	30613. 47
	2000	370. 18	94. 86	363. 48	27. 04105	344. 59	35080
	2001	434. 85	117. 58	397. 74	29. 8275	409. 62	39420
	2002	524. 21	139. 34	448. 59	33. 96962	492. 8	41019
	2003	719. 97	182. 96	616. 18	43. 39	693. 83	42164
	2004			769. 42	52. 79	902. 15	
	2005	1427. 26	384. 87	1032. 78	71. 27	1387. 39	54003
	2006	1883. 09	501. 09	1320. 53	83. 8	1829. 16	59795. 94
22032	1999	1327. 73	355. 56	2108. 61	119. 2454	1225. 69	29817. 51
	2000	1590. 36	412. 62	2511. 99	113. 407	1503. 09	36384
	2001	1804. 28	474. 87	2709. 75	113. 8122	1685. 4	41724
	2002	2081. 54	570. 88	2940. 17	114. 9901	1968. 06	49646
	2003	2526. 05	681. 42	3293. 45	113. 95	2432. 38	59798
	2004			3728. 01	118. 03	2988. 48	
	2005	4161. 33	1146. 4	4660	130. 14	4034. 25	88091
	2006	5034. 92	1386. 44	5325. 5	134. 77	4944. 48	102874. 5

续表

工业代码	年份	总产值	增加值	资产总计	就业人数	年销售额	劳动生产率
23033	1999	578.76	197.94	910.68	60.40555	542.32	32768.51
	2000	616.71	201.39	973.73	55.82072	588	36078
	2001	726.03	243.98	1114.45	54.66604	679.25	44631
	2002	825.56	279.53	1162.35	55.4601	771.61	50402
	2003	1027.22	334.46	1370.88	59.41	980.31	56294
	2004			1535.76	61.82	1137.59	
	2005	1442.96	463.06	1772.83	66.9	1386.55	69219
	2006	1706.58	557.76	1973.75	68.97	1653.2	80869.94
24034-5	1999	555.74	140.2	492.82	64.07406	519.11	21880.93
	2000	617.94	155.3	516.01	65.26307	588.09	23796
	2001	680.72	179.87	551.57	66.91094	644.25	26882
	2002	782.08	204.52	629.9	75.56065	733.65	27067
	2003	965.9	249.93	711.59	87.14	917.27	28682
	2004			853.04	93.79	1116.95	
	2005	1482.5	379.71	1014.56	109.8	1437.53	34583
	2006	1759.01	464.94	1172.64	114.38	1703.7	40648.71
25036-7	1999	2705.58	590.24	3582.94	71.62336	2741.21	82408.87
	2000	4429.19	787.99	3785.91	63.69346	4571.03	123716
	2001	4587.76	883.3	3941.22	59.19567	4629.34	149217
	2002	4784.98	1003.92	3874.89	55.84997	4893.57	179753
	2003	6235.26	1287.45	3978.98	59.66	6341.81	215798
	2004			4774.74	62.73	8638.44	
	2005	12000.49	1981.64	6490.77	74.4	12030.52	266352
	2006	15149.04	2314.23	7584.78	76.79	15049.66	301371.3
26038-44	1999	4924.78	1216.88	8176.1	370.9904	4546.34	32800.85
	2000	5749.02	1415.81	8688.03	346.6045	5422.06	40848
	2001	6303.66	1601.27	9039.26	318.5719	6033.8	50264
	2002	7220.05	1862.64	9723.29	310.1299	6974.71	60060
	2003	9244.86	2464.88	10704.09	311.33	9016.97	79172

工业代码	年份	总产值	增加值	资产总计	就业人数	年销售额	劳动生产率
	2004			12118.6	315.66	11983.14	
	2005	16359.66	4391.92	15175.85	339.99	16165.21	129176
	2006	20448.69	5398.79	18485.86	357.78	20322.2	150896.9
27045	1999	1497.22	514.86	2433.17	99.88176	1378.96	51546.95
	2000	1781.37	633.88	2798.9	99.56335	1627.48	63666
	2001	2040.86	722.43	3281.05	102.9924	1924.39	70144
	2002	2378.44	834.65	3693.61	105.4997	2279.98	79114
	2003	2889.98	1024.74	4316.45	115.4	2750.68	88803
	2004			4798.03	118.51	3213	
	2005	4250.45	1529.8	5549.83	123.44	4019.83	123932
	2006	5018.94	1808.09	6136.43	130.28	4718.82	138784.9
28046	1999	975.28	252.55	1872.6	46.23655	942.8	54621.29
	2000	1243.07	295.78	1808.44	42.93885	1192.8	68884
	2001	1022.49	222.1	1531.2	40.26541	957.29	55159
	2002	1121.82	248.92	1563.1	37.73001	1086.55	65974
	2003	1448.4	295.25	1595.13	34.22	1413.09	86271
	2004			1982.53	38.67	1885.01	
	2005	2608.39	485.31	2461.41	42.63	2567	113835
	2006	3205.63	604.17	2736.4	43.4	3144.86	139209.7
29047	1999	780.3	202.61	1131.46	71.26434	690.67	28430.77
	2000	812.7	218.98	1118.81	66.57141	731.78	32894
	2001	893.82	248.29	1160.95	61.60431	806.02	40304
	2002	1064.6	292.55	1249.93	62.07958	961.84	47125
	2003	1312.9	369.95	1423.82	62.24	1214.21	59441
	2004			1595.13	64.74	1548.6	
	2005	2196.74	595.36	1956.28	79.64	2144.22	74758
	2006	2731.85	714.96	2250.42	82.14	2668.34	87041.64
30048	1999	1623.41	387.8	1859.99	111.1081	1519.84	34902.96
	2000	1899.7	464.43	2052.16	111.4409	1799.73	41675

工业代码	年份	总产值	增加值	资产总计	就业人数	年销售额	劳动生产率
	2001	2136.6	545.02	2265.9	117.1431	2040.59	46526
	2002	2487.92	646.84	2538	129.5597	2371.52	49926
	2003	3063.83	763.2	2959.67	140.91	2954.96	54161
	2004			3471.03	152.2	3681.13	
	2005	5067.89	1272.05	4432.38	183.28	4944.73	69404
	2006	6381.01	1668.88	5146.03	201.41	6226.06	82859.84
31049-53	1999	3394.64	1004.6	6019.57	434.0029	3045.14	23147.31
	2000	3692.85	1126.72	6113.11	410.6721	3364.17	27436
	2001	4026.02	1211.88	6298.8	392.6135	3671.1	30867
	2002	4557.04	1365.16	6679.6	388.2376	4226.62	35163
	2003	5653.25	1749.08	7583.31	396.22	5314.38	44144
	2004			8756.12	407.19	6926.88	
	2005	9195.24	2807.92	10370.69	418.18	8846.49	67147
	2006	11721.52	3656.2	11937.18	426.39	11346.84	85747.79
32054-7	1999	4097.36	1081.15	8563.93	276.9372	4019.79	39039.53
	2000	4732.9	1299.29	9228.25	261.6951	4887.05	49649
	2001	5707.31	1530.15	9796.23	249.3441	5600.65	61367
	2002	6492.36	1799.49	9597.56	239.2907	6471.51	75201
	2003	10007.37	2824.01	12021.24	255.91	10234.93	110353
	2004			14798.02	261.39	15907.13	
	2005	21470.98	5776.9	18950.65	287.49	21594.05	200941
	2006	25403.79	7004.45	23117.63	296.13	25768.21	236532.9
32058-9	1999	1793.14	405.04	2709.12	108.3169	1737.44	37393.98
	2000	2180.23	512.69	2866.65	105.7093	2087.59	48500
	2001	2369.17	591.18	3170.47	109.2916	2260.62	54092
	2002	2599.98	626.14	3383.36	102.3406	2547.32	61182
	2003	3564.07	902.13	4042.55	106.6	3534.93	84629
	2004			5009.09	115.58	5374.75	
	2005	7937.95	1929.65	6569.49	130.74	7845.56	147594

工业代码	年份	总产值	增加值	资产总计	就业人数	年销售额	劳动生产率
	2006	12936.48	3198	8562.87	136.82	12847.86	233737.8
34060	1999	2215.09	540.72	2422.81	166.0357	2025.63	32566.49
	2000	2539.76	609.46	2545.63	162.4447	2369.79	37518
	2001	2852.27	713.28	2745.78	165.1532	2635.49	43189
	2002	3294.38	841.23	2991.51	174.02	3083.62	48341
	2003	3857.4	971	3256.63	171.24	3703.88	56703
	2004			4013.6	191.59	5023.2	
	2005	6556.76	1693.38	4769.27	223.23	6394.35	75857
	2006	8529.47	2225.94	5898.51	248.26	8329.36	89661.65
35061–3	1999	2693.9	743.61	4548.62	302.3563	2468.03	24593.83
	2000	3046.95	840.75	4787.9	285.0193	2839.72	29498
	2001	3505.33	971.63	5027.4	271.99	3222.11	35723
	2002	4247.96	1153.03	5399.01	264.42	3992.41	43606
	2003	5711.21	1590.39	6604.64	283.49	5418.43	56100
	2004			8036.53	308.36	7433.4	
	2005	10610.37	2966.96	9886.06	355.12	10197.83	83548
	2006	13734.76	3799.26	11700.84	378.74	13311.85	100313.1
36064–5	1999	1980.71	515.73	3115.17	218.4707	1795.59	23606.37
"	2000	2192.63	580.97	3255.29	206.7877	2003.48	28095
	2001	2352.25	636.88	3321.38	185.609	2158.28	34313
	2002	2818.9	781.75	3662.62	178.1117	2630.52	43891
	2003	3831.65	1008.19	4816.05	205.31	3665.64	49106
	2004			5420.05	209.13	4509.82	
	2005	6085.43	1681.56	6391.13	219.89	5932.97	76474
	2006	7953.31	2296.35	7671.58	234.65	7724.99	97862.77
37066–71	1999	4659.31	1193.14	7460	317.3301	4499.42	37599.33
	2000	5364.83	1323.61	8129.68	306.1573	5229.58	43233
	2001	6474.95	1633.69	8858.58	296.2159	6220.46	55152
	2002	8359.27	2177.17	9879.16	296.7182	8030.04	73375

续表

工业代码	年份	总产值	增加值	资产总计	就业人数	年销售额	劳动生产率
	2003	11214.05	2896.97	11916.41	311.77	11028.57	92919
	2004			13738.96	327.48	13272.12	
	2005	15714.86	3830.52	16108.05	352.4	15562.6	108699
	2006	20382.92	4933.41	19606.81	374.58	20137.34	131705.1
39072 - 4	1999	4021.55	1002.57	4921.45	228.5639	3687.08	43863.89
	2000	4834.68	1231.5	5260.2	229.1546	4527.29	53741
	2001	5481.07	1378.44	5763.78	225.5522	5099.9	61114
	2002	6142	1584.73	6238.42	238.9809	5749.17	66312
	2003	7916.19	2023.48	7373.5	265.12	7487.04	76323
	2004			8840.24	298.57	10055.65	
	2005	13901.29	3574.13	11062.69	367.21	13363.92	97332
	2006	18165.52	4617.96	13221.04	403.98	17649.46	114311.6
40075 - 80	1999	5830.96	1347.95	6175.52	186.2051	5572.72	72390.59
	2000	7549.58	1824.31	7518.79	196.3059	7363.27	92932
	2001	8990.25	2035.03	8469.67	204.9974	8899.51	99271
	2002	11288.64	2520.92	9779.98	229.4102	10957.25	109887
	2003	15839.76	3482.5	12086.97	273.46	15876.27	127349
	2004			15097.32	333.4	21463.18	
	2005	26994.38	5722.11	18063.24	439.64	26844.02	130156
	2006	33077.58	7084.3	20500.94	505.07	33054.43	140263.7
41081 - 2	1999	705.73	180.46	932.16	57.83817	689.07	31200.85
	2000	867.91	214.36	984.52	56.23885	849.59	38116
	2001	937.67	237.9	1076.78	80.5676	933.23	29528
	2002	1089.62	268.54	1194.17	57.21042	1089.06	46939
	2003	1636.72	445.03	1524.04	71.96	1607.26	61844
	2004			1786.33	78.33	2105.73	
	2005	2781.05	733.19	2226.09	88.68	2735	82682
	2006	3539.27	967.94	2681.88	98.8	3497.17	97969.64
42083 - 4	1999						

工业代码	年份	总产值	增加值	资产总计	就业人数	年销售额	劳动生产率
	2000						
	2001						
	2002						
	2003	1306.62	347.74	884.52	103.22	1223.55	33691
	2004			1054.77	109.42	1466.64	
	2005	2035.68	570.83	1365.98	125.51	1969.7	45480
	2006	2533.22	705.72	1664.55	136.01	2495.04	51887.36
43085	1999						
	2000						
	2001						
	2002						
	2003	49.94	10.67	26.03	1.36	50.89	78338
	2004			30.67	1.83	79.5	
	2005	292.95	59.93	126.37	4.24	281.67	141313
	2006	420.07	94.72	195.88	5.51	429.33	171905.6
44086	1999	3996.91	2161.82	15663.29	222.991	5535.88	96946.5
	2000	4611.39	2328.62	18626.94	233.2235	6819.67	99845
	2001	5087.7	2696.3	20485.27	229.5095	7712.33	117481
	2002	5889.05	3165.74	22304.42	233.2501	8958.07	135723
	2003	6858.6	3606.13	25651.02	238.41	11113.24	151258
	2004			27300.73	239.28	13562.88	
	2005	17785.93	5719.79	39375.46	252.69	18580.36	226353
	2006	21549.32	6912.46	46456.9	259.11	22222.45	266777
45087	1999	131.27	36.64	555.85	15.96191	181.85	22954.64
	2000	170.3	34.74	610.91	15.95115	234.65	21779
	2001	184.87	46.14	621.55	14.71301	252.31	31360
	2002	224.6	53.1	712.14	14.70996	322.81	36098
	2003	272.64	75.34	818.72	14.67	391.99	51367
	2004			902.62	14.49	467.45	

续表

工业代码	年份	总产值	增加值	资产总计	就业人数	年销售额	劳动生产率
	2005	514.72	134.52	1186.15	14.84	662.12	90652
	2006	732.09	191.71	1465.71	14.54	880.88	131850.1
46088	1999	314.95	146.32	1403.07	44.40774	303.2	32949.21
	2000	325.53	150.88	1523.19	44.83005	308.07	33656
	2001	344.48	161.96	1662.09	45.16453	324.09	35860
	2002	377.57	170.98	1901.4	45.39011	354.64	37669
	2003	431.09	190.74	2149.02	46.27	408.51	41226
	2004			2495.96	46.49	467.79	
	2005	578.98	261.64	2896.75	46.15	542.41	56691
	2006	714.82	315.14	3596.52	46.06	670.38	68419.45

附表 B3　国有及国有控股工业企业的数据样本

工业代码	年份	总产值	增加值	资产总计	就业人数	年销售额	劳动生产率
6007	1999	1000.13	473.94	3609.5	368.5659	925.39	12859.03
	2000	1045.89	498.14	3587.53	345.3789	1003.31	14423
	2001	1283.12	602.65	3980.49	324.3367	1271.4	18581
	2002	1628.12	772.96	4454.21	320.6904	1628.04	24103
	2003	1893.11	923.72	4929.5	308.49	1930.92	29943
	2004			5996.92	310.2	2914.49	
	2005	3878.5	2036.29	7244.15	322.8	4101.55	63082
	2006	4760.19	2441.06	9105.91	335.3	5041.28	72802.27
7008	1999	2081.21	1436.48	4075.98	110.3843	1893.63	130134.5
	2000	2959.5	2047.61	4041.55	79.79276	2835.63	256616
	2001	2552.3	1905.08	4106.51	59.25009	2537.15	321532
	2002	2523.53	1819.82	4263.81	55.44209	2511.01	328238
	2003	3208.67	2242.7	4802.28	72.01	3225.37	311441
	2004			5316.29	75.28	4071.36	
	2005	5689.39	4281.55	6434.96	82.13	5780.3	521339
	2006	7633.85	5940.89	8026.95	91.33	7709.91	650486.1

工业代码	年份	总产值	增加值	资产总计	就业人数	年销售额	劳动生产率
8009	1999	61.08	26.29	258.93	13.89241	56.19	18924
	2000	64.96	38.87	254.46	18.94157	60.74	20521
	2001	72.6	32.65	257.98	13.07988	71.07	24962
	2002	82.06	37.44	286.19	12.84876	83.85	29139
	2003	107.07	48.66	279.03	12.49	119.69	38957
	2004			295.16	10.93	185.16	
	2005	201.34	105.17	523.79	11.72	227.7	89704
	2006	254.75	129.27	622.5	11.19	275.59	115522.8
9010	1999	171.45	69.23	403.82	36.75192	154.52	18837.11
	2000	186.64	75.65	407.54	33.20313	173.15	22784
	2001	184.78	70.01	401.83	29.53012	172.51	23708
	2002	191.55	68.45	390.15	26.67368	185.8	25662
	2003	236.29	77.65	388.89	23.19	229.1	33486
	2004			433.14	20.51	306.53	
	2005	467.71	186.29	526.41	18.64	459.31	99916
	2006	648.24	277.26	780.88	18.36	700.12	151013.1
10012	1999	123.33	54.12	429.71	37.14571	110.01	14569.65
	2000	124.96	54.52	514.99	33.52601	117.04	16262
	2001	131.13	53.21	539.25	30.48934	127.28	17452
	2002	143.65	59.47	550.01	27.80791	143.08	21386
	2003	142.05	57.86	491.28	21.9	144.25	26312
	2004			507.58	20.33	182.49	
	2005	149.66	72.2	278.56	13.93	150.3	51826
	2006	205	92.64	341.21	13.44	208.41	68928.57
13013 – 8	1999	1477.14	299.32	1790.9	104.2611	1369.68	28708.7
	2000	1302.83	291.72	1564.53	82.84911	1247.48	35211
	2001	1176.83	271.04	1385.23	65.90959	1120.75	41123
	2002	1093.67	255.59	1228.03	54.10801	1056.02	47237
	2003	1080.96	243.9	1080.78	43.42	1061.86	56174

续表

工业代码	年份	总产值	增加值	资产总计	就业人数	年销售额	劳动生产率
	2004			1076.46	36.35	1190.56	
	2005	1089.84	248.96	861.66	26.77	1173.73	93017
	2006	1069.79	230.66	807.92	21.83	1179.29	105661.9
13019	1999	405.27	110.73	714.82	44.4213	385.29	24927.23
	2000	428.64	126.33	692.28	37.50779	401.04	33681
	2001	438.41	123.08	678.94	30.46007	400.59	40407
	2002	458.87	132.58	704.29	28.53023	425.28	46470
	2003	410.56	118.44	671.56	24.08	388.58	49184
	2004			713.85	22.48	422.98	
	2005	476.5	161.4	674.92	16.68	488.98	96769
	2006	585.31	194.76	715.92	16.76	590.7	116205.3
15020-1	1999	923.89	353.03	1629.24	70.77125	887.03	49883.25
	2000	863.93	336.89	1608.13	61.52231	827.55	54759
	2001	855.92	340.77	1660.22	52.56038	831.25	64834
	2002	866.82	347.58	1639.66	45.08581	832.49	77093
	2003	850.36	331.78	1526.13	38.02	836.18	87265
	2004			1523.97	33.8	860.46	
	2005	843.68	357.68	1296.26	27.46	843.62	130277
	2006	893.99	375.7	1343.58	23.54	923.67	159600.7
16022	1999	1360.99	881	1810	26.61212	1340.39	331052.2
	2000	1426.66	927.62	1937.53	24.41536	1406.72	379933
	2001	1673.84	1086.86	2425.76	23.44002	1736.98	463677
	2002	2012.35	1350.05	2532.59	21.79113	1968.98	619541
	2003	2206.97	1562.18	2764.07	19.97	2190.77	782234
	2004			2969.74	18.95	2533.38	
	2005	2812.86	2050.89	3234.14	18.51	2823.1	1108076
	2006	3192.74	2371.64	3494.3	17.96	3153.11	1320512
17023-7	1999	1547.67	416.98	2961.95	272.0933	1482.42	15324.89
	2000	1659.6	446.05	2734.83	230.0769	1606.23	19387

工业代码	年份	总产值	增加值	资产总计	就业人数	年销售额	劳动生产率
	2001	1481.08	403.9	2523.4	193.1796	1409.95	20908
	2002	1343.6	365.7	2306.69	164.908	1344.91	22176
	2003	1193.16	309.05	2042.1	131.67	1246.22	23472
	2004			1807.57	111.23	1185.76	
	2005	923.87	243.67	1325.59	73.79	923.72	33021
	2006	900.49	241.63	1269.2	64.08	932.87	37707.55
18028	1999	142.39	40.36	216.2	23.97606	135.23	16833.46
	2000	135.81	40.75	219.57	20.0226	135.04	20352
	2001	144.58	42.51	202.59	19.75005	141.73	21524
	2002	117.72	31.72	176.37	15.9165	122.95	19929
	2003	118.36	36.17	148	14.57	110.31	24826
	2004			167.89	13.72	129.82	
	2005	110.13	33.8	138.68	11.58	104.36	29181
	2006	111.59	37.21	127.66	9.27	98.83	40140.24
10029	1999	67.94	18.41	141.8	10.97325	59.27	16777.16
	2000	56.58	14.05	112.78	7.90436	44.44	17775
	2001	88.33	23.57	108.8	8.069983	70.34	29207
	2002	46.35	6.45	83.43	5.755845	41.75	11206
	2003	41.38	10.95	58.73	3.92	37.4	27892
	2004			54.43	3.19	34.32	
	2005	24.3	7.2	36.07	1.88	23	38355
	2006	27.96	9.72	28.39	1.74	26.72	55862.07
20030	1999	98.65	25.78	271.43	15.78721	86.37	16329.67
	2000	101.46	27.61	266.78	13.5609	93.67	20360
	2001	110.6	33.74	274.94	10.63012	97.42	31740
	2002	104.26	31.32	248.92	8.76231	100.51	35744
	2003	118.52	36.49	262.44	12.65	113.68	28853
	2004			252.92	11.36	123.34	
	2005	172.51	51	301.53	10.77	170.36	47371

工业代码	年份	总产值	增加值	资产总计	就业人数	年销售额	劳动生产率
	2006	183.52	55.76	300.37	8.68	179.48	64239.63
21031	1999	26.46	8.51	57.46	3.833174	23.72	22200.92
	2000	23.54	7.44	54.15	3.109588	22.02	23926
	2001	22.8	7.32	52.46	2.949948	22.93	24814
	2002	22.49	6.35	43.6	2.40503	23.23	26403
	2003	24.91	6.88	51.39	2.44	26.01	28237
	2004			49.36	2.23	27.34	
	2005	53.61	12.95	52.96	1.78	54.95	72868
	2006	68.97	12.39	52.26	1.65	69.44	75090.91
22032	1999	395.62	108.43	1033.55	51.91317	369.59	20886.8
	2000	432.13	121.92	1125.72	43.1881	425.06	28230
	2001	454.35	131.04	1182.98	37.19029	427.19	35235
	2002	486.7	142.42	1211.96	31.61657	462.54	45046
	2003	516.74	145.88	1182.37	25.14	509.36	58030
	2004			1147.97	21.9	560.53	
	2005	523.86	151.65	1030.81	15.88	573.56	95469
	2006	508.19	142.63	1018.82	14.07	578.98	101371.7
23033	1999	239.77	96.8	501.94	37.00635	226.78	26157.67
	2000	234.02	91.19	498.72	31.69401	228.3	28772
	2001	273.08	102.6	520.51	28.15974	252.53	36435
	2002	268.63	103.92	511.02	24.29684	249.95	42771
	2003	278.2	115.73	523.72	20.9	262.99	55361
	2004			527.33	19.27	265.03	
	2005	288.11	115.43	537.1	16.59	283.1	69574
	2006	298.64	121.99	516.76	15.12	293.86	80681.22
24034－5	1999	42.69	12.29	105.95	6.160525	45.89	19949.6
	2000	35.61	12.04	89.99	4.736801	37.36	25418
	2001	37.61	12.85	84.36	4.350034	38.53	29540
	2002	35.57	12.48	74.72	3.847814	36.88	32434

工业代码	年份	总产值	增加值	资产总计	就业人数	年销售额	劳动生产率
	2003	34.05	11.14	70.58	3.37	35.9	33083
	2004			66.15	3.11	37.17	
	2005	30.71	9.46	63.93	2.39	32.5	39574
	2006	34.91	11.35	58.28	1.85	36.55	61351.35
25036-7	1999	2397.87	519.94	3252.93	55.98264	2454.5	92875.22
	2000	4029.58	694.2	3418.05	47.52679	4181.96	146065
	2001	4130.07	771.57	3527.1	43.71006	4195.95	176520
	2002	4165.19	845.55	3302.4	37.04345	4289.68	228259
	2003	5325.12	1041.12	3174.45	36.86	5436.5	282483
	2004			3602.91	36.98	7255.49	
	2005	9557.83	1282.89	4515.04	38.08	9654.34	336914
	2006	11450.48	1376.18	4935.66	38	11382.16	362152.6
26038-44	1999	2605.09	633.08	5888.07	257.8044	2430.01	24556.6
	2000	2900.22	705.15	6034	222.1435	2753.3	31743
	2001	2971.67	734.76	6041.78	190.0422	2907.75	38663
	2002	3072.39	775.89	6117.89	166.4179	3062.11	46623
	2003	3596.09	920.05	5936.3	143.64	3628.39	64052
	2004			6225.52	132.15	4641.64	
	2005	5022.5	1251.56	6551.8	111.93	5108.08	111821
	2006	5955.7	1401.26	7788.68	106.54	6151.41	131524.3
27045	1999	820.23	281.13	1580.29	65.72812	812.01	42771.65
	2000	883.93	321.05	1702.68	60.80723	853.83	52798
	2001	913.54	326.6	1858.46	55.87013	922.44	58457
	2002	965.83	342.46	1934.98	51.02281	1015.01	67119
	2003	1063.45	377.07	2019.37	48.08	1117.26	78419
	2004			1996.92	43.9	1103.14	
	2005	1017.76	370.25	1955.15	36.34	1113.13	101881
	2006	996.39	343.82	1808.6	31.52	1034.58	109079.9
28046	1999	537.09	154.56	1356.37	31.1567	541.2	49607.3

续表

工业代码	年份	总产值	增加值	资产总计	就业人数	年销售额	劳动生产率
	2000	684.11	170.5	1259.01	26.89699	662.2	63390
	2001	432.66	96.24	968.46	22.06024	414.81	43626
	2002	400.13	97.36	903.09	18.76566	396.43	51882
	2003	390.68	78.55	702.59	13.53	389.38	58046
	2004			759.46	15.95	475.05	
	2005	581.23	114.56	750.28	14.26	580.37	80323
	2006	656.82	139.28	845.93	15.5	668.75	89858.06
29047	1999	284.81	71.88	602.95	31.91433	249.25	22522.8
	2000	279.14	72.3	567.79	27.71389	244.96	26088
	2001	304.33	84.52	550.28	23.20002	271.92	36431
	2002	317.06	85.87	531.1	20.16485	278.71	42584
	2003	335.02	91.77	488.13	15.54	309.76	59054
	2004			459.12	13.87	353.85	
	2005	402.69	91.95	479.5	12.75	403.85	72103
	2006	388.33	68.5	423.32	10.7	414.44	64018.69
30048	1999	211.22	45.6	458.83	20.8286	205.51	21892.97
	2000	217.85	55.09	462.85	16.78652	223.07	32818
	2001	242.74	65.6	499.49	15.42006	248.14	42542
	2002	217.95	65.15	452	13.36355	223.42	48752
	2003	210.97	54.01	447.37	10.89	225.58	49610
	2004			487.02	9.79	276.53	
	2005	273.9	62.85	429.74	8.49	292.68	74015
	2006	296.01	68.45	465.67	8.41	297.45	81391.2
31049 – 53	1999	1157.54	362.67	3165.49	198.1758	1067.45	18300.42
	2000	1125.45	363.42	2976.44	164.4807	1056	22095
	2001	1055.08	334.22	2814.16	140.3224	991.16	23818
	2002	1066.59	333.97	2725.34	119.8271	1019.08	27871
	2003	1068.66	360.47	2624.38	98.91	1038.91	36444
	2004			2780.27	90.6	1221.24	

工业代码	年份	总产值	增加值	资产总计	就业人数	年销售额	劳动生产率
	2005	1197.28	369.38	2560.06	68.43	1193.41	53977
	2006	1344.9	410.25	2801.3	56.92	1351.68	72074.84
32054-7	1999	3034.52	856.06	7623.55	218.6999	3064.44	39143.13
	2000	3490.92	1031.39	7970.32	204.511	3677.84	50432
	2001	4127.79	1179.94	8602.3	187.56	4122.17	62910
	2002	4333.93	1304.66	7913.39	169.7605	4356.19	76853
	2003	5947.73	1850.1	8827.52	160.28	6227.6	115430
	2004			10269.37	147.52	9022.65	
	2005	10162.95	3016.62	11651.49	140.97	10537.21	213990
	2006	10955.82	3409.16	13815.52	133.52	11664.42	255329.5
32058-9	1999	929.81	220.39	1945.55	71.98909	934.79	30614.36
	2000	1153.62	295.27	2057.49	70.25554	1118.73	42028
	2001	1158.62	332.42	2230.79	69.49014	1139.75	47837
	2002	1163.05	311.35	2259.63	61.36426	1187.9	50738
	2003	1451.22	428.32	2491.13	58.56	1502.64	73141
	2004			2774.78	57.13	2115.52	
	2005	2734.77	736.25	3278.5	56.06	2791.74	131340
	2006	4325.41	1185.31	4039.36	53.93	4426.24	219786.8
34060	1999	314.72	83.85	664.32	40.72278	300.45	20590.44
	2000	307.97	80.5	611.87	32.66648	299.38	24643
	2001	331.13	90.22	643.4	28.85009	312.29	31272
	2002	315.59	87.54	576.81	23.19432	301.75	37742
	2003	356.12	95.93	569.38	19.72	362.76	48652
	2004			582.91	17.43	452.9	
	2005	486.49	123.18	582.11	16.34	486.85	75389
	2006	603.89	157.98	621.24	15.38	620.32	102717.8
35061-3	1999	1150.52	330.19	2940.33	179.5619	1099.75	18388.64
	2000	1168.83	334.95	2906.69	152.7151	1119.38	21933
	2001	1275.77	361.5	2878.3	132.5098	1206.08	27281

续表

工业代码	年份	总产值	增加值	资产总计	就业人数	年销售额	劳动生产率
	2002	1505.81	405.8	2909.68	112.544	1458.99	36057
	2003	1761.72	497.92	3104.9	100.42	1700.94	49585
	2004			3613.6	94.92	2166.66	
	2005	2481.24	704.25	3527.08	79.05	2357.01	89086
	2006	2954.91	780.64	3690.25	72.34	2843.07	107912.6
36064 - 5	1999	915.4	235.81	2097.57	145.0335	852.38	16259
	2000	903.43	238.34	2061.48	128.8255	857.25	18501
	2001	863.35	241.7	1931.32	102.8598	819.86	23498
	2002	983.18	269.07	1990.77	91.69507	948.48	29344
	2003	1467.11	365.91	2664.17	108.54	1443.48	33713
	2004			2696.71	98.08	1609.26	
	2005	1794.27	453.83	2725.94	78.08	1801.57	58121
	2006	2094.1	555.64	2907.95	69.87	2065.83	79524.83
37066 - 71	1999	3164.63	819	5961.06	229.5725	3134.93	35675
	2000	3593.62	889.12	6358.66	211.7961	3573.03	41980
	2001	4312.16	1109.81	6847.34	195.8684	4206.33	56661
	2002	5408.88	1461.98	7377.28	180.9336	5225.63	80802
	2003	6958.38	1863.14	8391.05	170.18	6987.84	109483
	2004			9225.5	161.56	7855.89	
	2005	8145.24	1918.02	9741.07	152.77	8071.35	125548
	2006	10226.47	2389.68	11419.63	148.22	10340.67	161225.2
39072 - 4	1999	917.77	249.84	1987.29	90.80656	859.11	27513.43
	2000	935.54	262.64	1871.52	79.33784	907.31	33104
	2001	936.31	251.19	1915.97	64.64971	904.81	38854
	2002	934.33	246.82	1833.07	56.81075	903.08	43446
	2003	989.29	265.16	1845.74	47.69	958.77	55597
	2004			1841.08	42.2	1119.99	
	2005	1546.74	399.81	1945.71	37.32	1488.48	107123
	2006	1964.36	469.04	2117.1	33.82	1867.5	138687.2

工业代码	年份	总产值	增加值	资产总计	就业人数	年销售额	劳动生产率
40075－80	1999	2513.21	575.99	3357.37	83.70755	2364.11	68809.8
	2000	2847.71	741.11	3832.99	74.9694	2774.97	98855
	2001	2942.37	672.17	3921.27	67.39019	2915.84	99743
	2002	2881.9	682.53	3800.48	63.3815	2756.06	107686
	2003	3464.25	879.09	3940.55	58.92	3296.19	149189
	2004			4095.84	61.64	3552.23	
	2005	3568.84	760.61	3971.52	55.92	3569.31	136026
	2006	2540.09	606.4	3127.95	44.86	2584.59	135176.1
41081－2	1999	181.52	55.91	471.48	31.84955	179.05	17554.41
	2000	198.31	58.39	480.5	27.36048	200.81	21341
	2001	185.95	61.95	504.53	15.18457	189.66	40798
	2002	191.74	61.33	486.86	17.14182	198.83	35778
	2003	189.54	58.95	453.44	16.75	188.24	35200
	2004			485.81	16.13	243.77	
	2005	285.26	93.25	504.08	14.97	287.55	62309
	2006	330.1	114.72	531.97	13.82	325.67	83010.13
42083－4	1999						
	2000						
	2001						
	2002						
	2003	70.54	18.54	79.13	3.88	65.36	47731
	2004			92.59	4.21	76.22	
	2005	127.02	43.46	178.14	5.64	121.39	77079
	2006	145.39	36.4	211.22	5.72	168.64	63636.36
43085	1999						
	2000						
	2001						
	2002						
	2003	0.9	0.2	0.51	0.07	0.82	29451

续表

工业代码	年份	总产值	增加值	资产总计	就业人数	年销售额	劳动生产率
	2004			0.62	0.11	1.66	
	2005	8.87	1.87	11.37	0.2	10	94350
	2006	12.12	6.87	34.81	0.21	31.38	327142.9
44086	1999	3423.73	1906.42	14010.38	205.4716	5000.95	92782.65
	2000	3939.61	2026.52	16588.56	216.0377	6202.47	93804
	2001	4409.03	2392.64	18536.45	211.5901	7094.47	113079
	2002	4930.09	2696.94	19746.21	212.7042	8041.39	126793
	2003	5749.81	3088.44	22828.34	213.85	10038.06	144420
	2004			23719.8	212.71	12149.46	
	2005	15887.3	4976.34	34362.42	219.97	16670.86	226227
	2006	19393.37	6052.65	41177.96	226.93	20170.9	266718.8
45087	1999	103.99	30.69	526.66	15.61685	154.23	19651.85
	2000	121.99	27.07	572.43	15.58973	184.23	17364
	2001	134.24	39.25	587.4	14.12023	200.17	27797
	2002	157.86	44.4	651.84	13.77086	254.65	32242
	2003	183.1	57.36	720.39	13.06	289.32	43939
	2004			776.89	12.92	340.13	
	2005	290.39	76.3	867.3	11.75	402.45	64921
	2006	400.62	100.38	1042.24	10.55	519.48	95146.92
46088	1999	282.56	133.64	1281.31	42.79479	270.73	31228.1
	2000	285.97	136.14	1375.47	43.05231	269.98	31622
	2001	298.78	143.86	1496.37	43.24016	281.29	33270
	2002	322.52	148.45	1684.43	43.12398	300.02	34424
	2003	360.52	164.31	1894.53	43.58	338.91	37703
	2004			2199.66	43.47	376.62	
	2005	438.23	203.3	2477.76	42.15	415.92	48236
	2006	496.91	229.62	2735.89	41.06	476.6	55923.04

工业代码	年份	企业数	工业代码	年份	企业数	工业代码	年份	企业数
6007	1999	1434	13013-8	1999	6217	18028	1999	792
	2000	1321		2000	5082		2000	638
	2001	1204		2001	4016		2001	546
	2002	1135		2002	3149		2002	452
	2003	1008		2003	2346		2003	370
	2004	981		2004	2039		2004	332
	2005	912		2005	1393		2005	282
	2006	884		2006	1137		2006	212
7008	1999	66	13019	1999	2608	10029	1999	426
	2000	67		2000	2071		2000	331
	2001	70		2001	1624		2001	267
	2002	68		2002	1298		2002	202
	2003	81		2003	1012		2003	138
	2004	81		2004	872		2004	118
	2005	102		2005	595		2005	72
	2006	87		2006	513		2006	54
8009	1999	186	15020-1	1999	2017	20030	1999	765
	2000	179		2000	1663		2000	638
	2001	163		2001	1376		2001	502
	2002	149		2002	1146		2002	427
	2003	126		2003	841		2003	358
	2004	125		2004	743		2004	299
	2005	119		2005	557		2005	243
	2006	113		2006	456		2006	222
9010	1999	678	16022	1999	310	21031	1999	308
	2000	662		2000	299		2000	239
	2001	517		2001	276		2001	204
	2002	473		2002	243		2002	165
	2003	389		2003	210		2003	149

工业代码	年份	企业数	工业代码	年份	企业数	工业代码	年份	企业数
	2004	353		2004	180		2004	129
	2005	310		2005	153		2005	96
	2006	307		2006	143		2006	78
10012	1999	716	17023－7	1999	3011	22032	1999	1209
	2000	621		2000	2631		2000	1028
	2001	548		2001	2157		2001	846
	2002	471		2002	1812		2002	708
	2003	390		2003	1449		2003	571
	2004	356		2004	1274		2004	493
	2005	297		2005	905		2005	374
	2006	277		2006	742		2006	283
23033	1999	2445	28046	1999	260	32058－9	1999	652
	2000	2148		2000	233		2000	608
	2001	1890		2001	203		2001	614
	2002	1666		2002	175		2002	555
	2003	1448		2003	113		2003	481
	2004	1332		2004	106		2004	469
	2005	1149		2005	85		2005	429
	2006	1001		2006	76		2006	436
24034－5	1999	310	29047	1999	451	34060	1999	1704
	2000	268		2000	374		2000	1426
	2001	213		2001	341		2001	1239
	2002	186		2002	286		2002	1034
	2003	128		2003	234		2003	730
	2004	104		2004	222		2004	676
	2005	92		2005	184		2005	655
	2006	68		2006	143		2006	556
25036－7	1999	307	30048	1999	1164	35061－3	1999	3202
	2000	281		2000	967		2000	2761

续表

工业代码	年份	企业数	工业代码	年份	企业数	工业代码	年份	企业数
	2001	279		2001	821		2001	2475
	2002	260		2002	718		2002	2180
	2003	235		2003	543		2003	1921
	2004	246		2004	508		2004	1786
	2005	241		2005	414		2005	1573
	2006	221		2006	379		2006	1392
26038－44	1999	4267	31049－53	1999	4950	36064－5	1999	3002
	2000	3692		2000	4279		2000	2622
	2001	3261		2001	3635		2001	2239
	2002	2810		2002	3145		2002	1938
	2003	2271		2003	2556		2003	1687
	2004	2084		2004	2354		2004	1509
	2005	1696		2005	1835		2005	1323
	2006	1551		2006	1613		2006	1170
27045	1999	1673	32054－7	1999	793	37066－71	1999	3061
	2000	1496		2000	702		2000	2747
	2001	1341		2001	622		2001	2478
	2002	1180		2002	550		2002	2299
	2003	1001		2003	485		2003	1977
	2004	939		2004	454		2004	1875
	2005	676		2005	407		2005	1732
	2006	590		2006	367		2006	1598
39072－4	1999	1948	44086	1999	4300			
	2000	1684		2000	4128			
	2001	1474		2001	4116			
	2002	1285		2002	4058			
	2003	1062		2003	3933			
	2004	1005		2004	3755			
	2005	927		2005	3829			

续表

工业代码	年份	企业数	工业代码	年份	企业数	工业代码	年份	企业数
	2006	821		2006	3858			
40075－80	1999	1473	45087	1999	255			
	2000	1330		2000	252			
	2001	1182		2001	252			
	2002	1061		2002	243			
	2003	932		2003	231			
	2004	886		2004	233			
	2005	830		2005	221			
	2006	762		2006	227			
41081－2	1999	804	46088	1999	2255			
	2000	710		2000	2231			
	2001	675		2001	2205			
	2002	609		2002	2205			
	2003	505		2003	2150			
	2004	497		2004	2136			
	2005	490		2005	2070			
	2006	441		2006	1999			
42083－4	1999							
	2000							
	2001							
	2002							
	2003	207						
	2004	189						
	2005	188						
	2006	165						
43085	1999							
	2000							
	2001							
	2002							

续表

工业代码	年份	企业数	工业代码	年份	企业数	工业代码	年份	企业数
	2003	7						
	2004	6						
	2005	17						
	2006	17						

附表 B4　三资工业企业的数据样本

工业代码	年份	总产值	增加值	资产总计	就业人数	年销售额	劳动生产率
6007	1999	10.01	1.12	10.68	0.242449	10.07	46195.36
	2000	6.81	0.88	7.72	0.15162	7.29	58040
	2001	14.57	4.42	24.16	0.349999	16.71	126286
	2002	20.66	8.17	25.72	0.441815	21.11	184919
	2003	7.35	2.08	12.43	0.36	7.89	57681
	2004			26.45	0.35	29.59	
	2005	58.73	27.68	95.64	1	87.49	275565
	2006	82.56	40.39	176.09	1.87	100.18	215989.3
7008	1999						
	2000						
	2001	209.67	104	101.64	0.15	104.51	6933333
	2002	216.23	106.57	104.5	0.150297	113.8	7090606
	2003	253.4	133.47	107.7	0.05	130.14	26325266
	2004			124.57	0.07	194.87	
	2005	491.09	455.72	183.95	0.21	267.55	21919974
	2006	568.08	531.04	234.96	0.27	326.47	19668148
8009	1999	1.32	0.3	0.62	0.058358	0.87	51406.84
	2000	1.26	0.34	1.04	0.067126	1.1	50651
	2001	1.66	0.51	1.36	0.07	1.64	72857
	2002	2.42	0.7	1.99	0.201277	2.16	34778
	2003	2.5	0.87	3.27	0.2	2.3	44290
	2004			3.6	0.27	4.31	

续表

工业代码	年份	总产值	增加值	资产总计	就业人数	年销售额	劳动生产率
	2005	20	3.87	17.5	0.44	20.33	87886
	2006	31.37	11.41	30.46	0.86	32.76	132674.4
9010	1999	3.61	1.2	4.24	0.130688	3.77	91821.46
	2000	3.27	1.23	4	0.111129	3.12	110682
	2001	4.75	2.33	5.21	0.17	4.76	137059
	2002	6.02	1.82	5.75	0.169664	5.82	107271
	2003	5.78	1.83	6.39	0.25	5.55	74376
	2004			8.2	0.29	7.55	
	2005	45.1	15.12	97.38	1.34	57.86	112625
	2006	30.47	17.56	44.95	0.9	29.83	195111.1
10012	1999	15.71	3.99	20.48	0.987383	14.98	40409.85
	2000	18	5.06	20.24	0.947637	16.43	53396
	2001	15.94	4.43	18.56	0.949991	14.97	46632
	2002	16.72	4.98	19.42	0.9861	16.01	50502
	2003	25.39	6.28	22.85	1.01	25.67	62218
	2004			25.75	1.22	33.38	
	2005	57.71	18.27	48.96	1.82	55.1	100137
	2006	69.82	24.63	72.45	2.3	66.1	107087
13013 – 8	1999	809.96	179.01	708.79	20.75062	770.08	86267.31
	2000	859.81	172.76	711.12	21.94809	846.38	78713
	2001	976.72	217.07	732.66	29.83001	940.49	72769
	2002	1179.65	265.11	839.48	27.63146	1168.75	95945
	2003	1653.61	386.04	1161.7	35.03	1617	110189
	2004			1362.74	39.75	2211.78	
	2005	3071.71	774.36	1705.94	53.75	3006.6	144066
	2006	3605.44	930.24	2067.19	55.37	3561.22	168004.3
13019	1999	460.5	127.69	621.1	21.11911	446.65	60461.82
	2000	564.06	174.43	635.04	20.57152	552.17	84792
	2001	655.73	188.16	692.57	22.08995	635.48	85179

工业代码	年份	总产值	增加值	资产总计	就业人数	年销售额	劳动生产率
	2002	778.56	236.69	775.76	25.43167	744.32	93069
	2003	883.19	275.87	856.98	28.16	858.15	97949
	2004			945.3	29.27	1028.04	
	2005	1376.69	461.29	1187.72	32.92	1358.77	140125
	2006	1813.85	579.73	1429.41	38.33	1812.87	151247.1
15020-1	1999	460.21	154.76	773.23	15.03443	432.3	102937.1
	2000	514.68	172.41	762.51	16.80688	489.88	102583
	2001	545.8	181.02	777.18	16.26006	527.79	111328
	2002	601.82	209.38	789.48	16.37688	578.3	127851
	2003	711.58	257.33	942.59	16.83	672.56	152879
	2004			1004.04	18.21	810.3	
	2005	1056.07	403.89	1088.41	19.58	1104.18	206257
	2006	1453.61	543.19	1463.37	22.65	1567.45	239819
16022	1999	11.2	5.3	17.95	0.292447	11.29	181229.6
	2000	7.28	4.55	12.91	0.22291	7.4	204118
	2001	11.7	6.42	17.71	0.28	12.19	229286
	2002	9.21	5.62	14.14	0.245985	9.34	228469
	2003	12.36	7.03	18.66	0.37	13.16	191153
	2004			18.7	0.49	10.53	
	2005	6.9	3.7	15.56	0.41	8.82	90329
	2006	8.25	4.21	16.48	0.46	10.98	91521.74
17023-7	1999	965.98	234.07	1176.06	60.80301	882.96	38496.45
	2000	1094.13	263.8	1228.46	60.71346	1017.86	43450
	2001	1230.82	308.21	1343.18	68.81992	1135.4	44785
	2002	1407.78	349.38	1496.25	77.15478	1307.66	45283
	2003	1827.15	460.74	1884.28	93.36	1749.35	49352
	2004			2187.14	105.62	2174.85	
	2005	3201.8	836.28	2916.57	148.11	3116.89	56463

工业代码	年份	总产值	增加值	资产总计	就业人数	年销售额	劳动生产率
	2006	3756.06	984.78	3308.71	155.25	3667.99	63431.88
18028	1999	985.59	245.16	742.21	95.02171	909.12	25800.42
	2000	1112.06	289.07	797.56	102.8829	1046.25	28097
	2001	1194.5	319.45	836.96	111.2911	1129.98	28704
	2002	1321.76	341.45	925.51	126.0428	1239.62	27090
	2003	1589.51	431.78	1065.22	144.83	1531.52	29813
	2004			1263.26	161.71	1852.7	
	2005	2290.07	673.1	1485.42	178.77	2221.19	37652
	2006	2770.18	868.95	1893.56	194.37	2681.2	44705.97
10029	1999	685.45	153.78	490.05	63.64634	638.11	24161.64
	2000	759.4	176.77	500.39	68.16412	708.98	25933
	2001	856.85	209.91	530.67	77.90892	777.08	26943
	2002	958.96	243.91	632.67	87.64283	891.63	27830
	2003	1160.14	299.91	726.71	102.02	1091.08	29398
	2004			856.5	112.07	1269.24	
	2005	1827.08	504.9	1144.02	146.01	1754.72	34580
	2006	2191.91	610.99	1317.5	153.62	2128.55	39772.82
20030	1999	178.41	39.08	231.84	10.62806	166.9	36770.6
	2000	207.76	44.1	256.33	10.71064	203.47	41174
	2001	213.19	52.23	273.74	11.72996	200.28	44527
	2002	208.06	51.21	272.92	11.6162	199.21	44085
	2003	263.03	69.54	288.66	13.58	250.2	51216
	2004			327.37	14.93	309.74	
	2005	426.84	114.12	394.51	17.08	408.4	66829
	2006	512.54	140.64	437.09	17.7	492.15	79457.63
21031	1999	133.67	32.2	140.69	8.617425	125.39	37366.15
	2000	166.17	41.62	166.55	10.55087	158.38	39447
	2001	198.8	53.98	191.23	12.22013	190.82	44173
	2002	248.1	67.08	217.93	15.5109	232.66	43247

工业代码	年份	总产值	增加值	资产总计	就业人数	年销售额	劳动生产率
	2003	358.95	88.94	313.16	21.68	349.7	41019
	2004			400.45	26.42	455.49	
	2005	788.09	209.96	593.85	39.08	768.68	53728
	2006	960.6	245.58	700.3	45.41	935.43	54080.6
22032	1999	368.25	94.73	628.81	14.16679	346.45	66867.63
	2000	502.23	118.71	910.2	16.95373	473.74	70020
	2001	569.42	147.51	961.65	17.62008	555.87	83717
	2002	662.58	189.61	1021.05	18.14033	645.15	104524
	2003	793.17	215.75	1159.69	20.77	795.51	103885
	2004			1403.7	23.16	932.89	
	2005	1454.58	379.75	2091.72	31.19	1440.43	121763
	2006	1770.58	484.88	2376.6	34.93	1784.58	138814.8
23033	1999	176.93	58.09	249.52	8.087944	168.58	71822.95
	2000	198.21	59.13	286.44	8.570559	191.21	68992
	2001	243.23	80.37	387.87	10.35002	234.77	77652
	2002	278.12	90.7	370.37	12.64728	260.48	71715
	2003	345.16	107.56	457.67	14.87	336.34	72349
	2004			525.13	16.56	407.6	
	2005	467.78	149.46	571.07	18.16	455.23	82303
	2006	543.22	184.91	629.03	19.24	526.97	96107.07
24034-5	1999	335.76	83.92	291.88	38.6628	314.75	21705.62
	2000	368.73	82.34	307.39	35.55268	355.58	23160
	2001	408.17	111.22	338.1	41.29967	388.63	26930
	2002	462.1	121.27	387.07	46.93111	440.1	25840
	2003	572.9	150.73	449.94	56.82	550.09	26527
	2004			539.93	61.11	667.74	
	2005	900.71	233.35	646.7	75.62	882.68	30859
	2006	1075.99	284.88	757.59	80	1050.06	35610
25036-7	1999	150.29	28.42	168.16	1.387804	147.07	204784

续表

工业代码	年份	总产值	增加值	资产总计	就业人数	年销售额	劳动生产率
	2000	239.81	44.94	172.06	1.277281	249.7	351841
	2001	418.47	94.19	407.86	1.67	417.95	564012
	2002	487.01	107.32	457.68	3.583174	483.22	299511
	2003	632.09	149.81	493.73	3.73	646.21	401843
	2004			605.72	4.14	873.91	
	2005	1269.96	237.88	759.78	5.4	1252.57	440412
	2006	1599.71	298.48	1006.16	5.86	1534.3	509351.5
26038－44	1999	899.34	229.25	1276.92	27.11073	856.73	84560.62
	2000	1183.87	305	1398.57	23.47978	1143.62	129899
	2001	1372.47	375.6	1551.51	25.76998	1308.95	145751
	2002	1594.88	440.24	1691.57	27.73392	1546.02	158737
	2003	2175.2	617.81	2106.03	29.87	2114.98	206847
	2004			2527.83	32.5	2841.6	
	2005	4197.18	1202.94	3883.56	42.38	4162.17	283879
	2006	5559.85	1553.08	5297.36	48.08	5475.68	323020
27045	1999	338.34	122.78	489.54	11.45116	300.21	107220.6
	2000	403.73	155.71	529.81	11.60387	365.83	134188
	2001	453.25	172.1	580.27	12.40003	422.55	138790
	2002	524.84	199.15	651.26	13.24576	495.09	150350
	2003	636	244.68	772.6	16.92	576.69	144631
	2004			830.56	16.63	636.97	
	2005	1047.9	393.91	1188.3	22.62	967.03	174115
	2006	1271.02	473.23	1352.61	25.29	1186.56	187121.4
28046	1999	326.23	99.46	512.5	7.732581	313.91	128624.6
	2000	436.46	116.17	527.5	7.824476	423.39	148470
	2001	226.28	58.69	332.78	5.879996	201.2	99813
	2002	291.16	67.09	371	5.863844	275.72	114413
	2003	290.79	67.62	352.82	4.71	281.29	143445
	2004			489.44	5.35	378.42	

239

工业代码	年份	总产值	增加值	资产总计	就业人数	年销售额	劳动生产率
	2005	725.61	134.72	737.56	7.99	702.96	168692
	2006	940.21	176.94	875.4	8.71	922.07	203145.8
29047	1999	256.75	65.29	392.54	14.68657	229.19	44455.58
	2000	286.75	77.92	409.92	16.8753	261.77	46174
	2001	310.89	91.93	439.33	15.51011	291.83	59271
	2002	389.47	112.85	487.89	17.36902	375.02	64972
	2003	482.5	139.98	600.2	19.03	473.29	73564
	2004			738.92	20.96	610.52	
	2005	848.92	241.34	887.25	30.14	829.24	80077
	2006	1000.59	272.52	971.88	31.07	961.15	87711.62
30048	1999	676.26	166.47	808.13	37.13407	639.04	44829.45
	2000	828.86	205.84	925.55	39.56788	791.66	52022
	2001	934.59	248.12	1045.05	44.39037	897.57	55895
	2002	1042.52	282.25	1166.14	51.0795	996.64	55257
	2003	1310.29	336.7	1399.68	58.84	1279.04	57221
	2004			1605.11	64.27	1525.35	
	2005	2165.85	554.61	2177.01	82.11	2120.21	67546
	2006	2637.73	703.21	2421.65	88.8	2570.21	79190.32
31049-53	1999	539.71	152.12	1193.36	32.73494	489.43	46470.22
	2000	647.92	194.88	1270.12	35.17309	594.42	55406
	2001	768.11	234.73	1292.47	38.28014	709.39	61319
	2002	856.38	256.91	1383.64	39.3003	811.69	65371
	2003	959.28	395.99	1478.43	41.64	921.07	71087
	2004			1731.61	46.14	1187.57	
	2005	1685.09	515.32	2239.75	57.56	1640.73	89527
	2006	2141.18	680.16	2654.64	63.85	2113.37	106524.7
32054-7	1999	285.42	46.64	390.77	6.799647	260.36	68591.8
	2000	339.32	61.25	443.24	6.645329	329.7	92170
	2001	464.15	96.37	505.06	8.33002	444.67	115690

工业代码	年份	总产值	增加值	资产总计	就业人数	年销售额	劳动生产率
	2002	487.23	112.61	537.33	8.234614	488.64	136752
	2003	874.23	205.29	900.08	10.84	876.49	189324
	2004			1268.03	13.49	1551.39	
	2005	2751.73	583.75	2204.17	19.43	2675.27	300361
	2006	3666.18	796.6	2743.44	22.62	3583.47	352166.2
32058 – 9	1999	239.84	42.29	308.66	6.780534	228.75	62369.72
	2000	293.15	57.18	341.47	6.693199	282.31	85430
	2001	286.13	53.78	308.04	6.059991	267.05	88746
	2002	335.6	67.65	398.92	6.802413	319.89	99450
	2003	471.99	103.06	455.39	7.43	453.04	138727
	2004			604.87	9.03	705.88	
	2005	1207.14	266.01	992.53	14.88	1176.4	178762
	2006	2095.48	469.79	1356.76	16.41	2050.89	286282.8
34060	1999	758.09	169.29	891.83	31.31489	719.75	54060.54
	2000	964.98	212.24	999.16	36.3599	930.72	58372
	2001	1017.45	251.23	1116.39	40.94028	971.16	61365
	2002	1181.81	292.7	1191.94	46.16355	1145.75	63405
	2003	1345.41	326.35	1197.08	46.2	1335.33	70646
	2004			1496.9	53.49	1819.93	
	2005	2395.2	597.09	1784.4	69.41	2359.27	86022
	2006	2975.66	742.83	2228.36	79.85	2946.6	93028.18
35061 – 3	1999	526.41	156.72	845.17	23.66719	512.04	66218.26
	2000	652.68	186.46	919.11	25.31292	621.85	73662
	2001	771.91	232.44	1033.5	28.29011	727.56	82163
	2002	1000.72	280.38	1172.27	29.22238	959.08	95947
	2003	1429.3	436.32	1515.8	36.29	1381.22	120235
	2004			1905.8	44.13	1872.67	
	2005	2905.45	832.4	2786.77	64.86	2900.76	128331
	2006	3754.35	987.94	3406.97	72.13	3701.48	136966.6

工业代码	年份	总产值	增加值	资产总计	就业人数	年销售额	劳动生产率
36064-5	1999	269.48	68.98	358.55	11.7045	257.78	58934.58
	2000	334.59	86.7	411.65	12.44974	321.61	69640
	2001	416.98	110.88	459.79	13.98993	407.25	79257
	2002	546.51	157.84	567.8	16.00032	532.65	98648
	2003	768.71	211.71	795.95	20.46	765.65	103460
	2004			1008.64	25.98	950.95	
	2005	1508.36	425.22	1543.26	42.34	1526.71	100437
	2006	2072.34	620.86	1961.65	50.61	2078	122675.4
37066-71	1999	1365.46	363.61	1793.68	30.82024	1330.5	117977.7
	2000	1624.85	408.25	1980.78	31.69077	1613.32	128823
	2001	2001.84	536.19	2138.49	33.34992	1961.61	160777
	2002	2657.38	739.54	2445.45	38.71532	2615.73	191020
	2003	4535.61	1291.03	3534.99	50.43	4456.75	255996
	2004			4483.56	60.48	5511.61	
	2005	6732.2	1727.33	5494.42	78.11	6739.6	221133
	2006	9400.47	2336.13	7267.7	95.05	9442.13	245779.1
39072-4	1999	1267.47	294.03	1403.52	50.79512	1188.45	57885.48
	2000	1603.06	421.69	1598.64	56.91438	1532.97	74092
	2001	1830.64	457.28	1759.77	63.12012	1723.44	72446
	2002	2031.43	531.4	1831.73	71.4718	1929.72	74351
	2003	2787.82	713.12	2362.54	90.34	2689.75	78936
	2004			2824.38	106.37	3656.33	
	2005	5264.68	1356.96	3834.54	153.16	5077.56	88595
	2006	6831.02	1702.69	4740.18	172.2	6651.76	98878.63
40075-80	1999	4026.13	915.94	3438.39	83.5483	3872.22	109630
	2000	5403.41	1192.97	4202.18	99.23307	5317.06	120219
	2001	6631.27	1403.08	4800.35	112.1199	6565.1	125141
	2002	8281.91	1731.99	5618.85	132.2796	8099.58	130934
	2003	12209.21	2424.52	7645.07	177.56	12426.48	136547

工业代码	年份	总产值	增加值	资产总计	就业人数	年销售额	劳动生产率
	2004			10153.46	228.04	17580.22	
	2005	22712.3	4555.66	12979.59	318.49	22423.2	143040
	2006	27172.26	5475.48	14605.46	374.72	27126.14	146121.9
41081 - 2	1999	397.46	90.67	331.19	14.28413	395.06	63476.02
	2000	492.51	105.88	355.82	15.81054	488.35	66968
	2001	546.51	119.8	374.31	35.52472	556.54	33723
	2002	673.83	144.47	475.42	42.89362	682.31	33681
	2003	1105.73	286.03	709.39	31.99	1098.86	89407
	2004			901.78	37.17	1523.01	
	2005	1848.36	435.81	1107.02	45.56	1832.07	95646
	2006	2301.78	569.29	1346.91	53.46	2298.36	106489
42083 - 4	1999						
	2000						
	2001						
	2002						
	2003	543.93	149.09	388.24	48.79	518.46	30561
	2004			449.26	51.53	614.08	
	2005	822.28	241.25	567.69	60.8	800.7	39680
	2006	1044.12	310.61	708.51	66.68	1016.7	46582.18
43085	1999						
	2000						
	2001						
	2002						
	2003	8.93	1.45	8.5	0.11	8.86	134798
	2004			9.22	0.19	16.7	
	2005	97.34	16.14	47.36	0.92	97.66	174869
	2006	128.17	21.17	66.75	1.24	123.29	170725.8
44086	1999	635.34	320.13	1928.76	8.818837	613.1	363007.1
	2000	714.13	359.88	2182.7	8.92086	676.79	403414

工业代码	年份	总产值	增加值	资产总计	就业人数	年销售额	劳动生产率
	2001	900.1	458.82	2529.8	10.64	788.09	431222
	2002	1079.67	586	2596.1	11.55538	956	507123
	2003	1238.8	685.41	2892.22	12.05	1192.59	568891
	2004			3082.31	11.48	1437.11	
	2005	1893.86	825.57	4328.9	14.31	1996.83	576746
	2006	1886.74	770.82	4228.39	13.27	2008.49	580874.2
45087	1999	28.18	6.33	36.76	0.219213	29.91	288760
	2000	47.82	7.32	42.95	0.294056	49.6	248932
	2001	43.47	5.29	40.66	0.440001	47.93	120227
	2002	63.41	6.74	64.31	0.605027	86.7	111400
	2003	70.27	11.94	81.46	0.75	106.09	160124
	2004			111.93	0.97	109.94	
	2005	174.67	31.55	250.3	2.25	210.3	140086
	2006	253.31	55.21	384.26	3.21	282.5	171993.8
46088	1999	7.7	2.37	39.58	0.325009	8.9	72920.95
	2000	6.46	3.13	31.34	0.199549	7.11	156854
	2001	7.32	3.3	42.1	0.24	7.64	137500
	2002	13.89	5.47	77.13	0.474769	15.22	115214
	2003	16.85	6.01	92.17	0.53	19.29	114224
	2004			98.98	0.62	26.73	
	2005	59.72	26.52	224.95	1.3	52.77	204182
	2006	99.7	40.71	527.66	1.45	88.1	280758.6

工业代码	年份	企业数	工业代码	年份	企业数	工业代码	年份	企业数
6007	1999	11	13013-8	1999	1076	18028	1999	2864
	2000	11		2000	1154		2000	3061
	2001	16		2001	1244		2001	3348
	2002	16		2002	1394		2002	3690
	2003	15		2003	1589		2003	4035
	2004	16		2004	1776		2004	4450

续表

工业代码	年份	企业数	工业代码	年份	企业数	工业代码	年份	企业数
	2005	26		2005	2130		2005	5110
	2006	32		2006	2321		2006	5438
7008	1999		13019	1999	842	10029	1999	1280
	2000			2000	867		2000	1276
	2001	3		2001	922		2001	1406
	2002	2		2002	1005		2002	1597
	2003	3		2003	1081		2003	1848
	2004	3		2004	1160		2004	1937
	2005	7		2005	1294		2005	2494
	2006	7		2006	1385		2006	2602
8009	1999	8	15020 - 1	1999	426	20030	1999	498
	2000	9		2000	432		2000	545
	2001	9		2001	441		2001	591
	2002	13		2002	463		2002	631
	2003	11		2003	512		2003	688
	2004	12		2004	526		2004	773
	2005	25		2005	569		2005	918
	2006	26		2006	649		2006	945
9010	1999	18	16022	1999	6	21031	1999	398
	2000	14		2000	5		2000	421
	2001	17		2001	6		2001	480
	2002	17		2002	5		2002	533
	2003	20		2003	7		2003	616
	2004	21		2004	9		2004	708
	2005	37		2005	6		2005	1051
	2006	47		2006	7		2006	1151
10012	1999	70	17023 - 7	1999	2032	22032	1999	648
	2000	74		2000	2063		2000	671
	2001	73		2001	2301		2001	740

工业代码	年份	企业数	工业代码	年份	企业数	工业代码	年份	企业数
	2002	78		2002	2579		2002	760
	2003	85		2003	3115		2003	825
	2004	87		2004	3519		2004	878
	2005	127		2005	5007		2005	1234
	2006	134		2006	5306		2006	1296
23033	1999	437	28046	1999	200	32058 - 9	1999	262
	2000	460		2000	212		2000	289
	2001	509		2001	205		2001	300
	2002	539		2002	224		2002	297
	2003	611		2003	194		2003	346
	2004	639		2004	223		2004	396
	2005	662		2005	276		2005	638
	2006	675		2006	288		2006	716
24034 - 5	1999	835	29047	1999	313	34060	1999	1496
	2000	884		2000	328		2000	1637
	2001	919		2001	357		2001	1902
	2002	1070		2002	373		2002	2066
	2003	1196		2003	422		2003	1929
	2004	1261		2004	464		2004	2123
	2005	1616		2005	744		2005	2792
	2006	1660		2006	792		2006	3106
25036 - 7	1999	89	30048	1999	1779	35061 - 3	1999	955
	2000	94		2000	1888		2000	1043
	2001	106		2001	2092		2001	1191
	2002	108		2002	2245		2002	1333
	2003	110		2003	2439		2003	1714
	2004	127		2004	2636		2004	1983
	2005	160		2005	3345		2005	2987
	2006	173		2006	3530		2006	3306

工业代码	年份	企业数	工业代码	年份	企业数	工业代码	年份	企业数
26038－44	1999	1389	31049－53	1999	1362	36064－5	1999	611
	2000	1477		2000	1420		2000	658
	2001	1694		2001	1553		2001	759
	2002	1844		2002	1652		2002	838
	2003	2041		2003	1773		2003	1029
	2004	2266		2004	1987		2004	1236
	2005	3045		2005	2435		2005	2001
	2006	3295		2006	2587		2006	2303
27045	1999	533	32054－7	1999	183	37066－71	1999	803
	2000	542		2000	189		2000	886
	2001	568		2001	215		2001	998
	2002	604		2002	217		2002	1134
	2003	701		2003	267		2003	1319
	2004	743		2004	311		2004	1507
	2005	890		2005	489		2005	2072
	2006	955		2006	546		2006	2435
39072－4	1999	1570	44086	1999	253			
	2000	1666		2000	276			
	2001	1872		2001	286			
	2002	2050		2002	299			
	2003	2333		2003	309			
	2004	2627		2004	328			
	2005	3830		2005	396			
	2006	4129		2006	405			
40075－80	1999	1940	45087	1999	27			
	2000	2114		2000	36			
	2001	2311		2001	40			
	2002	2558		2002	49			
	2003	2937		2003	59			

工业代码	年份	企业数	工业代码	年份	企业数	工业代码	年份	企业数
	2004	3384		2004	64			
	2005	4637		2005	108			
	2006	4965		2006	137			
41081-2	1999	479	46088	1999	14			
	2000	504		2000	12			
	2001	570		2001	15			
	2002	628		2002	24			
	2003	834		2003	31			
	2004	936		2004	33			
	2005	1235		2005	60			
	2006	1343		2006	67			
42083-4	1999							
	2000							
	2001							
	2002							
	2003	1517						
	2004	1585						
	2005	1830						
	2006	1993						
43085	1999							
	2000							
	2001							
	2002							
	2003	20						
	2004	19						
	2005	100						
	2006	119						

附表 B5 直接消耗系数表

工业代码	6007	7008	8009	9010	10012
6007	0.02523065	0.00572	0.00310601	0.00565456	0.00158865
7008	0.00023953	0.009872	0.00271677	0.00144719	0.0044194
8009	0	0	0.08660864	0.0009422	0
9010	0	0	0	0.04809864	0
10012	0.00072195	8.07E − 05	0.00046044	0.0007401	0.05340585
13013 − 8	0	0	0	0	0
13019	0	0	0	0	0
15020 − 1	0.00009822	0.00043	0	0.00083157	0
16022	0	0	0	0	0
17023 − 7	0.000116924	0.000397	0.000123196	0.000172552	0.000229517
18028	0.00317729	0.003839	0.00260109	0.00701987	0.00513289
10029	0.00004013	8.95E − 06	0.00004028	0.00003299	0.00000447
20030	0.00563479	0.000545	0.00114441	0.00219423	0.00152284
21031 ⸱	0.00097158	0.000666	0.00039104	0.00062809	0.00031345
22032	0.00040728	0.000352	0.00151432	0.00085427	0.00333147
23033	0.0007161	0.001405	0.00152311	0.00162788	0.00119728
24034 − 5	0.00032497	0.000423	0.00013927	0.00036558	0.00019811
25036 − 7	0.01113754	0.02108	0.01325781	0.053447205	0.03420381
26038 − 44	0.00194715	0.002232	0.004169868	0.011122702	0.010542054
27045	0.00015778	3.09E − 06	0.00087159	0.00010639	0.00044331
28046	0	0	0	0	0
29047	0.01097274	0.001946	0.0051815	0.0042852	0.0048119
30048	0.00204208	0.001629	0.00161299	0.0100973	0.03573297
31049 − 53	0.001608694	0.000756	0.001407654	0.001559764	0.002195
32054 − 7	0.009469525	0.004172	0.003708405	0.003766232	0.001388902
32058 − 9	0.001745645	0.000837	0.00169382	0.004977305	0.001003155
34060	0.01881484	0.007792	0.02030685	0.02071933	0.00822049
35061 − 3	0.00775063	0.003648	0.00780316	0.010266413	0.00516356
36064 − 5	0.006723715	0.007058	0.00858314	0.01060539	0.03158679

工业代码	6007	7008	8009	9010	10012
37066 - 71	0.002042095	0.002152	0.007600607	0.00176963	0.005696762
39072 - 4	0.0067943	0.004954	0.002122196	0.003034113	0.0030141
40075 - 80	0.000462425	0.000632	0.000552006	0.000458558	0.000425531
41081 - 2	0.002671775	0.005106	0.001240345	0.00285207	0.001258925
42083 - 4	0.002024505	0.000626	0.00230338	0.002128735	0.003120235
43085	0.00000775	1.21E - 05	0.0000157	0.00006732	0.00000869
44086	0.0668755	0.046503	0.13286092	0.08064453	0.05062148
45087	0.00000786	0.000966	0.00200816	0.00058682	0.00038189
46088	0.00119456	0.001175	0.00318577	0.00191776	0.00234866

工业代码	13013 - 8	13019	15020 - 1	16022	17023 - 7
6007	0.002536	0.0061309	0.00449257	0.00054388	0.003782304
7008	0.000346	0.00021535	0.00028577	0.00005768	0.001433895
8009	0	0	0	0	0
9010	0	0	0	0	0
10012	0.000556	0	0	0	0
13013 - 8	0.01648	0.026252381	0.014835431	0	0
13019	0.025943	0.05877918	0.01895497	0.00003649	0.000195
15020 - 1	0.000376	0.00160653	0.02836383	0	0
16022	0	0	0	0.0949963	0
17023 - 7	0.000458	0.000138858	0.000162531	0.000062745	0.069119837
18028	0.000641	0.000713	0.0010769	0.00028885	0.002030462
10029	0.000184	0.00000772	0.00000925	0	0.00088103
20030	0.000434	0.00124656	0.0009529	0.00004767	0.00055265
21031	0.000155	0.00041894	0.00083209	0.0003964	0.00026475
22032	0.002656	0.02985583	0.03048201	0.01502362	0.005495198
23033	0.001378	0.00772092	0.01366946	0.0103554	0.00106979
24034 - 5	0.000247	0.00006918	0.00014023	0.000015665	0.000109421
25036 - 7	0.001481	0.00332858	0.003401285	0.00040383	0.003533772
26038 - 44	0.001204	0.004650456	0.002859306	0.000665028	0.009177358

工业代码	13013 - 8	13019	15020 - 1	16022	17023 - 7
27045	0. 001756	0. 00035057	0. 00019415	0. 00000029	0. 000188424
28046	0	0	0. 00053205	0. 01353712	0. 046759194
29047	0. 000779	0. 00103164	0. 001256115	0. 0002604	0. 001602908
30048	0. 010158	0. 02782499	0. 033769655	0. 00147627	0. 005067376
31049 - 53	0. 000197	0. 000982088	0. 004962519	0. 000056916	0. 000345834
32054 - 7	0. 000671	0. 00119272	0. 00281849	0. 0002109	0. 001200462
32058 - 9	0. 00011	0. 00093511	0. 003570135	0. 00011162	0. 000051286
34060	0. 002587	0. 00889208	0. 02693579	0. 00076474	0. 00162349
35061 - 3	0. 00084	0. 001286083	0. 00137964	0. 000267983	0. 001500353
36064 - 5	0. 000701	0. 00162091	0. 00161808	0. 00105735	0. 007354398
37066 - 71	0. 000922	0. 001368433	0. 000923938	0. 000206787	0. 000591174
39072 - 4	0. 0004	0. 000571056	0. 000680783	0. 000245686	0. 000996682
40075 - 80	0. 000108	0. 000140686	0. 00020567	0. 00003515	0. 000322674
41081 - 2	0. 000222	0. 00053598	0. 000574865	0. 00021251	0. 00042663
42083 - 4	0. 000412	0. 00128733	0. 001150157	0. 00026025	0. 001610174
43085	0. 000456	0. 00021954	0. 000173605	0. 00000617	0. 000081108
44086	0. 010469	0. 01463929	0. 011706345	0. 00171964	0. 017769396
45087	0. 000318	0. 00069571	0. 000717805	0. 00011446	0. 000292956
46088	0. 00082	0. 00102373	0. 001152695	0. 0002944	0. 001003366
工业代码	18028	10029	20030	21031	22032
6007	0. 00098337	0. 00064538	0. 00992315	0. 00182177	0. 00872683
7008	0	0	0	0	0. 00052175
8009	0	0	0	0	0
9010	0	0	0	0	0
10012	0	0	0	0	0
13013 - 8	0	0. 09581446	0	0	0
13019	0. 00017932	0. 0000016	0. 00006724	0	0
15020 - 1	0	0	0	0	0
16022	0	0	0	0	0

工业代码	18028	10029	20030	21031	22032
17023－7	0.086612194	0.009387946	0.000272556	0.005997854	0.002115378
18028	0.01802329	0.00670577	0.00221192	0.00210893	0.00249302
10029	0.01149037	0.27665323	0.0006904	0.03497452	0.00031524
20030	0.00109614	0.00074124	0.2441569	0.21416694	0.01375702
21031	0.00081897	0.00059548	0.00197549	0.00754302	0.00023563
22032	0.01116596	0.01181989	0.0119853	0.01170247	0.24289793
23033	0.00408547	0.0013933	0.00132038	0.00275153	0.00982383
24034－5	0.00006016	0.0000924	0.00011765	0.00031116	0.000036795
25036－7	0.00234019	0.0028044	0.00715976	0.01123244	0.00662021
26038－44	0.003918478	0.008070268	0.014688326	0.007358862	0.013580756
27045	0.00003818	0.00007499	0	0.0000064	0.00000078
28046	0.01309619	0.00485724	0.00072366	0.00395957	0.00147806
29047	0.0054786	0.01300372	0.00186812	0.00361793	0.00251719
30048	0.01532273	0.02073552	0.0050007	0.02326383	0.00781193
31049－53	0.000616356	0.000282742	0.00046729	0.00232377	0.000464042
32054－7	0.00195776	0.00164682	0.00146425	0.04009781	0.000907
32058－9	0.00046899	0.00007437	0.00263689	0.00417368	0.00087573
34060	0.00251029	0.00636716	0.01661346	0.02729067	0.00622963
35061－3	0.00069295	0.00118572	0.00250122	0.00262142	0.002960753
36064－5	0.0017864	0.0014183	0.00255129	0.00201869	0.00310892
37066－71	0.000478996	0.00050065	0.00159791	0.001424636	0.002864233
39072－4	0.000460256	0.00088925	0.001196446	0.001277723	0.00129125
40075－80	0.000444465	0.000193505	0.0003049	0.000190928	0.00031498
41081－2	0.00079592	0.000723025	0.000816235	0.001087	0.000933235
42083－4	0.00195255	0.001093145	0.001186915	0.00297035	0.00135848
43085	0.00004553	0.00008111	0.00074321	0.00001725	0.03675372
44086	0.0078452	0.00542518	0.02538228	0.01795704	0.03103868
45087	0.00014828	0.00006887	0.00022124	0.00015334	0.00011966
46088	0.00063124	0.00048922	0.00125853	0.00158978	0.00211473

续表

工业代码	23033	24034 - 5	25036 - 7	26038 - 44	27045
6007	0. 00097293	0. 00164705	0. 133688015	0. 021143	0. 00186754
7008	0. 00019119	0. 00011296	0. 328072525	0. 021037	0. 00005911
8009	0	0	0	0	0
9010	0	0	0	0. 005678	0
10012	0	0. 00022817	0	0. 012942	0. 00022456
13013 - 8	0	0	0	0. 001987	0. 003640596
13019	0	0	0	0. 003177	0. 00760798
15020 - 1	0	0	0	0. 002652	0. 00239429
16022	0	0	0	0	0
17023 - 7	0. 000524122	0. 007921653	0. 000049215	0. 000387	0. 00056364
18028	0. 00198036	0. 003081605	0. 00144389	0. 001663	0. 00193548
10029	0. 00074631	0. 012588785	0. 00000112	0. 000253	0. 00006304
20030	0. 00136441	0. 030693355	0. 000387815	0. 001193	0. 00098412
21031	0. 00063495	0. 00113661	0. 000201225	0. 000288	0. 00087886
22032	0. 26041231	0. 09796415	0. 0004642	0. 009974	0. 01975705
23033	0. 03833892	0. 00850967	0. 000544295	0. 002182	0. 00884874
24034 - 5	0. 00011604	0. 010385965	0. 000258663	0. 000323	0. 00041707
25036 - 7	0. 00341687	0. 004970055	0. 024693333	0. 030863	0. 00138162
26038 - 44	0. 010975088	0. 011618854	0. 002999375	0. 043672	0. 010106378
27045	0. 00001182	0. 00000308	0. 000006915	0. 00065	0. 17784278
28046	0. 00033719	0. 026876915	0	0. 002024	0. 00043019
29047	0. 00249918	0. 01908247	0. 00082003	0. 001564	0. 00341337
30048	0. 03308687	0. 07267881	0. 00089167	0. 03914	0. 01148796
31049 - 53	0. 00033582	0. 001397593	0. 001332437	0. 001081	0. 002480092
32054 - 7	0. 00116249	0. 010774904	0. 003950965	0. 000606	0. 000328807
32058 - 9	0. 00669379	0. 006914356	0. 000163185	0. 002591	0. 000773435
34060	0. 00649076	0. 04390648	0. 003649875	0. 008587	0. 00486025
35061 - 3	0. 00186307	0. 003113825	0. 00481368	0. 002874	0. 001248833
36064 - 5	0. 00405187	0. 002081935	0. 003281935	0. 004815	0. 00283735

续表

工业代码	23033	24034 – 5	25036 – 7	26038 – 44	27045
37066 – 71	0. 00116977	0. 00214493	0. 000852651	0. 000992	0. 000222513
39072 – 4	0. 001198006	0. 002107028	0. 001668681	0. 001339	0. 000920686
40075 – 80	0. 000523443	0. 00525536	0. 000351337	0. 000444	0. 00055405
41081 – 2	0. 00092666	0. 001557557	0. 001007472	0. 002112	0. 00143754
42083 – 4	0. 00267236	0. 003754202	0. 001473902	0. 001061	0. 00131479
43085	0. 0000168	0. 000013445	0. 0000952	0. 000323	0. 00009221
44086	0. 01028834	0. 012175655	0. 038336605	0. 05383	0. 02271292
45087	0. 01028834	0. 00035634	0. 00329271	0. 000894	0. 00021444
46088	0. 00094266	0. 00356181	0. 001646185	0. 0025	0. 00162936

工业代码	28046	29047	30048	31049 – 53	32054 – 7
6007	0. 00553655	0. 00657424	0. 00166859	0. 03278559	0. 021694702
7008	0. 08065478	0. 00011579	0. 00083877	0. 002660486	0. 00168593
8009	0	0	0	0. 00139739	0. 080930825
9010	0	0	0	0. 004299885	0. 032271425
10012	0	0	0	0. 065385614	0. 012077112
13013 – 8	0	0	0	0	0
13019	0. 00016574	0. 00000199	0. 0000032	0	0
15020 – 1	0. 00020546	0	0. 00003312	0. 000039457	0
16022	0	0	0	0	0
17023 – 7	0. 001039736	0. 002499952	0. 000897864	0. 000895588	0. 000028445
18028	0. 00077937	0. 00230915	0. 00126589	0. 002541416	0. 00143034
10029	0. 00000471	0. 00386192	0. 00530635	0. 000105012	0. 000010062
20030	0. 00236975	0. 00379646	0. 00188572	0. 004887334	0. 000444875
21031	0. 00011417	0. 00083533	0. 0004147	0. 000364136	0. 000065642
22032	0. 01388746	0. 00534245	0. 01066216	0. 026394672	0. 00040674
23033	0. 00099348	0. 0002707	0. 00230991	0. 002260686	0. 00034996
24034 – 5	0. 00017768	0. 00010965	0. 000041975	0. 000230852	0. 000152121
25036 – 7	0. 01285287	0. 003975975	0. 00667683	0. 020386401	0. 030419226
26038 – 44	0. 056189742	0. 024597394	0. 065164384	0. 011216123	0. 001582187

工业代码	28046	29047	30048	31049 - 53	32054 - 7
27045	0. 00002352	0. 00001575	0. 00001476	0. 000015268	0. 000008647
28046	0. 20146901	0. 01963849	0. 00520679	0. 002283188	0
29047	0. 00092654	0. 07154038	0. 00390421	0. 00302566	0. 00130989
30048	0. 0168819	0. 00710857	0. 21456942	0. 010690582	0. 00182602
31049 - 53	0. 00028246	0. 001586336	0. 000674976	0. 016860571	0. 005121937
32054 - 7	0. 000251427	0. 00697909	0. 00027541	0. 00509764	0. 045397647
32058 - 9	0. 00013969	0. 004777685	0. 001011915	0. 00125891	0. 012910723
34060	0. 001997	0. 02149009	0. 00570738	0. 021282716	0. 007676017
35061 - 3	0. 001011166	0. 00424392	0. 001539923	0. 007107461	0. 005705402
36064 - 5	0. 00548711	0. 0039531	0. 00286747	0. 006696442	0. 008664925
37066 - 71	0. 000661583	0. 00193683	0. 00098114	0. 000738253	0. 001980791
39072 - 4	0. 001323396	0. 001542503	0. 001172903	0. 002166368	0. 001359274
40075 - 80	0. 000398045	0. 000280263	0. 00071645	0. 000584713	0. 000146874
41081 - 2	0. 002256465	0. 00105697	0. 001177745	0. 001349868	0. 000935895
42083 - 4	0. 000620705	0. 00316001	0. 00132477	0. 001852138	0. 002200452
43085	0. 00014569	0. 00000144	0. 00142428	0. 003689194	0. 043033387
44086	0. 02797958	0. 02200335	0. 02534995	0. 051262556	0. 06282568
45087	0. 00008391	0. 00100694	0. 00017	0. 001716886	0. 000973267
46088	0. 00160578	0. 00225864	0. 00083019	0. 001856366	0. 002285415
工业代码	32058 - 9	34060	35061 - 3	36064 - 5	37066 - 71
6007	0. 009164635	0. 00208187	0. 004945036	0. 00285257	0. 0019142
7008	0. 00099873	0. 00145682	0. 00087023	0. 000455375	0. 0007413
8009	0. 001471585	0. 01701889	0. 002587766	0. 00176262	0. 00166
9010	0. 12586821	0. 00142689	0. 002031793	0. 001055265	0. 0005136
10012	0. 00535809	0. 0022201	0. 00114346	0. 000509755	0. 0003565
13013 - 8	0	0	0	0	0
13019	0	0	0	0	0
15020 - 1	0	0	0	0	0
16022	0	0	0	0	0

工业代码	32058 - 9	34060	35061 - 3	36064 - 5	37066 - 71
17023 - 7	0. 000268018	0. 000563692	0. 00019817	0. 001511323	0. 0003582
18028	0. 00194907	0. 00170126	0. 00231917	0. 001562915	0. 0021568
10029	0. 000047615	0. 00010686	0. 000045486	0. 000261895	0. 0009703
20030	0. 001092515	0. 0113856	0. 003194753	0. 00172205	0. 0019582
21031	0. 00011371	0. 00144318	0. 000561426	0. 000265305	0. 0010977
22032	0. 00199078	0. 00650349	0. 002310056	0. 002410595	0. 0017451
23033	0. 000798175	0. 00125658	0. 002189753	0. 00122728	0. 0009731
24034 - 5	0. 000114875	0. 00003759	0. 000121946	0. 000088455	0. 0001274
25036 - 7	0. 0062588	0. 004372645	0. 004062836	0. 002892292	0. 0024962
26038 - 44	0. 005133692	0. 004304822	0. 002093852	0. 002649358	0. 0041854
27045	0. 00001034	0. 00000323	0. 000025043	0. 000177615	0. 0000055
28046	0	0. 00017073	0. 000790006	0. 000151085	0. 000626
29047	0. 001586685	0. 00305157	0. 005249453	0. 022895835	0. 0181962
30048	0. 002017615	0. 00752845	0. 019115996	0. 004523235	0. 0127555
31049 - 53	0. 001257123	0. 00195734	0. 001012295	0. 000852689	0. 0011152
32054 - 7	0. 003774185	0. 064953267	0. 034024923	0. 036426631	0. 0269544
32058 - 9	0. 17280198	0. 03937153	0. 01066423	0. 01439474	0. 0079174
34060	0. 007771455	0. 1146544	0. 025572006	0. 031741115	0. 0211869
35061 - 3	0. 003080358	0. 004707406	0. 06969046	0. 043114486	0. 035598
36064 - 5	0. 00339815	0. 00304153	0. 002501804	0. 04626324	0. 0071926
37066 - 71	0. 000807246	0. 001052222	0. 0022744	0. 006840108	0. 0424147
39072 - 4	0. 00136308	0. 001853206	0. 01671537	0. 009360626	0. 0121885
40075 - 80	0. 000298776	0. 000399086	0. 002252508	0. 002691433	0. 0015583
41081 - 2	0. 00094047	0. 000809325	0. 003334703	0. 001281782	0. 0034242
42083 - 4	0. 001315325	0. 001951135	0. 00291393	0. 000892377	0. 0016611
43085	0. 039787545	0. 0015283	0. 002963656	0. 001133455	0. 0009489
44086	0. 056324975	0. 03889764	0. 018125123	0. 01627439	0. 0166431
45087	0. 000330975	0. 00016765	0. 000513163	0. 00033067	0. 0007639
46088	0. 00106107	0. 00132787	0. 000915	0. 00197577	0. 0021474

续表

工业代码	39072 – 4	40075 – 80	41081 – 2	42083 – 4	43085
6007	0. 001876403	0. 000333178	0. 00049867	0. 01098784	0
7008	0. 000142953	0. 000025453	0. 00008918	0. 00004837	0
8009	0. 003723656	0. 000202103	0. 00034008	0. 00017319	0
9010	0. 00190514	0. 00038857	0. 00141458	0. 00021423	0
10012	0. 00023811	0. 000376146	0. 000242815	0. 002221685	0
13013 – 8	0	0	0	0. 01305447	0
13019	0	0	0	0	0
15020 – 1	0	0	0. 00003676	0. 00001429	0
16022	0	0	0	0	0
17023 – 7	0. 000115184	0. 000312277	0. 000401837	0. 016496853	0
18028	0. 001716583	0. 00080944	0. 00175266	0. 0026463	0
10029	0. 00002385	0. 000096276	0. 000387365	0. 00085466	0
20030	0. 002848233	0. 001005185	0. 00154594	0. 01113116	0
21031	0. 000185841	0. 000480076	0. 0006104	0. 004895515	0
22032	0. 019998273	0. 007167765	0. 006584955	0. 03927585	0
23033	0. 002053216	0. 00155148	0. 003705415	0. 00286632	0
24034 – 5	0. 000123451	0. 000290418	0. 000365233	0. 000327896	0
25036 – 7	0. 002514346	0. 001260915	0. 001496266	0. 008924896	0
26038 – 44	0. 006092217	0. 003903548	0. 013044034	0. 007858705	0
27045	0. 000002553	0. 00000076	0. 00002833	0. 000001655	0
28046	0. 002389733	0. 001676378	0. 00139754	0. 01147355	0
29047	0. 006972366	0. 004515383	0. 002497935	0. 00821279	0
30048	0. 058408783	0. 032462971	0. 05434354	0. 023590305	0
31049 – 53	0. 002090198	0. 004687503	0. 004700362	0. 003240393	0
32054 – 7	0. 017418213	0. 001495529	0. 013269045	0. 004333005	0
32058 – 9	0. 05377514	0. 007091165	0. 004559965	0. 021181905	0
34060	0. 044488816	0. 020002861	0. 03804051	0. 042214905	0
35061 – 3	0. 021309337	0. 003295813	0. 00768293	0. 002178555	0
36064 – 5	0. 002784916	0. 001941791	0. 00535441	0. 001359475	0

工业代码	39072－4	40075－80	41081－2	42083－4	43085
37066－71	0.001020905	0.001061275	0.001408891	0.001237861	0
39072－4	0.039561622	0.022512262	0.019317873	0.00263466	0
40075－80	0.005618107	0.073330637	0.033521305	0.000915994	0
41081－2	0.002036686	0.001646395	0.029376922	0.001260627	0
42083－4	0.003033511	0.00171952	0.001722997	0.028820832	0
43085	0.00026169	0.000461898	0.00015809	0.0014576	0
44086	0.011633706	0.009753673	0.00931211	0.018664905	0
45087	0.000864513	0.000296935	0.000418075	0.00146644	0
46088	0.00106842	0.000802346	0.00152945	0.00094101	0

工业代码	44086	45087	46088		
6007	0.16354997	0.23970956	0.00205366		
7008	0.00805329	0.04338895	0.00003271		
8009	0.00008032	0	0		
9010	0.00043638	0	0		
10012	0.00013287	0	0.00028658		
13013－8	0	0	0		
13019	0	0	0		
15020－1	0	0	0		
16022	0	0	0		
17023－7	0.000030346	0.000028622	0.000055905		
18028	0.0023116	0.00617789	0.00370324		
10029	0.00004945	0.00000145	0.0000043		
20030	0.00048483	0.00039354	0.00074404		
21031	0.00030377	0.00065906	0.00101146		
22032	0.00071419	0.00081186	0.00130057		
23033	0.00140099	0.0016302	0.00260832		
24034－5	0.000011125	0.0003174	0.000154765		
25036－7	0.020838605	0.052755745	0.0024245		
26038－44	0.000638446	0.001029496	0.007582918		

工业代码	44086	45087	46088		
27045	0. 00000058	0. 00000041	0. 00003901		
28046	0	0	0		
29047	0. 00089554	0. 00110733	0. 00139613		
30048	0. 0025593	0. 00386746	0. 00214287		
31049 – 53	0. 000413058	0. 000471596	0. 000607052		
32054 – 7	0. 00206476	0. 00268942	0. 00198814		
32058 – 9	0. 00050862	0. 00005477	0. 00005675		
34060	0. 00464228	0. 00626843	0. 03000867		
35061 – 3	0. 010676093	0. 007460706	0. 007196506		
36064 – 5	0. 00442088	0. 00383302	0. 005898		
37066 – 71	0. 002586953	0. 005957723	0. 00445062		
39072 – 4	0. 00992876	0. 001295316	0. 002325696		
40075 – 80	0. 000749795	0. 000452631	0. 000800978		
41081 – 2	0. 00757163	0. 00175702	0. 00227983		
42083 – 4	0. 000238955	0. 00215501	0. 002529455		
43085	0	0	0		
44086	0. 03291328	0. 04969735	0. 18173726		
45087	0. 0007836	0. 04514098	0. 00340211		
46088	0. 0023639	0. 00467401	0. 04143256		

注：沿行方向，反映各产出部门的产出提供给各投入部门使用的价值量，称为中间使用；沿列方向，反映各投入部门在生产过程中消耗各产出部门产出的价值量，称为中间投入。

附表 B6 完全消耗系数表

工业代码	6007	7008	8009	9010	10012
6007	0. 051368	0. 022917	0. 0452	0. 039993	0. 027748
7008	0. 027401	0. 036305	0. 043304	0. 10192	0. 05587
8009	0. 007721	0. 004246	0. 10148	0. 007717	0. 005039
9010	0. 005933	0. 003845	0. 00661	0. 059345	0. 006393
10012	0. 003793	0. 001953	0. 00368	0. 004879	0. 060225

工业代码	6007	7008	8009	9010	10012
13013 - 8	0. 00063	0. 000369	0. 000696	0. 000804	0. 000933
13019	0. 000887	0. 000546	0. 000966	0. 001123	0. 001283
15020 - 1	0. 001235	0. 000968	0. 001243	0. 001962	0. 001685
16022	0. 001364	0. 000813	0. 001505	0. 001762	0. 001925
17023 - 7	0. 002035	0. 0021	0. 002142	0. 003031	0. 002843
18028	0. 006069	0. 005821	0. 006107	0. 001133	0. 008966
10029	0. 000719	0. 000476	0. 000803	0. 001022	0. 001229
20030	0. 011457	0. 003176	0. 300563	0. 007644	0. 006205
21031	0. 002176	0. 00149	0. 001685	0. 002129	0. 001653
22032	0. 010262	0. 007883	0. 012322	0. 014288	0. 017437
23033	0. 006494	0. 005528	0. 007597	0. 009103	0. 008425
24034 - 5	0. 000515	0. 000479	0. 000431	0. 000863	0. 000657
25036 - 7	0. 02107	0. 020273	0. 033532	0. 078412	0. 038701
26038 - 44	0. 007287	0. 005793	0. 010108	0. 019346	0. 020449
27045	0. 002247	0. 000689	0. 005208	0. 001729	0. 001785
28046	0. 00224	0. 001583	0. 002203	0. 002902	0. 003172
29047	0. 016236	0. 004951	0. 011528	0. 010182	0. 011726
30048	0. 017489	0. 012895	0. 018692	0. 033181	0. 066444
31049 - 53	0. 003809	0. 002179	0. 003661	0. 004049	0. 004528
32054 - 7	0. 024431	0. 013123	0. 018636	0. 018467	0. 014209
32058 - 9	0. 01466	0. 00906	0. 013269	0. 019363	0. 012253
34060	0. 036281	0. 019159	0. 040874	0. 042857	0. 026642
35061 - 3	0. 017558	0. 010076	0. 020517	0. 022976	0. 016511
36064 - 5	0. 010335	0. 009584	0. 013568	0. 010305	0. 021236
37066 - 71	0. 006285	0. 004925	0. 013934	0. 006863	0. 012252
39072 - 4	0. 013223	0. 009624	0. 009718	0. 011203	0. 010932
40075 - 80	0. 004467	0. 004135	0. 004652	0. 005591	0. 005524
41081 - 2	0. 005866	0. 007643	0. 005199	0. 007353	0. 005244
42083 - 4	0. 003766	0. 001723	0. 004332	0. 004294	0. 005225

续表

工业代码	6007	7008	8009	9010	10012
43085	0.00581	0.003382	0.005213	0.005784	0.004727
44086	0.10145	0.069268	0.18545	0.13443	0.096614
45087	0.000763	0.001522	0.003194	0.001634	0.001319
46088	0.003103	0.002468	0.005771	0.004698	0.004951

工业代码	13013 - 8	13019	15020 - 1	16022	17023 - 7
6007	0.020869	0.027312	0.024791	0.005027	0.029582
7008	0.025486	0.02972	0.030093	0.007974	0.041472
8009	0.002173	0.002953	0.004003	0.000643	0.00295
9010	0.002648	0.004134	0.004777	0.000922	0.004817
10012	0.004828	0.004477	0.00529	0.000903	0.004457
13013 - 8	0.021421	0.03524	0.014316	0.000298	0.003644
13019	0.021834	0.065077	0.022485	0.000359	0.002473
15020 - 1	0.001142	0.00303	0.031392	0.000363	0.001454
16022	0.001633	0.001902	0.001747	0.10562	0.002108
17023 - 7	0.002061	0.002124	0.002233	0.000629	0.094541
18028	0.003412	0.004237	0.004525	0.001322	0.006519
10029	0.000921	0.000989	0.001018	0.00022	0.002411
20030	0.005492	0.006998	0.006958	0.001691	0.005662
21031	0.001754	0.001952	0.002327	0.000847	0.001892
22032	0.014644	0.059599	0.062448	0.029875	0.023447
23033	0.008913	0.018969	0.024474	0.014874	0.009873
24034 - 5	0.000592	0.000555	0.000546	0.00015	0.000603
25036 - 7	0.017476	0.02054	0.020899	0.004429	0.022339
26038 - 44	0.015235	0.018827	0.017154	0.004591	0.028036
27045	0.005677	0.00249	0.001551	0.000289	0.002563
28046	0.002702	0.002625	0.003452	0.019367	0.09677
29047	0.004586	0.005826	0.005935	0.001324	0.006745
30048	0.039835	0.063929	0.068297	0.008473	0.031918
31049 - 53	0.001962	0.003016	0.007607	0.000495	0.002409

工业代码	13013 – 8	13019	15020 – 1	16022	17023 – 7
32054 – 7	0.006112	0.007976	0.010304	0.001773	0.00835
32058 – 9	0.005032	0.007838	0.01141	0.00185	0.007666
34060	0.014596	0.025104	0.046805	0.004407	0.017017
35061 – 3	0.007129	0.009005	0.008938	0.002078	0.010102
36064 – 5	0.006435	0.005602	0.005117	0.001786	0.011904
37066 – 71	0.005377	0.006526	0.005627	0.001498	0.005182
39072 – 4	0.004717	0.006422	0.006364	0.001734	0.007372
40075 – 80	0.003453	0.006195	0.006081	0.001522	0.005062
41081 – 2	0.002451	0.003282	0.003298	0.00093	0.003951
42083 – 4	0.002025	0.003234	0.003107	0.000756	0.004248
43085	0.002755	0.004857	0.005657	0.001629	0.003367
44086	0.046822	0.05804	0.053288	0.011815	0.075642
45087	0.000945	0.001575	0.001665	0.00032	0.001267
46088	0.002588	0.003324	0.00335	0.000891	0.004323
工业代码	18028	10029	20030	21031	22032
6007	0.023739	0.019778	0.038463	0.029827	0.037409
7008	0.035318	0.031117	0.037642	0.042871	0.0345
8009	0.00299	0.003061	0.004291	0.00838	0.003359
9010	0.004431	0.004488	0.007007	0.007137	0.00639
10012	0.003698	0.00364	0.005012	0.004776	0.005051
13013 – 8	0.002523	0.030543	0.000899	0.001951	0.00123
13019	0.002274	0.005571	0.001201	0.001357	0.001399
15020 – 1	0.001526	0.001537	0.001456	0.001512	0.001728
16022	0.002234	0.002653	0.002042	0.002155	0.002329
17023 – 7	0.130634	0.02269	0.002764	0.012768	0.006197
18028	0.023273	0.013592	0.006929	0.007317	0.007102
10029	0.017628	0.38382	0.002213	0.050034	0.001468
20030	0.006636	0.006379	0.3293	0.29127	0.028206
21031	0.00249	0.002567	0.004155	0.00977	0.001817

续表

工业代码	18028	10029	20030	21031	22032
22032	0.035991	0.037853	0.034793	0.03707	0.33764
23033	0.015202	0.012903	0.010705	0.013244	0.021883
24034 − 5	0.000624	0.000601	0.000586	0.000702	0.000526
25036 − 7	0.020641	0.020818	0.026623	0.03098	0.023449
26038 − 44	0.022203	0.02361	0.031024	0.023694	0.028977
27045	0.001832	0.006727	0.001873	0.001821	0.001615
28046	0.064917	0.018562	0.00392	0.011354	0.006102
29047	0.0115	0.02388	0.007835	0.010664	0.008392
30048	0.043974	0.059234	0.028133	0.052417	0.03326
31049 − 53	0.002797	0.002338	0.003835	0.005249	0.002545
32054 − 7	0.008452	0.008416	0.011425	0.026403	0.00922
32058 − 9	0.008063	0.007985	0.013061	0.015745	0.0095
34060	0.018826	0.023978	0.041153	0.054325	0.024039
35061 − 3	0.009376	0.008961	0.012526	0.013295	0.012779
36064 − 5	0.009158	0.006366	0.006071	0.006278	0.006349
37066 − 71	0.005608	0.005837	0.0076	0.00768	0.008349
39072 − 4	0.007541	0.00744	0.00831	0.008923	0.007982
40075 − 80	0.007482	0.005635	0.005487	0.006321	0.005186
41081 − 2	0.0042	0.004142	0.004669	0.004987	0.004591
42083 − 4	0.004918	0.003582	0.003634	0.005771	0.003613
43085	0.003835	0.003953	0.005588	0.0072	0.051878
44086	0.063335	0.05132	0.082521	0.074527	0.090047
45087	0.001159	0.000941	0.001196	0.001256	0.001032
46088	18028	10029	20030	21031	22032
工业代码	23033	24034 − 5	25036 − 7	26038 − 44	27045
6007	0.022548	0.029597	0.166071	0.065268	0.024169
7008	0.03061	0.048376	0.378739	0.106185	0.026878
8009	0.002987	0.008313	0.004767	0.004481	0.002726
9010	0.005796	0.009415	0.004551	0.017192	0.005587

工业代码	23033	24034 - 5	25036 - 7	26038 - 44	27045
10012	0.003336	0.005452	0.00304	0.023786	0.005528
13013 - 8	0.000964	0.001489	0.000545	0.002767	0.006844
13019	0.001118	0.00137	0.000789	0.003913	0.011646
15020 - 1	0.001452	0.001642	0.001165	0.002862	0.003023
16022	0.00213	0.002231	0.001494	0.001917	0.001911
17023 - 7	0.004003	0.015674	0.002152	0.002999	0.00283
18028	0.006296	0.008134	0.00623	0.006698	0.005653
10029	0.002257	0.019798	0.000605	0.00166	0.000931
20030	0.012048	0.049966	0.005133	0.007078	0.00569
21031	0.002074	0.002961	0.001864	0.002005	0.002443
22032	0.3703	0.152131	0.010884	0.030848	0.050051
23033	0.051356	0.020007	0.007778	0.011901	0.02081
24034 - 5	0.000559	0.011239	0.000682	0.000867	0.000729
25036 - 7	0.020988	0.031461	0.040921	0.060568	0.017826
26038 - 44	0.026406	0.032279	0.0087	0.069533	0.024782
27045	0.001123	0.001742	0.001849	0.002393	0.21848
28046	0.004234	0.043656	0.002008	0.006475	0.003454
29047	0.007729	0.027948	0.007319	0.008017	0.008401
30048	0.063114	0.12055	0.016521	0.081844	0.037514
31049 - 53	0.002188	0.005051	0.003722	0.003953	0.005143
32054 - 7	0.008105	0.023611	0.014375	0.012402	0.007413
32058 - 9	0.013685	0.022463	0.010032	0.014224	0.008833
34060	0.022934	0.072433	0.023146	0.030865	0.020747
35061 - 3	0.010088	0.014242	0.016286	0.01503	0.008801
36064 - 5	0.006153	0.006602	0.008316	0.008811	0.005506
37066 - 71	0.006212	0.00656	0.006347	0.006887	0.004697
39072 - 4	0.006944	0.010016	0.01038	0.010113	0.007023
40075 - 80	0.005012	0.013092	0.004982	0.006563	0.007378
41081 - 2	0.003994	0.005639	0.006243	0.007568	0.004681

续表

工业代码	23033	24034 - 5	25036 - 7	26038 - 44	27045
42083 - 4	0. 004882	0. 006762	0. 003542	0. 003539	0. 003328
43085	0. 016384	0. 011789	0. 004012	0. 005464	0. 0043
44086	0. 058975	0. 075641	0. 096314	0. 14174	0. 071222
45087	0. 001099	0. 001551	0. 004602	0. 002298	0. 001106
46088	0. 003725	0. 006978	0. 004139	0. 006265	0. 004146
工业代码	28046	29047	30048	31049 - 53	32054 - 7
6007	0. 044267	0. 034066	0. 037879	0. 068549	0. 079075
7008	0. 19023	0. 050797	0. 10681	0. 05665	0. 035401
8009	0. 003721	0. 007019	0. 003778	0. 007614	0. 112987
9010	0. 009637	0. 00951	0. 00945	0. 009128	0. 053459
10012	0. 008214	0. 005856	0. 007574	0. 078203	0. 020839
13013 - 8	0. 000815	0. 000961	0. 001083	0. 00096	0. 000599
13019	0. 001154	0. 001027	0. 001105	0. 001219	0. 000833
15020 - 1	0. 001433	0. 001223	0. 001391	0. 001626	0. 001131
16022	0. 001759	0. 001592	0. 001862	0. 002108	0. 001716
17023 - 7	0. 004176	0. 005594	0. 004151	0. 003754	0. 002107
18028	0. 00564	0. 006194	0. 00606	0. 0072	0. 00627
10029	0. 001076	0. 006674	0. 010266	0. 001027	0. 000695
20030	0. 008826	0. 010915	0. 008091	0. 012373	0. 005238
21031	0. 001761	0. 002579	0. 002081	0. 002022	0. 001601
22032	0. 036894	0. 020221	0. 033329	0. 051055	0. 01218
23033	0. 009723	0. 007768	0. 011775	0. 011168	0. 007932
24034 - 5	0. 00066	0. 000576	0. 000606	0. 00072	0. 0006
25036 - 7	0. 056993	0. 033491	0. 066572	0. 042516	0. 064377
26038 - 44	0. 077391	0. 0373	0. 089329	0. 020854	0. 009004
27045	0. 001494	0. 001494	0. 001259	0. 001444	0. 001833
28046	0. 25797	0. 030716	0. 015085	0. 006348	0. 002254
29047	0. 006943	0. 082538	0. 011259	0. 009497	0. 008329
30048	0. 054391	0. 032815	0. 30197	0. 037048	0. 020192

续表

工业代码	28046	29047	30048	31049 – 53	32054 – 7
31049 – 53	0.002874	0.004242	0.003444	0.021117	0.009454
32054 – 7	0.010596	0.021503	0.010359	0.020664	0.068135
32058 – 9	0.010421	0.016831	0.012117	0.013433	0.028233
34060	0.021492	0.042973	0.026628	0.044462	0.030452
35061 – 3	0.011954	0.014184	0.012332	0.019644	0.02047
36064 – 5	0.00996	0.007766	0.007592	0.009501	0.011206
37066 – 71	0.005905	0.006637	0.006292	0.006742	0.009248
39072 – 4	0.009703	0.007931	0.009316	0.010309	0.009546
40075 – 80	0.005539	0.004478	0.006476	0.006095	0.004507
41081 – 2	0.008353	0.004742	0.006601	0.005535	0.005241
42083 – 4	0.002984	0.00619	0.003952	0.004397	0.005222
43085	0.004597	0.005984	0.00629	0.011116	0.060945
44086	0.00858	0.077261	0.10975	0.111116	0.141848
45087	0.001399	0.002087	0.001478	0.003054	0.002764
46088	0.005536	0.00515	0.004597	0.004856	0.005656
工业代码	32058 – 9	34060	35061 – 3	36064 – 5	37066 – 71
6007	0.053305	0.049182	0.039271	0.037298	0.036501
7008	0.05361	0.04264	0.037397	0.035824	0.037131
8009	0.009544	0.053675	0.026389	0.026792	0.023132
9010	0.236255	0.032608	0.020898	0.019566	0.017004
10012	0.01399	0.011109	0.007708	0.007154	0.006499
13013 – 8	0.000695	0.000858	0.000865	0.000791	0.000798
13019	0.00097	0.001155	0.001202	0.001117	0.001034
15020 – 1	0.001398	0.001509	0.001572	0.001412	0.001339
16022	0.001927	0.002017	0.002052	0.001963	0.00193
17023 – 7	0.002772	0.003295	0.002833	0.004424	0.002899
18028	0.008342	0.006833	0.007215	0.006474	0.00741
10029	0.000876	0.001042	0.001144	0.001478	0.003251
20030	0.006864	0.022177	0.010509	0.008375	0.012563

续表

工业代码	32058 - 9	34060	35061 - 3	36064 - 5	37066 - 71
21031	0.001757	0.003267	0.002327	0.001981	0.003008
22032	0.015601	0.02334	0.019287	0.01846	0.019104
23033	0.00953	0.010121	0.01148	0.010409	0.010651
24034 - 5	0.000704	0.000548	0.000634	0.0006	0.00058
25036 - 7	0.042418	0.03812	0.029387	0.030694	0.029536
26038 - 44	0.016373	0.014095	0.013046	0.012827	0.016151
27045	0.001901	0.001839	0.001575	0.001954	0.002263
28046	0.002499	0.003089	0.004813	0.004716	0.005304
29047	0.008552	0.010213	0.013983	0.035984	0.032855
30048	0.02444	0.029804	0.057069	0.03476	0.05165
31049 - 53	0.004505	0.006738	0.005419	0.005317	0.00541
32054 - 7	0.018302	0.111346	0.072176	0.077897	0.06823
32058 - 9	0.216595	0.076137	0.03952	0.044553	0.038587
34060	0.034211	0.15335	0.060228	0.067632	0.058257
35061 - 3	0.017646	0.020355	0.099428	0.07267	0.066412
36064 - 5	0.008139	0.008511	0.00806	0.057673	0.011617
37066 - 71	0.006905	0.008256	0.009716	0.0153	0.07881
39072 - 4	0.010629	0.011305	0.030027	0.022072	0.025823
40075 - 80	0.005596	0.006137	0.00973	0.010292	0.009234
41081 - 2	0.00622	0.005551	0.008227	0.005929	0.008577
42083 - 4	0.00435	0.00542	0.006576	0.004365	0.005347
43085	0.073459	0.027846	0.0207	0.019546	0.017039
44086	0.149155	0.12147	0.083323	0.081662	0.082513
45087	0.001572	0.001891	0.002031	0.001862	0.002365
46088	0.00457	0.004906	0.004008	0.004158	0.005566
工业代码	39072 - 4	40075 - 80	41081 - 2	42083 - 4	43085
6007	0.03532	0.028237	0.031297	0.040498	0
7008	0.045633	0.043452	0.04568	0.041094	0
8009	0.020249	0.008318	0.013126	0.007317	0

续表

工业代码	39072 - 4	40075 - 80	41081 - 2	42083 - 4	43085
9010	0. 037726	0. 016772	0. 015634	0. 017009	0
10012	0. 00756	0. 009296	0. 008704	0. 007899	0
13013 - 8	0. 000958	0. 0008	0. 000971	0. 004681	0
13019	0. 001303	0. 001094	0. 001185	0. 002184	0
15020 - 1	0. 001707	0. 001357	0. 001607	0. 001522	0
16022	0. 002241	0. 002089	0. 00214	0. 002257	0
17023 - 7	0. 003012	0. 003951	0. 003782	0. 028602	0
18028	0. 007165	0. 006027	0. 006886	0. 007351	0
10029	0. 001544	0. 001494	0. 002076	0. 002629	0
20030	0. 011111	0. 008964	0. 009349	0. 023473	0
21031	0. 002119	0. 002319	0. 002285	0. 006878	0
22032	0. 048351	0. 034336	0. 030959	0. 072142	0
23033	0. 013302	0. 012681	0. 01404	0. 013223	0
24034 - 5	0. 000726	0. 000871	0. 000902	0. 000789	0
25036 - 7	0. 034488	0. 030383	0. 032167	0. 031891	0
26038 - 44	0. 023053	0. 025771	0. 033902	0. 022141	0
27045	0. 001389	0. 001379	0. 001531	0. 002001	0
28046	0. 007786	0. 008692	0. 007542	0. 026992	0
29047	0. 01585	0. 01627	0. 012108	0. 014924	0
30048	0. 111196	0. 098943	0. 113877	0. 054516	0
31049 - 53	0. 007091	0. 018675	0. 014501	0. 006411	0
32054 - 7	0. 046493	0. 020411	0. 038705	0. 018602	0
32058 - 9	0. 111277	0. 048697	0. 038121	0. 043205	0
34060	0. 082924	0. 067824	0. 080908	0. 0688	0
35061 - 3	0. 04114	0. 016818	0. 022106	0. 012167	0
36064 - 5	0. 007417	0. 00621	0. 00843	0. 006539	0
37066 - 71	0. 007777	0. 007175	0. 007508	0. 006536	0
39072 - 4	0. 054092	0. 038405	0. 031724	0. 010076	0
40075 - 80	0. 015822	0. 113972	0. 054676	0. 006994	0

续表

工业代码	39072 – 4	40075 – 80	41081 – 2	42083 – 4	43085
41081 – 2	0. 007006	0. 006828	0. 036099	0. 004977	0
42083 – 4	0. 006738	0. 005513	0. 005197	0. 033069	0
43085	0. 019866	0. 010924	0. 011731	0. 011992	0
44086	0. 08695	0. 077678	0. 078782	0. 07675	0
45087	0. 002424	0. 002096	0. 002108	0. 002668	0
46088	0. 004514	0. 004268	0. 004994	0. 003837	0

工业代码	44086	45087	46088		
6007	0. 18682	0. 28889	0. 048422		
7008	0. 05562	0. 1432	0. 024312		
8009	0. 004706	0. 005797	0. 004875		
9010	0. 005639	0. 005175	0. 005236		
10012	0. 002529	0. 003191	0. 003287		
13013 – 8	0. 000459	0. 001223	0. 000654		
13019	0. 000658	0. 001874	0. 000818		
15020 – 1	0. 000956	0. 002567	0. 001249		
16022	0. 001311	0. 003194	0. 001376		
17023 – 7	0. 001797	0. 003297	0. 00229		
18028	0. 005677	0. 011716	0. 007028		
10029	0. 000648	0. 000876	0. 000698		
20030	0. 005138	0. 007235	0. 005273		
21031	0. 001709	0. 002968	0. 002567		
22032	0. 010716	0. 014581	0. 013196		
23033	0. 007601	0. 010965	0. 009121		
24034 – 5	0. 00041	0. 000939	0. 000543		
25036 – 7	0. 036805	0. 080237	0. 017049		
26038 – 44	0. 006094	0. 00847	0. 012714		
27045	0. 001434	0. 002329	0. 001024		
28046	0. 001991	0. 002873	0. 002161		
29047	0. 006759	0. 010062	0. 005976		

工业代码	44086	45087	46088		
30048	0.019936	0.024336	0.019308		
31049 – 53	0.002546	0.003266	0.002601		
32054 – 7	0.013022	0.007174	0.010039		
32058 – 9	0.013464	0.011952	0.010693		
34060	0.022595	0.031122	0.049336		
35061 – 3	0.021549	0.023115	0.017925		
36064 – 5	0.006464	0.008606	0.006477		
37066 – 71	0.00648	0.011173	0.007927		
39072 – 4	0.017351	0.011648	0.010144		
40075 – 80	0.005299	0.006168	0.005528		
41081 – 2	0.01143	0.007062	0.00685		
42083 – 4	0.002079	0.00496	0.004351		
43085	0.004098	0.004836	0.003944		
44086	0.073276	0.11422	0.228		
45087	0.0015	0.048423	0.004536		
46088	0.004304	0.007993	0.045362		

注：沿行方向，反映各产出部门的产出提供给各投入部门使用的价值量，称为中间使用；沿列方向，反映各投入部门在生产过程中消耗各产出部门产出的价值量，称为中间投入。

附表 B7 工业品分类出厂价格指数（上年 = 100）

工业代码	年份	指数	工业代码	年份	指数	工业代码	年份	指数
6007	1999	93.82	13013 – 8	1999	96.7	18028	1999	98
	2000	97.91		2000	95.8		2000	99.4
	2001	106.84		2001	100.5		2001	99.2
	2002	113.04		2002	98.46		2002	99.08
	2003	103.84		2003	103.07		2003	99.84
	2004	116.77		2004	113.98		2004	100.7
	2005	123.23		2005	101.08		2005	99.83

续表

工业代码	年份	指数	工业代码	年份	指数	工业代码	年份	指数
	2006	105		2006	100.1		2006	100.9
7008	1999	115.48	13019	1999	94.83	10029	1999	93.57
	2000	155.02		2000	94.15		2000	100.56
	2001	95.35		2001	100.44		2001	100.75
	2002	94.56		2002	99.04		2002	99.14
	2003	119.12		2003	99.68		2003	99.68
	2004	119.61		2004	102.92		2004	100.86
	2005	129.87		2005	101.45		2005	102.48
	2006	122		2006	101.1		2006	101.2
8009	1999	99.08	15020－1	1999	98.51	20030	1999	98.42
	2000	95.14		2000	98.87		2000	98.50
	2001	101.61		2001	99.29		2001	98.71
	2002	100.98		2002	99.19		2002	96.79
	2003	110.42		2003	99.21		2003	99.13
	2004	145.27		2004	100.56		2004	102.22
	2005	112.32		2005	100.58		2005	101.75
	2006	96.8		2006	100.5		2006	102.3
9010	1999	92.44	16022	1999	104.41	21031	1999	96.38
	2000	104.07		2000	101.76		2000	99.15
	2001	99.48		2001	102.20		2001	99.74
	2002	100.78		2002	103.45		2002	98.96
	2003	107.23		2003	100.57		2003	99.58
	2004	117.57		2004	101.06		2004	101.84
	2005	119.59		2005	100.88		2005	102.73
	2006	123.4		2006	100.5		2006	100.3
10012	1999	95.8	17023－7	1999	94.65	22032	1999	94.05
	2000	103.3		2000	103.05		2000	99.97
	2001	98.6		2001	98.57		2001	99.70
	2002	100.17		2002	95.15		2002	97.61

工业代码	年份	指数	工业代码	年份	指数	工业代码	年份	指数
	2003	100.22		2003	101.82		2003	98.67
	2004	105.84		2004	104.25		2004	101.28
	2005	109.35		2005	100.53		2005	101.37
	2006	102.5		2006	102.1		2006	100.7
23033	1999	95.9	28046	1999	96.11	32058-9	1999	98.54
	2000	99.9		2000	113.75		2000	110.51
	2001	99.7		2001	91.25		2001	93.52
	2002	96.98		2002	93.4		2002	95.42
	2003	97.57		2003	104.48		2003	105.08
	2004	98.13		2004	108.07		2004	118.88
	2005	99.6		2005	104.68		2005	111.69
	2006	99.8		2006	101.2		2006	122.5
24034-5	1999	92.70	29047	1999	94.20	34060	1999	95.64
	2000	98.52		2000	97.25		2000	98.89
	2001	98.49		2001	97.98		2001	98.21
	2002	97.85		2002	97.73		2002	97.64
	2003	100.17		2003	99.95		2003	100.36
	2004	102.18		2004	101		2004	107.43
	2005	102		2005	104.45		2005	104.03
	2006	101.4		2006	104.7		2006	101
25036-7	1999	103.81	30048	1999	95.87	35061-3	1999	97
	2000	132.79		2000	101.76		2000	97.4
	2001	102.13		2001	98.90		2001	96.8
	2002	96.44		2002	96.16		2002	98.2
	2003	114.74		2003	99.83		2003	99.77
	2004	112.19		2004	106.51		2004	103.11
	2005	118.42		2005	105.48		2005	101.73
	2006	118		2006	101		2006	100.2
26038-44	1999	96.5	31049-53	1999	94.8	36064-5	1999	97

工业代码	年份	指数	工业代码	年份	指数	工业代码	年份	指数
	2000	101		2000	98.1		2000	97.4
	2001	97.1		2001	106.5		2001	96.8
	2002	98.86		2002	97.69		2002	98.85
	2003	103.38		2003	99.56		2003	99.59
	2004	110.22		2004	103.34		2004	101.84
	2005	108.48		2005	100.63		2005	101.75
	2006	100.4		2006	101.5		2006	101.2
27045	1999	95.88	32054 – 7	1999	93.42	37066 – 71	1999	99.39
	2000	94.27		2000	101.61		2000	98.86
	2001	97.92		2001	100.30		2001	97.41
	2002	98.31		2002	98.5		2002	96.75
	2003	98.81		2003	110.09		2003	97.94
	2004	97.79		2004	118.9		2004	98.21
	2005	101.55		2005	104.65		2005	98.85
	2006	98.6		2006	96		2006	99.5
39072 – 4	1999	95.71	44086	1999	101.17			
	2000	97.57		2000	102.13			
	2001	97.26		2001	102.28			
	2002	96.51		2002	100.66			
	2003	97.88		2003	100.88			
	2004	103.68		2004	102.44			
	2005	103.2		2005	104.15			
	2006	107.4		2006	102.8			
40075 – 80	1999	93.18	45087	1999	109.6			
	2000	95.56		2000	144.3			
	2001	94.16		2001	99.1			
	2002	96.53		2002	101.34			
	2003	93.67		2003	103.25			
	2004	95.12		2004	102.51			

工业代码	年份	指数	工业代码	年份	指数	工业代码	年份	指数
	2005	95.25		2005	105.17			
	2006	96.6		2006	106.8			
41081-2	1999	99.67	46088	1999	116.01			
	2000	99.19		2000	108.04			
	2001	98.61		2001	107.57			
	2002	93.08		2002	106.16			
	2003	97.3		2003	105.28			
	2004	98.49		2004	104.1			
	2005	98.72		2005	104.03			
	2006	99.2	44086	1999	101.17			
42083-4	1999	93.46						
	2000	99.89						
	2001	96.48						
	2002	95.21						
	2003	102.13						
	2004	105.74						
	2005	103.87						
	2006	102.5						
43085	1999	95.9						
	2000	99.9						
	2001	99.7						
	2002	100.68						
	2003	111.47						
	2004	116.9						
	2005	105.33						
	2006	103.4						

附录 C
Stata 8.0 命令程序

将 code、year、[①] k、l、fdi、foreignsales、sales、forward、backward、marketstructure 等变量数据载入到软件 Stata8.0 后，首先生成（6.1）式回归模型中所用到的变量形式：

Gen lny = log（y）

Gen lnk = log（k）

Gen lnl = log（l）

Gen fdiratio = fdi/k

Gen competition = foreignsales/sales

Gen interaction = backward□marketstructure

（1）Hausman Test 程序如下：

Tsset code year

Xtreg lny lnk lnl fidratio competition forward backward interaction marketstructure，fe

Est store fe

Xtreg lny lnk lnl fidratio competition forward backward interaction marketstructure，re

Est store re

Hausman fe re

---

① code、year 分别代表面板数据中的截面单元和时期。

以国有及规模以上非国有工业企业数据和直接消耗系数定义的关联指标数据为例，经 Hausman Test 程序后，有：

Chi2（8）＝ － 164. 47 chi2 ＜0 → model fitted on these data fails to meet the asymptotic saaumptions of the Hausman test; see suest for a generalized test.

这表明为负值的检验结果无法就固定效应还是随机效应给出明确的抉择，需要作进一步的检验。

（2） Fixed Effect Test 程序如下：

Xi：Xtreg lny lnk lnl fidratio competition forward backward interaction marketstructure i. code

Test _ lcode_ 2 _ lcode_ 3 _ lcode_ 4 _ lcode_ 5 _ lcode_ 6 _ lcode_ 7 _ lcode_ 8 _ lcode_ 9 _ lcode_ 10 _ lcode_ 11 _ lcode_ 12 _ lcode_ 13 _ lcode_ 14 _ lcode_ 15 _ lcode_ 16 _ lcode_ 17 _ lcode_ 18 _ lcode_ 19 _ lcode_ 20 _ lcode_ 21 _ lcode_ 22 _ lcode_ 23 _ lcode_ 24 _ lcode_ 25 _ lcode_ 26 _ lcode_ 27 _ lcode_ 28 _ lcode_ 29 _ lcode_ 30 _ lcode_ 31 _ lcode_ 32 _ lcode_ 33 _ lcode_ 34 _ lcode_ 35 _ lcode_ 36 _ lcode_ 37 _ lcode_ 38[①]

以国有及规模以上非国有工业企业数据和直接消耗系数所定义的关联指标数据为例，经 Fixed Effect Test 程序后，有：

F（37，172）＝49. 87

Prob ＞ F ＝0. 0000

这表明经 Fixed Effect Test 程序后，无法接受"所有截面单元的截距项同时为 0，即不存在固定效应"的原假设，为此我们须抛弃随机效应方案，转而选用固定效应方案。

对于其他时期和截面的数据样本，只需参照上述主体检验程序并进行相应的调整即可。

---

① _ lcode_ 1 …… _ lcode_ 38 是由上一步程序所得到的关于 38 个截面单元的截距项，用于下步的联合 F 检验。

参考文献

王允贵：《利用外商投资中"以市场换技术"剖析》，《国际贸易问题》1996 年第 9 期。

宋志刚、王力强：《引进外商直接投资面临新形势》，http：//www. cass. net. cn/file /2004062214979. html, 2004 – 06 – 22。

曾繁华、李坚：《"以市场换技术"制度安排问题研究》，《管理世界》2000 年第 5 期。

Dunning, J. H. Trade, location of economic activity and the MNE：a search for an eclectic approach. London：Holms & Meier Press, 1977, 77 – 98.

Markusen J. R. , Venables A. J. Multinational firms and the new trade theory. Journal of International Economics, 1998, 46（2）：183 – 203.

江小涓：《中国的外资经济对增长、结构升级和竞争力的贡献》，《中国社会科学》2002 年第 6 期。

吴易风：《关于引进外资的政策思考》，《高校理论战线》1995 年第 5 期。

杨永华：《利用外资与维护国家经济安全》，中国发展出版社，1999。

左大培：《跨国公司及其对东道国经济影响的再分析》，《国际经济评论》2003 年第 5 期。

Kahler Miles. Economic security in an era of globalization: definition and provision. The Pacific Review, 2004, 17 (4): 485 – 502.

Nesadurai, Helen E. S. Globalisation and economic security in east Asia. London: Routledge Press, 2006, 205 – 211.

李海舰:《外资进入与国家经济安全》,《中国工业经济》1997年第 8 期。

李欣广:《引进外资与维护国家经济安全》,《国际贸易问题》1999 年第 8 期。

魏浩:《经济全球化条件下我国外资优惠政策与国家经济安全的考虑》,《财贸研究》2002 年第 5 期。

魏浩、马野青:《外商直接投资对我国经济安全的影响》,《中央财经大学学报》2005 年第 3 期。

高梁:《对跨国公司并购我国装备制造业骨干企业的反思》,《学习与实践》2006 年第 3 期。

郭丽岩、路风:《自强还是自残?——有关外资收购中国骨干企业的深层次议题》,《国际经济评论》2006 年第 6 期。

Melin, L. Internationalization as a strategy process. Strategic Management Journal, 1992, (13): 99 – 118.

Chang, S. J. International expansion strategy of Japanese firms: capability building through sequential entry. Academy of Management Journal, 1995, (38): 383 – 407.

Buckley P, and Casson M. The future of the multinational enterprise. London: Macmillan Press, 1976, 159 – 162.

Caves, R. E. Multinational firms and economic analysis. New York: Cambridge University Press, 1982, 263 – 270.

Davidson WH. Global strategic management. New York: Wiley 1982, 333 – 336.

Hennart Jean – Francois, and Park Young – Ryeol. Greenfield vs. acquisition: the strategy of Japanese investors in the United States. Management Science, 1993, 39 (9): 1054 – 1070.

Cho, K. R. , and P. Padmanabhan. Acquisition versus new venture: the choice of foreign establishment mode by Japanese firms. Journal of International Management, 1995, 1 (3): 255 – 285.

Yoshida, M. Japanese direct manufacturing investment in the United States. New York: Praeger Press, 1987, 87 – 90.

Kujawa, D. Production practices and strategies of foreign multinationals in the United States – case studies with a special focus on the Japanese. New York: International Labor Affairs Bureau, U. S. Department of Labor, 1984, 77 – 80.

Hennart, J. – F. A transaction costs theory of equity joint ventures. Strategic Management Journal, 1988, 9 (4): 361 – 374.

Wilson, B. The propensity of multinational companies to expand through acquisitions. Journal of International Business Studies, 1980, 11 (1): 59 – 65.

Hennart J – F. A theory of multinational enterprise. Ann Arbor: University of Michigan Press, 1982, 123 – 126.

Andersson T, Arvidsson N, and Svensson R. Reconsidering the choice between takeover and Greenfield operations. Working Paper 342. Stockholm: The Industrial Institute for Economic and Social Research, 1992, 1 – 35.

Andersson T, and Svensson R. Entry modes for direct investment determined by the composition of firm – specific skill. Scandinavia Journal of Economics, 1994, 96 (4): 551 – 560.

Barkema H. , Vermeulen AM. International expansion through start – up or through acquisition: a learning perspective. Academic Management Journal, 1998, 1 (2): 7 – 26.

Larimo Jorma. Form of investment by Nordic firms in world markets. Journal of Business Research, 2003, 56 (10): 791 – 803.

Caves, R. E. , and S. Mehra. Entry of foreign multinationals into U. S. manufacturing industries. In M. Porter (ed), Competition in Global Industries. Boston: Harvard Business School Press, 1986, MA, 459 – 481.

Zejan Mario. New ventures of acquisitions: The choice of Swedish multinational enterprises. The journal of industrial economics, 1990, 38 (3): 349 – 355.

Yip George S. Diversification entry: internal development versus acquisition. Strategic Management Journal, 1982, 3 (4): 331 – 345.

Chatterjee, S. Excess resources, utilization costs, and mode of entry. Academy of Management Journal, 1990, 33 (4): 780 – 800.

Oster, S. Modern competitive analysis. Oxford University Press, New York, 1990, 77 – 79.

Ansoff, H. Igor. Corporate strategy. New York: McGraw – Hill, 1965, 108 – 110.

Kogut Bruce, and Singh Harbir. The effect of national culture on the choice of entry mode. Journal of International Business Studies, 1988, 19 (3): 411 – 432.

Hall, B. H. The effect of takeover activity on corporate research and development. In Auerbach, A. J. (ed), Corporate Takeovers: Causes and Consequences. Chicago: University of Chicago Press for NBER, 1987, 55 – 70.

Gort. An economic disturbance theory of mergers. The Quarterly Journal of Economics, 1969, 83 (4): 624 – 642.

Harris, R. S. , and Ravenscraft, D. The role of acquisitions on foreign direct investment evidence from the U. S. stock market. Journal of Finance, 1991, 46 (3): 825 – 844.

Zou Huan, and Simpson Paul. Why foreign takeovers in China differ across industries. Working Paper, United Kingdom: Loughborough Business School, Manchester Business School, 2006, 1 – 45.

Khoury, S. Transnational mergers and acquisitions in the United States. New York: Lexington Books, 1980, 146 – 155.

Knickerbocker, F. T. Oligopolistic reaction and multinational enterprise. Division of Research. Boston: Graduate School of Business Administration, Harvard University, 1973, 107 – 111.

Yu, C. – M. , K. Ito. Oligopolistic reaction and foreign direct investment: the case of the U. S. tire and textile industries. Journal of International Business Studies, 1988, 19 (3): 449 – 460.

Johanson, J. , J. E. Vahine. The internationalization process of the firm – a model of knowledge development and increasing foreign market commitments. Journal of International Business Studies, 1977, 8 (1): 22 – 32.

Lincoln, J. R. , M. Hanada & J. Olson. Cultural orientations and individual reactions to organizations: a study of employees of Japanese – owned firms. Administrative Science Quarterly, 1981, 26 (1): 93 – 115.

Penrose, E. The theory of the growth of the firm. Blackwell, Oxford, 1959, 59 – 70.

Hoskisson, R. E. , and Hitt, M. A. Strategic control systems and relative R&D investment in large multiproduct firms. Strategic Management Journal, 1988, 9 (6): 605 – 621.

Wernerfelt, B. A resource – based view of the firm. Strategic Management Journal, 1984, 5 (2): 171 – 180.

Granstrand, O. , and Sjolanders, S. The acquisition of technology and small firms by large firms. Journal of Economic Behavior and Organization, 1990, 13 (3): 367 – 386.

Blonigen, Bruce A. , and Taylor, Christopher T. R&D intensity and acquisitions in high – technology industries: evidence from the US electronic and electrical equipment industries. The Journal of Industrial Economics, 2000, 48 (1): 47 – 70.

Ghoshal, S. Global strategy: an organizing framework. Strategic Management Journal, 1987, 8 (5): 425 – 440.

Kim, W. C. , Hwang, P. , and Burgers, W. P. Multinationals' diversification and risk – return trade – off. Strategic Management Journal, 1993, 14 (4): 275 – 286.

Abrahamson, E. , and Fombrun, C. J. Microcultures: determinants and consequences. Academy of Management Review, 1994, 19 (4): 728 – 755.

Miller, D. , and Chen, M – J. Sources and consequences of competitive inertia: a study of the U. S. airline industry. Administrative Science Quarterly, 1994, 39 (7): 1 – 23.

Miller, D. , and Chen, M – J. The simplicity of competitive repertoires: an empirical analysis. Strategic Management Journal, 1996, 17 (6): 419 – 439.

Peteraf, M. A. The cornerstones of competitive advantage: a resource – based view. Strategic Management Journal, 1993, 14 (3): 179 – 191.

Teece, D. J. Towards an economic theory of the multiproduct firm. Journal of Economic Behavior and Organization, 1982, 3 (1): 39 – 63.

Williamson, O. E. Markets and hierarchies. New York: Free Press, 1975, 420 – 431.

Williamson, O. E. The economic institutions of capitalism: firms, markets, relational contracting. New York: Free Press, 1985, 175 – 188.

Baysinger, B. , and Hoskisson, R. E. Diversification strategy and R&D intensity in large multiproduct firms. Academy of Management

Journal, 1989, 32 (8): 310 – 332.

Hoskisson & Hitt. Strategic control systems and relative R&D investment in large multiproduct firms. Strategic Management Journal, 1988, 9 (6): 605 – 621.

Prahalad, C. K. , and Hamel, G. The core competence of the corporation. Harvard Business Review, 1990, 68 (3): 79 – 91.

Argyres, N. Evidence on the role of firm capabilities in vertical integration decisions. Strategic Management Journal, 1996, 17 (2): 129 – 150.

d'Aveni, R. A. , and Ravenscraft, D. J. Economies of integration versus bureaucracy costs: does vertical integration improve performances? Academy of Management Journal, 1994, 37 (5): 1167 – 1206.

Pennings, J. M. , Barkema, H. G. , and Douma, S. W. Organizational learning and diversification. Academy of Management Journal, 1994, 37 (3): 608 – 640.

Hartzing A – W. Acquisitions versus Greenfield investments: both sides of the picture. In: the Annual AIB Conference. Vienna, October, 1998, 1 – 75.

Dubin, Michael. Foreign acquisitions and the growth of the multinational firm. Ph. D. Dissertation, Harvard Business School, 1976, 207 – 215.

Forsgren M. Foreign direct investment in an interorganizational perspective – a model for foreign acquisition behaviour. CIF Working Papers, vol. 1. Uppsala: Uppsala University, 1984, 1 – 88.

Agren L. Swedish direct investment in the U. S. PhD dissertation. Stockholm School of Economics, Institute of International Business, 1990, 56 – 60.

Yamawaki H. International competitiveness and the choice of entry mode: Japanese multinational in U. S. and European manufacturing industries. Working Paper 424. Stockholm, The Industrial Institute for Economic and Social Research, 1994, 1 – 55.

Hennart J – F, Larimo J, Chen S – F. Does national origin affect the propensity of foreign investors to enter the United States through acquisition? Proceedings of the Univesrity of Vaasa. Discussion Papers, vol. 189. Vaasa University of Vaasa, 1996, 1 – 42.

Larimo J. Mode of entry in foreign direct investments: behaviour of finnish firms in OECD markets. Proceedings of the University of Vaasa. Discussion Papers, vol. 232. Vaasa: University of Vaasa, 1997, 1 – 36.

Padmanabhan P. , and Cho KR. Decision – specific experience in foreign ownership and establishment strategies: evidence from Japanese firms. Journal of International Business Studies, 1999, 30 (1): 25 – 44.

Brouthers Keith D. , and Brouthers Lance Eliot. Acquisition of Greenfield start – up? Instiutional, cultural and transaction cost influences. Strategic Management Journal, 2000, 21 (1): 89 – 97.

Hofstede, G. Organising for cultural diversity. European Management Journal, 1989, 7 (4): 390 – 397.

Buckley & Casson. Analyzing foreign market entry strategies: extending the internalization approach. Journal of International Business Studies, 1998, 29 (3): 539 – 61.

Muller Thomas. Analyzing modes of foreign entry: greenfield investment versus acquisition. Discussion Paper 2001 – 01, Department of Economics, University of Munich, January, 2001, 1 – 64.

Mattoo Aaditya, Olarreaga Marcelo, Saggi Kamal. Mode of foreign entry, technology transfer, and FDI policy. Journal of Development Economics, 2004, 75 (1): 95 – 111.

Eicher Theo, Kang Jong Woo. Trade, foreign direct investment or acquisition: optimal entry modes for multinationals. Journal of Development Economics, 2005, 77 (1): 207 – 228.

Horstmann, I. J., Markusen, J. R. Endogenous market structure in international trade. Journal of International Economics, 1992, 32 (1): 109 – 129.

夏申:《跨国公司"入侵"与我国的经济安全》,《国际经济评论》1996年第7期。

章昌裕、沈志斌:《引进外资与国家经济安全》,《管理现代化》1999年第3期。

江勇、章奇、郭守润:《经济安全及其评估》,《统计研究》1999年第9期。

刘衍玲:《经济全球化背景下我国国家经济安全问题初探》,《求实》2004年第11期。

屈朝霞、寿莉:《跨国公司直接投资与中国国家经济安全》,《工业技术经济》2005年第5期。

王存奎、张英军:《外资热与国家经济安全》,《中国外资》2004年第6期。

雷家骕:《关于国家经济安全研究的基本问题》,《管理评论》2006年第7期。

姚立新、张明志:《FDI影响我国经济安全机理分析与评析》,《中国经济问题》1999年第1期。

夏京文:《FDI利用对我国经济安全的影响》,《工业技术经济》2002年第3期。

王洛林:《中国外商投资报告:外商投资的行业分析》,经济管理出版社,1997。

徐莲子、谢保嵩:《外商直接投资与我国经济安全》,《经济体制改革》2003年第2期。

王俊豪、吴晶晶:《基于国家经济安全的跨国公司并购管制》,《经济与管理研究》2006年第10期。

戴海峰：《外资并购热中的冷思考》，《当代经济研究》2003年第3期。

张英军：《外资热与国家经济安全》，《中国外资》2004年第6期。

龙晓柏：《外资对中西部区域经济安全影响研究》，《河北经贸大学学报》2004年第5期。

李红、卢晓勇：《利用外资对我国金融安全的影响研究》，《江西社会科学》2006年第9期。

温耀庆、陈泰锋：《论引进外资与国家经济安全》，《国际贸易问题》2001年第2期。

张德强、谭晶荣：《对利用FDI项目中环境保护问题的思考》，《南京财经大学学报》2005年第3期。

赵蓓文：《国家经济安全视角下的外资风险传导与扩散机制》，《世界经济研究》2006年第3期。

潘申彪、余妙志：《江浙沪三省市外商直接投资与环境污染的因果关系检验》，《国际贸易问题》2005年第12期。

应瑞瑶、周力：《外商直接投资、工业污染与环境规制——基于中国数据的计量经济学分析》，《财贸经济》2006年第1期。

罗志松、荣先恒：《吸收FDI对我国经济安全的影响及其对策》，《世界经济研究》2005年第2期。

Caves R. Multinational firms, competition, and productivity in host country markets. Economica, 1974, 41 (5): 176 – 193.

Blomstrom M. Foreign investment and productive efficiency: the case of Mexico. The Journal of Industrial Economics, 1986, 35 (1): 97 – 110.

Blomstrom, M., and E. N. Wolff. Multinational corporations and productivity convergence in Mexico. In William Baumol, Richard Nelson and Edward N. Wolff, Editors, Convergence of productivity: cross – national studies and historical evidence, Oxford: Oxford University Press, 1994, 202 – 230.

Sjoholm, F. Technology gap, competition and spillovers from direct foreign investment: evidence from establishment data. Journal of Development Studies, 1999, 36 (1): 53 – 73.

Borensztein E, Gregorio J. De, Lee J – W. How does foreign direct investment affect economic growth? Journal of International Economics, 1998, 45 (1): 115 – 135.

Alfaro, L. , A. Chanda, S. Kalemli – Ozcan, and S. Sayek. FDI and economic growth, the role of local financial markets. Journal of International Economics, 2004, 64 (1): 89 – 112.

Haddad M, A. Harrison. Are there positive spillovers from direct foreign investment?: evidence from panel data for Morocco. Journal of Development Economics, 1993, 42 (1): 51 – 74.

Aitken B. , A. Harrison. Do domestic firms benefit from direct foreign investment? Evidence form Venezuela. American Economic Review, 1999, 89 (3): 605 – 618.

Djankove, S. , Hoekman, B. Foreign investment and productivity growth in Czech enterprises. World Bank Economic Review, 2000, 14 (1): 49 – 64.

Kathuria, Vinish. Productivity spillovers from technology transfer to Indian manufacturing firms. Journal of International Development, 2000, 12 (3): 343 – 369.

Kugler, Maurice. The diffusion of externalities from foreign direct investment: the sectoral pattern of technological spillovers. Mimeo, University of Southampton, 2001, 1 – 55.

Kinoshita, Yuko. R & D and technology spillovers through FDI: innovation and absorptive capacity. CEPR Discussion Paper DP2775, 2001, 1 – 36.

Bosco, Maria Giovanna. Does FDI contribute to technological

spillovers and growth? A panel data analysis of Hungarian firms. Trans-national Corporations, 2001, 10 (1): 43 – 68.

Konings, Jozef. The effects of foreign direct investment on domestic firms: evidence from firm level panel data in emerging economies. Economics of Transition, 2001, 9 (3): 619 – 633.

Damijan, Joze P. , Boris Majcen, Mark Knell and Matija Rojec. The role of FDI, absorptive capacity and trade in transferring technology to transition countries: evidence from firm panel data for eight transition countries. Mimeo, UN Economic Commission for Europe, Geneva, 2001, 1 – 66.

Zukowska – Gagelmann, Katarzyna. Productivity spillovers from foreign direct investment in Poland. Economic Systems, 2002, 24 (3): 78 – 101.

Liu Xiaming, Pamela Siler, Chengqi Wang and Yingqi Wei. Productivity spillovers from foreign direct investment: evidence from UK industry level panel data. Journal of International Business Studies, 2000, 31 (3): 407 – 425.

Girma Sourafel, Holger Gorg and Mauro Pisu. The role of exports and foreign linkages for FDI productivity spillovers. Mimeo, University of Nottingham, 2000, 1 – 33.

Girma Sourafel, David Greenaway and Katharine Wakelin. Who benefits from foreign direct investment in the UK? Scottish Journal of Political Economy, 2001, 48 (2): 119 – 133.

Girma Sourafel and Katharine Wakelin. Are there regional spillovers from FDI in the UK? In Greenaway, David, Richard Upward, Katharine Wakelin (eds.): Trade, Investment, Migration and Labour Markets. Basingstoke: Macmillan, 2002, 505 – 511.

Harris Richard and Catherine Robinson. Spillovers from foreign ownership in the United Kingdom: estimates for UK manufacturing using the ARD. Mimeo, University of Durham, 2001, 1 - 42.

Haskel Jonathan E, Sonia C. Pereira and Matthew J. Slaughter. Does inward foreign direct investment boost the productivity of domestic firms? NBER Working Paper 8724, 2001.

Girma Sourafel. Geographic proximity, absorptive capacity and productivity spillovers from FDI: a threshold regression analysis. GEP Research Paper, University of Nottingham, 2002, 1 - 55.

Girma Sourafel and Holger Gorg. Foreign direct investment, spillovers and absorptive capacity: evidence from quantile regressions. GEP Research Paper, University of Nottingham, 2002, 1 - 36.

Ruane Frances and Ali Ugur. Foreign direct investment and productivity spillovers in Irish manufacturing industry: evidence from firm level panel data. Trinity Economic Papers, Trinity College Dublin, 2002, 1 - 42.

Barrios Salvador and Eric Strobl. Foreign direct investment and productivity spillovers: evidence from the Spanish experience. Weltwirtschaftliches Archiv, 2002, 138 (3): 459 - 481.

Pack, H., and Saggi, K. Vertical technology transfer via international outsourcing. Journal of Development Economics, 2001, 65 (2): 389 - 415.

Ragnhild Balsvik. FDI and mode of entry with vertical spillovers through backward linkages. Working Paper, Norwegian School of Economics and Business Administration, 2003, 1 - 28.

Markusen, James R., and Venables, Anthony J. Foreign direct investment as a catalyst for industrial development. European Economic Review, 1999, 43 (2): 335 - 356.

Hobday, M. Innovation in east Asia: the challenge to Japan. London: Edward Elgar, 1995, 112 - 140.

Lopez - Cordova. , J. Ernesto. NAFTA and Mexico's manufacturing productivity: an empirical investigation using micro – level data. Working Paper, Inter – American Development Bank, 2002, 1 – 40.

Javorcik, Beata S. , and Spatareanu, Mariana. To share or not to share: does local participation matter for spillovers from foreign direct investment? Rutgers University, Newark Working Paper, 2006, 1 – 45.

Smarzynska, Beata K. Spillovers from foreign direct investment through backward linkages: does technology gap matter? Working Paper, the World Bank, 1818 H St, NW, MSN MC3 – 303, Washington DC, 2002a, No. 20433, 1 – 53.

Smarzynska, Beata K. Determinants of spillovers from foreign direct investment through backward linkages. Working Paper, the World Bank, 1818 H St, NW, MSN MC3 – 303, Washington DC, 2002b, No. 20433, 1 – 40.

Smarzynska, Beata K. Does foreign direct investment increase the productivity of domestic firms? The American Economic Review, 2004, 94 (3): 605 – 619.

Thangavelu, Shandre M. , and Pattnayak, Sanja Samirana. Linkages and spillovers from foreign ownership in the Indian Pharmaceutical firms. Department of Economics SCAPE Working Paper Series, Singapore Centre for Applied and policy Economics, Paper No. 2006, 1 – 56.

Blalock, Garrick. Technology from foreign direct investment: strategic transfer through supply chains. Discussion paper series. Berkelev: University of California, Haas School of Business, 2001, 1 – 34.

LIU Zhuomin, and LIN Ping. Backward linkages of foreign firect investment – evidence from China. Working Paper, Department of Economics, Hong Kong: Lingnan University, 2002, 1 – 55.

Merlevede, Bruno. , and Schoors, Koen. FDI and the consequences towards more complete capture of spillover effects. Working Pa-

per, Department of Economics and Centre for Russian International So-
ciao – Political and Economic Studies, Ghent University, Hoveniersberg
24, B – 9000 Ghent, Belgium, 2006, 1 – 55.

Mucchielli, Jean – Louis. , and Jabbour, Liza. Technology transfer
through backward linkages: the case of the Spanish manufacturing indus-
try. Working Paper, University of Paris I Pantheon – Sorbonne and
TEAM – CNRS, 2006, 1 – 34.

Laura Alfaro & Andres Rodriguez – Clare. Multinationals and Link-
ages: An Empirical Investigation. Working Paper, Harvard Business
School, Inter – American Development Bank, 2003, 1 – 55.

Rodriguez – Clare, Andres. Multinationals, linkages and economic
development. American Economic Review, 1996, 86 （4）:
852 – 873.

Gorg, H. , and Ruane, F. Multinational companies and linkages:
panel – data evidence for the Irish electronics sector. International Jour-
nal of the Economics and Business, 2001, 8 （1）: 1 – 18.

Gorg, H. , and Strobl, E. Multinational companies and indigenous
development: an empirical analysis. European Economic Review,
2002, 46 （7）: 1305 – 1322.

Griliches, Zvi. , and Mairesse, Jacques. Production functions: the
search for identification. NBER Working Paper, No. W5067, 1995,
1 – 42.

Olley, G. Steven. , and Pakes, Ariel. The dynamics of productivi-
ty in the telecommunications equipment industry. Econometrica, 1996,
64 （6）: 1263 – 1297.

Levinsohn, James. , and Petrin, Amil. Estimating production func-
tions using imputs to control for unobservables. NBER Working Paper,
2000, No. 7819, 1 – 55.

伍德里奇:《计量经济学导论——现代观点》, 中国人民大学出版社，2003。

Sinani, Evis. , and Meyer, Klaus E. Spillovers of technology from FDI: the case of Estonia. Journal of Comparative Economics, 2004, 32 (3): 445 – 466.

Görg H. Analysing foreign market entry – the choice between greenfield investment and acquisitions. Journal of Economic Studies, 2002, 27 (3): 165 – 181.

Mülle, Thomas . Analyzing Modes of Foreign Entry: Greenfield Investment versus Acquisition. Mimeo, University of Munich, 2001, 1 – 33.

Salant S, Switzer S, Reynolds R J. Losses from horizontal merger: the effects from an exogenous change in industry structure on cournot nash equilibrium. Quarterly Journal of Economics, 1983, 98 (2): 185 – 199.

Perry M, Porter R. Oligopoly and the incentives for horizontal merger. American Economic Review, 1985, 75 (1): 219 – 227.

Fauli R. On merger profitability in a cournot settings. Economics Letters, 1997, 54 (1): 75 – 79.

Laixun Zhao. Unionization, vertical markets, and the outsourcing of multinationals. Journal of international econimics. 2001, 55 (1): 187 – 202.

Shapley, L. S. The solutions of a symmetric market game. Contributions to the theory of games, 1953 (4): 145 – 162. 见：哈罗德·W. 库恩《博弈论经典》，中国人民大学出版社，2004。

王耀中、刘舜佳：《关于跨国公司与前后向关联效应的研究综述》，《经济理论与经济管理》2007 年第 1 期。

Theo Eicher, Jong Woo Kang. Trade, foreign direct investment or acquisition: optimal entry modes for multinationals. Journal of Development Economics, 2005, 77 (1): 207 – 228.

Roman Inderst & Christian Wey. Bargaining, mergers, and technology choice in bilaterally oligopolistic industries. The RAND Journal of Economics, 2003, 34 (1): 1 – 19.

Salant S, Switzer S, Reynolds R J. Losses from horizontal merger: the effects from an exogenous change in industry structure on cournot nash equilibrium. Quarterly Journal of Economics, 1983, 98 (2): 185 – 199.

Myerson, R. G.. Graphs and cooperation in games. Mathematics and operations research, 1977, 2 (3): 225 – 229.

哈尔·R. 范里安:《微观经济学:现代观点》,上海人民出版社,1994。

包群、赖明勇:《FDI 技术外溢的动态测算及原因解释》,《统计研究》2003 年第 6 期。

胡立法:《"索洛剩余"与外资对中国经济增长的技术贡献率实证分析》,《世界经济研究》2003 年第 10 期。

徐涛:《引进 FDI 与中国技术进步》,《世界经济》2003 年第 10 期。

阳小晓、赖明勇:《FDI 与技术外溢:基于金融发展的理论视角及实证研究》,《数量经济技术经济研究》2006 年第 6 期。

沈坤荣:《外国直接投资与中国经济增长》,《管理世界》1999 年第 5 期。

何洁:《外国直接投资对中国工业部门外溢效应的进一步精确量化》,《世界经济》2000 年第 12 期。

陈斌、袁怀中:《江苏外商直接投资外溢效应的实证研究》,《江苏统计》2000 年第 9 期。

沈坤荣、耿强:《外国直接投资、技术外溢与内生经济增长——中国数据的计量检验与实证分析》,《中国社会科学》2001 年第 5 期。

王成岐、张建华、安辉:《外商直接投资、地区差异与中国经济增长》,《世界经济》2002 年第 4 期。

魏后凯:《外商直接投资对中国区域经济增长的影响》,《经济研究》2002 年第 4 期。

王飞:《外商直接投资促进了国内工业企业技术进步吗》,《世界经济研究》2003 年第 4 期。

潘文卿:《外商投资对中国工业部门的外溢效应:基于面板数据的分析》,《世界经济》2003 年第 6 期。

陈柳、刘志彪:《本土创新能力、FDI 技术外溢与经济增长》,《南开经济研究》2006 年第 3 期。

李铁立:《外商直接投资技术溢出效应差异的实证分析》,《财贸经济》2006 年第 4 期。

刘舜佳:《FDI 与经济增长:基于金融市场吸收能力的研究》,《上海金融》2007 年第 5 期。

Liu Zhiqiang. Foreign Direct Investment and Technology Spillover: Some Evidence from China. In: An International coference, Great China and the World Economy, Hong Kong, 2000, 1 – 36.

秦晓钟、胡志宝:《外商对华直接投资技术外溢效应的实证分析》,《江苏经济探讨》1998 年第 4 期。

陈涛涛:《中国 FDI 行业内溢出效应的内在机制研究》,《世界经济》2003 年第 9 期。

卢荻:《外商投资与中国经济发展——产业和区域分析证据》,《经济研究》2003 年第 9 期。

黄静波:《FDI 与广东技术进步关系的实证分析》,《管理世界》2004 年第 9 期。

李广众、任佳慧:《论我国外商直接投资的技术溢出效应——基于各地区 19 个制造业行业的经验分析》,《国际贸易问题》2005 年第 4 期。

张海洋:《R&D 两面性、外资活动与中国工业生产率增长》,《经济研究》2005 年第 5 期。

严兵：《"以竞争换技术"战略与外资溢出效应》，《财贸经济》2005年第1期。

Kokko，A. Technology market characteristics and spillovers. Journal of Development Economics，1994，43（2）：279 - 293.

周礼、张学勇：《FDI对国有工业企业技术外溢效应的实证研究——基于宏观数据的联立方程模型分析》，《国际贸易问题》2006年第4期。

欧阳志刚：《外商直接投资对工业行业内部的技术外溢》，《国际贸易问题》2006年第5期。

蒋殿春、黄静：《微观层面吸收能力对FDI技术外溢的影响》，《经济与管理研究》2006年第11期。

姚洋、章奇：《中国工业企业技术效率分析》，《经济研究》2001年第10期。

Tong Sarah Yueting. Foreign Direct Investment，Technology Transfer and Firm Performance. HIEBS Working Papers NO. 1023，Hong Kong Institute of Economics and Business Strategy，2001，1 - 34.

王志鹏、李子奈：《外资对中国工业企业生产效率的影响研究》，《管理世界》2003年第4期。

袁诚、陆挺：《外商直接投资与管理知识溢出效应：来自中国民营企业家的证据》，《经济研究》2005年第3期。

胡祖六：《关于中国引进外资的三大问题》，《国际经济评论》2004年第3期。

王春法：《FDI与内生技术能力培养》，《国际经济评论》2004年第3期。

董书礼：《以市场换技术战略成效不佳的原因辨析及我国的对策》，商务重点软科学研究课题"我国加入WTO后的技术引进对策研究"研究报告，2004。

张建华、欧阳轶雯：《外商直接投资、技术外溢与经济增长——对广东数据的实证分析》，《经济学（季刊）》2003年第2期。

许罗丹、谭卫红、刘民权：《四组外商投资企业技术溢出效应的比较研究》，《管理世界》2004 年第 6 期。

周燕、齐中英：《基于不同特征 FDI 的溢出效应比较研究》，《中国软科学》2005 年第 2 期。

王耀中、刘舜佳：《基于前后向关联分析的外商直接投资与技术外溢》，《经济评论》2005 年第 6 期。

刘宇：《外商直接投资技术外溢效应下降之谜》，《财贸经济》2006 年第 4 期。

张海洋：《中国工业部门 R&D 吸收能力与外资技术扩散》，《管理世界》2005 年第 6 期。

中国统计年鉴编委会：《中国统计年鉴》，中国统计出版社，2000～2006。

国家统计局国民经济核算司：《2002 年中国投入产出表》，中国统计出版社，2006。

Hausman, Jerry A. Specification tests in econometrics. Econometrica, 1978, 6 (46): 1251 - 1271.

高铁梅：《计量经济分析方法与建模——Eviews 应用及实例》，清华大学出版社，2006。

Kokko, Ari, Rube Tansini, and Mario C Zejan. Local technological capability and productivity spillovers from FDI in the Uruguayan manufacturing sector. The Journal of Development Studies, 1996, 32 (4): 602 - 606.

Globerman, S. Foreign direct investment and spillover efficiency benefits in Canadian manufacturing industries. Canadian Journal of Economics, 1979, 12 (1): 42 - 56.

Blomstrom, Magnus, and H. Persson. Foreign investment and spillover efficiency in an underdeveloped economy: evidence from the Mexican Manufacturing industry. World Development, 1983, 11: 493 - 501.

Flores Jr. , Renato G. , Maris Paula Fontours, and Ogerio Guerrs Santos. Foreign direct investment spillovers: what can we learn from Portuguese data? Working Paper, 1999, 1 - 42.

Kokko, Ari, and Blomstrom, Magnus. Policies to encourage inflows of technology through for foreign multinationals. World Development, 1995, 23 (3): 459 - 468.

Massimo Del Gatto, Adriana Di Liberto, Carmelo Petraglia. Measuring productivity. CRENoS Working Paper No. 2008/18.

王争、郑京海、史晋川：《中国地区工业生产绩效：结构差异、制度冲击及动态表现》,《经济研究》2006 年第 11 期。

Fare Rolf, Shawna Grosskopf, Mary Norris, and Zhongyang Zhang. Productivity Growth, Technical Progress, and Efficiency Change in Industrialized Countries, The American Economic Review, 1994, 84 (1): 66 - 83.

张军、施少华：《中国经济全要素生产率变动：1952 ~ 1998》,《世界经济文汇》2000 年第 2 期。

朱钟棣、李小平：《中国工业行业资本形成、全要素生产率变动及其趋势异化：基于分行业面板数据的研究》,《世界经济》2005 年第 9 期。

Marschak J. and Andrews W. H. Random simultaneous equations and the theory of production. Econometrica, 1944, 12 (3 - 4): 143 - 205.

Griliches Z and J Mareisse. Production functions: the search for identification in econometrics and economic theory in thetwentieth century: the ragnar prisch centennial symposium. Cambridge University Press, 1995: 169 - 203.

孔翔、Rorber E. Marks、万广华：《国有企业全要素生产率变化及其决定因素：1990 ~ 1994》,《经济研究》1999 年第 7 期。

颜鹏飞、王兵：《技术效率、技术进步与生产率增长：基于

DEA 的实证分析》,《经济研究》2004 年第 12 期。

涂正革、肖耿:《中国经济的高增长能否持续:基于企业生产率动态变化的分析》,《世界经济》2006 年第 2 期。

许和连、亓鹏、祝树金:《贸易开放度、人力资本与全要素生产率:基于中国省际面板数据的经验分析》,《世界经济》2006 年第 12 期。

李小平:《自主 R&D、技术引进和生产率增长——对中国分行业大中型工业企业的实证研究》,《数量经济技术经济研究》2007 年第 7 期。

蒋殿春、黄静:《外商直接投资与我国产业内技术二元结构——基于 DEA 方法的证据》,《数量经济技术经济研究》2007 年第 7 期。

麻挺松:《代理合约特性与我国转轨经济中的地方政府间恶性竞争》,《河北经贸大学学报》2006 年第 3 期。

Holmstrom, B. , and Milgrom, P. Multi - task principal - agent analyses: incentive contracts, asset ownership, job design. Journal of Law, Economics and Organization, 1991, (7): 24 - 52.

Lazear, E. and S. Rosen. Rank - ordered tournaments as optimal labor contracts. Journal of Political Economy, 1981, 89: 841 - 864.

张成君:《以公共优质政策促进产业良性竞争》,《经济问题》2005 年第 6 期。

李孟刚:《产业安全理论研究》,经济科学出版社,2006。

李荣融:《"市场换技术"换不来领先技术》,《中国经济周刊》2006 年第 17 期。

香伶:《浅议 R & D 竞争与企业规模的关系》,《当代经济研究》2005 年第 3 期。

田伯伏、杨运杰:《企业规模、有效竞争与我国技术创新战略选择》,《中央财经大学学报》2006 年第 7 期。

Christopher Freeman. The economics of industrial innovation. MIT Press, Cambridge, 1982, 245 - 261.

致　谢

　　本书是我的博士论文经进一步充实、修改与完善而成。时光飞逝，天资愚钝的我已在母校求学了十一年，多么漫长啊，在这里我拿到了开启学术大门的钥匙，里面的世界广博而新鲜，在这里我同样体会了做学问的艰辛和痛苦，曾为灵感与收获而欢欣雀跃，也曾为如履薄冰而困惑与失落。但无论如何，在湖南大学经济与贸易学院的十多年求学生活是我人生最重要的经历，给我留下了最华美的永恒记忆。

　　在这里，我首先要感谢的是恩师王耀中教授，恩师严谨的治学态度和一丝不苟的为学作风使我受益匪浅。论文从选题、结构框架到修改、定稿，都凝结了恩师大量的心血。7年的研究生生活，学生的点滴进步都离不开恩师的叮咛嘱咐，恩师之情，学生永生难忘。感谢师母肖老师，师母对我生活上无微不至的关爱和帮助，感激之情，不胜言表。

　　同样的感谢献给湖南大学经济与贸易学院的领导和老师们，感谢他们对我的热情帮助和关怀，正是他们的辛勤劳动和谆谆教诲帮助我完成了硕士和博士研究生的学习。我要感谢这些年来所有关心和帮助过我的同学和朋友们，是你们支持和鼓励伴随着我一路走来，我会永远铭记在心。

　　我还要感谢湖南农业大学商学院的领导对我无微不至的关怀和理解，特别是现任院长刘志成给予我的鞭策和激励，前任院长周发明给予我初期教研工作的关注和支持，感谢始终支持和帮助我的同事们，正是由于你们的帮助和支持，我才能克服重重困难，直至本书的顺利完成。感谢湖南农业大学国际贸易重点学科的资助，才能让本书最终出版。特别感谢我的同事杨亦民院长、孙艳华教授、张国政教授、易朝辉博士给予的帮助，以及湖南农业大学商学院国际贸易与经济系全体同事给予我诸多的帮助。

最后我要将最诚挚的谢意献给我的父母，是他们用广博无私的爱陪伴我走过艰难的求学之路，是他们用节衣缩食的积蓄供我不菲的学费和生活费，是他们默默包容着我的任性和固执，是他们守候在电话机旁只为听到我的悲喜……将及三十的儿子无以为报，唯有将这深深的谢意铭刻心头，用你们教会我的自信与乐观勇敢地面对生活，报答父母的养育之恩！还要感谢我的亲戚朋友，感谢他们给予我的关爱照顾和丝丝温暖，感谢室友的支持、鼓励与包容。

此外，在学习和写作过程中，我阅读并参考了大量的文献著作，所列出的参考文献难免有所遗漏，谨向给予我灵感和思想火花的文献著作的作者们表示衷心感谢。

短短的篇幅不能尽述我心中千万分的感谢，唯有怀着感恩之心回馈社会，朝着自己的梦想而努力，让生命的每一刻都散发光彩。

刘舜佳　于湖南长沙

2012.7.7

社会科学文献出版社网站
www.ssap.com.cn

1. 查询最新图书 2. 分类查询各学科图书
3. 查询新闻发布会、学术研讨会的相关消息
4. 注册会员，网上购书，分享交流

本社网站是一个分享、互动交流的平台，"读者服务"、"作者服务"、"经销商专区"、"图书馆服务"和"网上直播"等为广大读者、作者、经销商、馆配商和媒体提供了最充分的互动交流空间。

"读者俱乐部"实行会员制管理，不同级别会员享受不同的购书优惠（最低 7.5 折），会员购书同时还享受积分赠送、购书免邮费等待遇。"读者俱乐部"将不定期从注册的会员或者反馈信息的读者中抽出一部分幸运读者，免费赠送我社出版的新书或者数字出版的等产品。

"网上书城"拥有纸书、电子书、光盘和数据库等多种形式的产品，为受众提供最权威、最全面的产品出版信息。书城不定期推出部分特惠产品。

咨询 / 邮购电话：010-59367028   邮箱：duzhe@ssap.cn
网站支持（销售）联系电话：010-59367070   QQ：1265056568   邮箱：service@ssap.cn
邮购地址：北京市西城区北三环中路甲 29 号院 3 号楼华龙大厦 社科文献出版社 学术传播中心
邮编：100029
银行户名：社会科学文献出版社发行部   开户银行：中国工商银行北京北太平庄支行   账号：0200010009200367306

图书在版编目（CIP）数据

跨国并购与国家经济安全：基于后向关联分析的实证研究／
刘舜佳著．—北京：社会科学文献出版社，2012.12
（湖南农业大学商学院学术文库）
ISBN 978 - 7 - 5097 - 3998 - 3

Ⅰ.①跨…　Ⅱ.①刘…　Ⅲ.①跨国兼并 - 研究 ②经济 -
国家安全 - 研究　Ⅳ.①F276.7 ②F114.41

中国版本图书馆 CIP 数据核字（2012）第 277346 号

·湖南农业大学商学院学术文库·
跨国并购与国家经济安全
　　——基于后向关联分析的实证研究

著　　者／刘舜佳

出 版 人／谢寿光
出 版 者／社会科学文献出版社
地　　址／北京市西城区北三环中路甲 29 号院 3 号楼华龙大厦
邮政编码／100029

责任部门／皮书出版中心（010）59367127　　责任编辑／王　颉
电子信箱／pishubu@ ssap. cn　　　　　　　责任校对／张兰春
项目统筹／邓泳红　周映希　　　　　　　　责任印制／岳　阳
经　　销／社会科学文献出版社市场营销中心（010）59367081　59367089
读者服务／读者服务中心（010）59367028

印　　装／三河市尚艺印装有限公司
开　　本／787mm×1092mm　1/20　　　　印　张／16.2
版　　次／2012 年 12 月第 1 版　　　　　字　数／269 千字
印　　次／2012 年 12 月第 1 次印刷
书　　号／ISBN 978 - 7 - 5097 - 3998 - 3
定　　价／49.00 元